U0844641

教育部人文社会科学研究青年基金项目“基于碳生产率的工业转型升级路径研究(项目编号：15YJCZH046)”

国家自然科学基金项目：煤炭资源绿色低碳发展理论与政策研究（71774105）

基于碳生产率的工业转型升级路径研究

高文静 著

WUHAN UNIVERSITY PRESS
武汉大学出版社

图书在版编目(CIP)数据

基于碳生产率的工业转型升级路径研究/高文静著.—武汉：武汉大学出版社,2020.5

ISBN 978-7-307-21499-6

Ⅰ.基…　Ⅱ.高…　Ⅲ.工业经济—低碳经济—转型经济—经济发展—研究—中国　Ⅳ.F424

中国版本图书馆 CIP 数据核字(2020)第 082414 号

责任编辑:陈　红　　责任校对:李孟潇　　版式设计:马　佳

出版发行：**武汉大学出版社**　(430072　武昌　珞珈山)

(电子邮箱：cbs22@ whu.edu.cn　网址：www.wdp. com.cn)

印刷:武汉邮科印务有限公司

开本:720×1000　1/16　印张:15　字数:267 千字　插页:1

版次:2020 年 5 月第 1 版　2020 年 5 月第 1 次印刷

ISBN 978-7-307-21499-6　定价:48.00 元

前　　言

当前能源危机、气候变暖、环境污染等问题日趋严峻，直接威胁着人类的生存与发展，传统要素投入驱动的粗放增长模式已经不可持续，中国工业发展所面临的资源和环境约束越来越突出，工业部门的转型与升级势在必行。我国已进入实现工业化的关键时期，工业发展面临着由规模扩张型向质量提升转变的重要节点，工业转型升级的成败将直接影响我国经济结构战略性调整的成败。与此同时，随着气候变化问题谈判进程的加快，发展中国家面临的减限排的潜在压力与日俱增。中国政府对于应对全球气候变化、控制温室气体排放等国际事务历来高度重视，已经把应对气候变化、控制温室气体排放作为经济社会发展的一项重大战略。本研究认为碳生产率的提升是气候变化条件下我国工业部门实现转型升级的核心内容。因此，中国工业部门碳生产率如果提高，将会提升工业部门终端能源的使用效率，一方面可以实现二氧化碳排放量的降低，另一方面会在很大程度上促进工业部门转型升级效率的提高。

全书共分为7章。第一章主要对研究背景、研究意义、研究方法等进行了阐述。第二章梳理了基于碳生产率的工业转型升级的理论基础和内在逻辑，主要回顾了资源约束下的工业转型升级理论以及经济可持续转型理论，并从不同发展阶段稀缺性对象会不断转变的角度，对劳动生产率、资本生产率、资源生产率和碳生产率的相关研究进行了系统的回顾和评述，以期为后续研究提供坚实的理论基础。第三章在全要素生产率的分析框架下，对中国工业部门的碳生产率进行了测算，并对其收敛性进行了检验；基于熵值法对工业转型度进行了测算，为后续实证研究提供数据支持。第四章构建了工业碳生产率与工业转型升级的关系模型，探讨了碳生产率提升对于工业转型升级的推动作用。第五章分析了碳生产率的影响机制，将碳生产率纳入经济增长的分析框架，推导出资源配置对碳生产率影响的理论模型，在此基础上，对劳动力、资本和二氧化碳排放空间等投入要素的配置与碳生产率之间的关系进行了实证研究，依此来考察资源配置对碳生产率的影响；对中国工业部门的规模经济性进行了测度，并对规模经济与碳生产率之间的关系进行了实证研究，深层次挖掘了规模经济效应对碳生产率的影响机理；分析了中国工业部门技术进步的特点，在此基础上对中国工业部门技术进步与碳生产率的关系进行了实证研究，依此来判断技术进步对碳生产率的影响。第六章提出了基于碳生产率的工业部门转型升级路径。第七章是研究总结及下一步的研究方向。

本书的主要观点和结论如下：（1）工业碳生产率的提升是工业转型升级的重要推动力量，因此可以将碳生产率的提升作为桥梁，提出在气候变化条件下的工业转型升级的路径。（2）在全要素生产率的研究框架下，基于方向性距离函数和数据包络分析方法所测度的碳生产率指数值相比传统意义下的单要素的碳生产率指数值要低，这意味着单要素的碳生产率指数确实高估了二氧化碳排放空间投入要素的效率，全要素生产率框架下的碳生产率指数更能真实反映中国工业部门碳生产率的增长情况。经过进一步的分析发现，中国工业部门各两位数行业的碳生产率指数同时呈现出δ－收敛和绝对β－收敛。（3）二氧化碳排放空间要素配置比例的变化对全要素生产率框架下碳生产率的变化具有显著的负向影响；煤炭资源配置比例的变动对全要素生产率框架下的碳生产率的变动具有显著的负向影响。这意味着中国工业部门二氧化碳排放空间要素向碳生产率相对较高行业的再配置是形成中国工业部门碳生产率指数δ－收敛和绝对β－收敛的重要原因；降低煤炭资源消费比例是提高中国工业部门各行业碳生产率的一条重要途径。（4）中国工业部门整体上表现出规模不经济性，行政垄断造成的外部规模不经济对全要素生产率框架下碳生产率具有负向影响，而行业内规模效益的提高所反映的内部规模经济对全要素生产率框架下的碳生产率具有正向影响。（5）中国工业部门整体上存在技术进步，且技术进步是非体现型的中性技术进步和资本体现型技术进步共同作用的结果，并且资本体现型技术进步对中国工业部门碳生产率具有正向的显著影响。（6）基于工业转型与碳生产率关系的分析，以及碳生产率影响机制的研究，本书提出了优化能源消费结构和部门产权结构，加大技术引进力度，提高装备制造水平等工业转型升级路径。

由于作者水平有限，且关于碳生产率、工业转型升级的研究发展迅速，创新不断，书中不妥之处在所难免，恳请广大同仁不吝赐教。

高文静

2020 年 5 月于太原

目　录

第一章　导　　论

第一节　选题背景及意义

改革开放40多年以来，中国的工业化取得了举世瞩目的成就，为国家竞争力的提升提供了有力支撑。然而当前工业发展所面临的资源和环境约束越来越突出。能源危机、气候变暖、环境污染等问题日趋严峻，直接威胁着人类的生存与发展，传统要素投入驱动的粗放增长模式已经不可持续，工业发展的转型与升级势在必行。我国已进入实现工业化的关键时期，工业发展面临着由规模扩张向质量提升转变的重要节点，工业转型升级的成败将直接影响我国经济结构战略性调整的成败。向什么方向转？如何转？成为我国工业部门面临的现实问题。

作为发展中国家，发展经济是首要任务，因此中国工业转型升级既要应对气候变化提出的挑战，又必须兼顾本国的经济增长。本研究认为碳生产率的提升是气候变化条件下我国工业部门实现转型升级的核心内容。中国工业部门碳生产率如果提高，将会提升工业部门终端能源的使用效率，一方面可以实现二氧化碳排放量的降低，另一方面会在很大程度上促进工业部门转型升级效率的提高。

目前，在产业转型升级方面国内外学者进行了大量的研究，主要集中于如下几个方面：一是产业转型升级内涵的界定（格里菲等，1999；邓伟根，2006）。二是产业转型指标的构建（凌文昌和邓伟根，2012；黄思宁和薛婷，2013；岳意定和谢伟峰，2014）。三是产业演进规律的研究。主要包括配第-克拉克定理、库兹涅茨的产业演进规律、霍夫曼定理、罗斯托的经济发展理论、钱纳里的“标准产业结构”理论、赤松要的雁行形态理论等。四是产业转型模式的研究（张米尔和孔令伟，2003；陈勇和李小平，2007；王维，2012）。

碳生产率最早由Kaya和Yokobori（1993）提出，此后，国外学者将碳生产率纳入低碳经济的范畴进行了探讨。研究主要集中于在全球二氧化碳减排目标约束下碳生产率增长速度的估算。Eric Beinhocker 等（2008）研究了到 2050 年为实现二氧化碳排放比 2005 年减少 50%的目标所需要的碳生产率提高的倍数，认为可以将碳生产率与劳动生产率、资本生产率同等看待，并提出了 10 倍计划，即在未来近 50 年的时间里，为实现温度的增幅不高出 2℃的目标，世界碳生产率必须提高 10 倍。Won Kyu 和 Kim（2010）对韩国碳生产率进行了研究，指出为了实现韩国 2020 年的减排目标，若 GDP 增幅维持在 4%，则该国的碳生产率年均增幅必须达到 4.85%。国内关于碳生产率的研究主要集中在以下四个方面：一是对碳生产率指标的分解。何建坤和苏明山（2009）将碳生产率的年增长率近似表述为 GDP 年增长率与二氧化碳年减排率之和，认为碳生产率的年增长率可作为衡量一个国家应对气候变化努力与成效的一项重要指标。二是对碳生产率与二氧化碳排放量之间关系的探讨。谌伟等（2009）对上海市碳排放总量和碳生产率的关系进行了动态分析，认为碳排放总量与碳生产率之间存在长期协整关系，并且它们之间具有单向 Granger 因果关系，即碳排放总量增加会促进碳生产率的增长，但碳生产率提高并非碳排放总量增长的原因。三是对碳生产率测度指标的研究。刘国平和曹莉萍（2011）将碳生产率划分为基于经济绩效的狭义碳生产率和基于福利绩效的广义碳生产率，通过情景分析，认为中国应采取“C 模式”（碳排放低增长的模式）实现经济社会福利与二氧化碳排放脱钩发展。四是对碳生产率影响机制的研究。何建坤和苏明山（2009）的研究认为我国产业结构中第二产业比重高、制造业产品的增加值率低、高耗能产品的单位能耗高以及能源结构以煤为主等因素是导致我国碳生产率低于发达国家的主要因素；魏梅等（2010）的研究发现 R&D 投入、能源价格、公共投资对碳排放效率有正向影响，对外开放、产业结构以及技术溢出对碳排放效率有负向影响，存在“污染避难所效应”。潘家华和张丽峰（2011）利用聚类分析、泰尔指数、脱钩指数等方法分析了区域碳生产率的差异及影响因素，并提出了相应减排对策。高文静（2012）分别从资源配置、规模经济、技术进步三个方面，系统地研究了中国工业部门碳生产率的影响机制，并提出了一系列具有针对性和可操作性的提高中国工业部门碳生产率的政策建议。彭文强和赵凯（2012）分析了碳生产率在全国以及东、中、西三大区域的差异，构造面板数据模型研究了区域碳生产率的收敛性，并分析了人均 GDP、产业结构、能源强度、城市化水平对收敛的影响。饶畅（2013）的研究发现制造业服务化与碳生产率之间存在 U 形的非线性关系。林善浪等（2013）的研究认为经济活动的空间集聚和产业结构对我国区域碳生产率具有显著的影响。

综上，在产业转型升级方面，国内外学者进行了深入、广泛的研究。对碳生产率的研究主要集中于碳生产率的影响因素、碳生产率与碳排放总量关系的研究，以及在不同情景下碳生产率增长速度的研究，并没有学者对碳生产率的提升路径进行系统的探讨。基于碳生产率提升的产业转型问题研究，在现有文献中尚未出现。因此，本研究将结合笔者的前期成果，提出我国工业部门碳生产率提升的有效途径，并构建在碳生产率提升驱动下的工业转型升级路径选择过程中所涉及的一系列定量分析方法。本书的研究可为各级政府管理部门实现科学决策提供可借鉴的理论依据和决策手段，并为实践部门提供可操作的政策建议和实施方案。

中国面临着巨大的节能减排压力。中国已宣布计划2030年左右二氧化碳排放达到峰值，并将非化石能源占一次能源消费比重提高到20%。工业部门是我国经济的重要主体，既是能源和各种原材料的生产者，也是能源的主要消耗者。由于我国工业化任务尚未完成，传统高耗能工业生产和需求仍然很大。统计数据显示，中国工业部门的终端能源消费占全国终端能源消费的比例长期维持在70%以上，因此，要降低化石能源占一次能源消费中的比重，工业部门的转型升级具有至关重要的作用。当前，化石能源（碳基能源）仍然是我国现有能源的主体，大量消费导致了二氧化碳排放量增加，造成了一系列生态环境问题。中国工业部门碳生产率如果提高，将会提升工业部门终端能源的使用效率，一方面可以实现二氧化碳排放量的降低，另一方面会在很大程度上促进工业部门转型升级效率的提高。

碳生产率是反映经济增长质量的重要指标之一。碳生产率能将低碳经济的两大目标——控制二氧化碳排放（低碳）和促进经济增长（经济）融为一体，是碳排放领域中的效率概念。在低碳经济的背景下，碳排放空间同劳动力和资本投入要素一样，也被当作一种投入要素对经济增长产生影响。当前低碳经济引发的绿色革命情景下的碳生产率与工业革命中的核心指标劳动生产率相互对应，因此，提高碳生产率是我国在当前低碳经济背景下的必然选择。

作为发展中国家，中国工业转型升级既要应对气候变化提出的挑战，又要兼顾本国的经济发展。我们认为碳生产率的提升是气候变化条件下我国工业部门实现转型升级的核心内容，跨学科研究是目前科学研究的一个重要趋势。因此，本书以可持续发展理论、低碳经济和产业经济理论为指导，以我国工业部门碳生产率的提升为关键点，以工业转型升级为目标，将系统科学、数量经济学等理论与方法综合应用到我国工业转型升级路径选择的研究中，并结合我国国情，从制度层面构建基于碳生产率的工业转型升级的技术创新体系、金融支持创新体系和法律法规保障体系。本书的研究成果对于中国实现可持续发展的经济增长模式具有重要的理论价值和现实意义。

第二节 研究思路、技术路线及研究方法

一、研究思路及技术路线

本研究的总体思路是首先分析中国工业转型升级的演进过程，对基于碳生产率的工业转型升级的理论基础和内在逻辑进行了系统分析；其次运用计量经济学分析方法以及非参数分析方法，对工业碳生产率与工业转型升级之间的关系进行了实证检验；最后，根据实证分析结果提出了基于碳生产率的工业转型升级路径。

首先，在工业转型方面，主要是基于矢量夹角的方法，并结合熵权法对我国工业转型度进行了测算。在碳生产率方面，先对生产率相关研究的发展及研究成果进行回顾与评述，并以此为基础，在全要素生产率的分析框架下，借助基于方向性距离函数的数据包络分析方法，测算中国工业部门的碳生产率，为后续研究提供更加坚实的数据支持。其次，以经济增长因素分解理论为基础，分别建立资源配置、规模经济、技术进步与碳生产率关系的理论模型，以理论模型为指导，选择合适的变量及计量方法，利用中国工业部门各两位数行业的面板数据对中国工业部门碳生产率变化的内外部影响机理和机制进行了系统分析。最后根据研究结论提出提高中国工业部门碳生产率的相应政策建议（见图 1-1）。

二、研究方法

科学方法的采用有益于得出客观正确的结论。本研究主要采用理论和实证分析相结合、定性分析与定量分析相结合、归纳与演绎相结合的研究方法。具体来讲，包括如下几个方面：

（一）理论方面

一是通过分析我国工业转型升级演进规律，提出了在当前气候变化条件下工业碳生产率与工业转型升级之间的内在逻辑；二是归纳现有生产率相关研究的成果，以经济增长理论为基础，在全要素生产率的分析框架下，提出将投入端由 K-L 扩展为 K-L-C 的碳生产率的测度能更加真实地反映碳生产率的变化

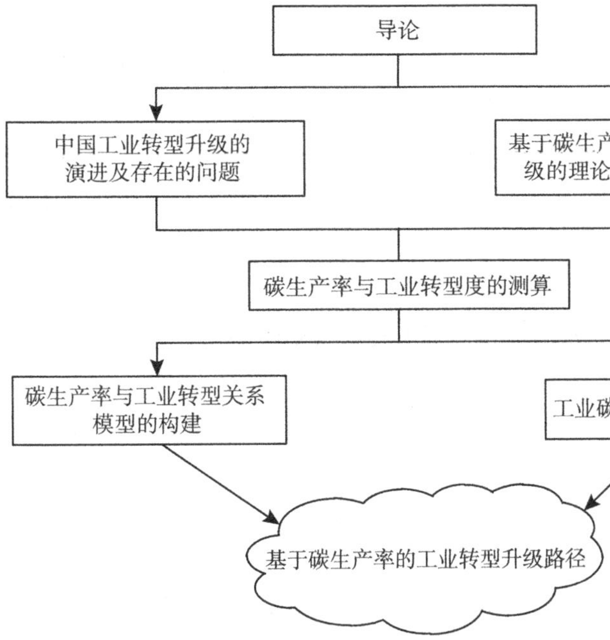

图 1-1　研究技术路线图

情况；三是以现有生产率增长影响因素分解理论为基础，着力建立适合中国工业部门碳生产率分析的理论模型，具体来讲就是：主要以丹尼森生产率增长因素分解理论为基础，从资源配置、规模经济、技术进步三个方面，分别建立了一系列计量经济模型，以考察中国工业部门碳生产率变化的影响机制。

（二）数据方面

由于中国工业部门时间序列数据跨度较短，数据主要采用面板数据(panel data)。面板数据可以解决样本容量不足的问题，面板数据模型可以控制不可观测经济变量所引致的普通最小二乘估计方法（OLS）的偏差，使得模型设定更合理、模型参数的样本估计量更准确；由于其含有横截面、时间和指标三维信息，可以构造和检验更为复杂的行为方程。因此采用面板数据模型可以更有效地描述中国工业部门碳生产率的变化特征。

（三）实证研究方法方面

主要使用非参数的前沿面分析方法和计量经济学方法。在碳生产率的测度过程中，将方向性距离函数与非参数的前沿面分析方法（数据包络分析方法）结合，可以使测算结果更能突出碳生产率的特征。在使用计量经济学方法的分析过程中，充分考虑数据形式、模型特征及变量的内生性、随机误差项与解释变量相关等问题的基础上，选择合适且具有前沿性的计量经济学方法，尽可能提高估计的可靠性。这些方法具体包括：面板单位根检验（unit root test）、差分广义矩估计（difference-GMM）、系统广义矩估计（system-GMM）、广义最小二乘估计（GLS）等。

第三节 相关概念界定

一、工业部门

合理地界定和划分工业部门以及各两位数行业是本研究的重要问题。对两位数行业的划分方法和角度不同，会导致对同一问题分析的结论产生巨大的差异。按照国家统计局对工业部门的定义，工业部门指从事自然资源的开采，对采掘品和农产品进行加工和再加工的物质生产部门，具体包括：（1）对自然资源的开采，如采矿、晒盐等，但不包括禽兽捕猎和水产捕捞；（2）对农副产品的加工、再加工，如粮油加工、食品加工、缫丝、纺织、制革等；（3）对采掘品的加工、再加工，如炼铁、炼钢、化工生产、石油加工、机器制造、木材加工等，以及电力、自来水、煤气的生产和供应等；（4）对工业品的修理、翻新，如机器设备的修理、交通运输工具如汽车的修理等。① 依据此定义，参照《国民经济行业分类（GB/T 4754—2017）》，中国工业部门包括：采矿业、制造业以及电力、燃气及水的生产和供应业，即B、C、D三个门类。B门类（采矿业）包括6个大类，C门类（制造业）包括30个大类，D门类（电力、燃气及水的生产和供应业）包括3个大类，总计39个大类。②

二、工业转型升级

工业转型升级是指工业朝向更高水平转变和发展的一个动态变化过程。虽然学术界至今没有就产业升级的内涵达成明确共识，但从现有研究来看，工业

① 该定义引用《中国统计年鉴2010》中主要统计指标的解释。

② 工业部门行业编号见附录1。

转型升级的内涵主要包括宏观和中观两个层面。宏观层面的工业转型升级是指一国或地区工业整体的结构变化，即工业结构向高度化和合理化方向不断优化和调整，其代表性理论主要集中于对产业结构升级的阐述，而产业结构升级的表现包括工业结构的升级。

Petty 最早提出随着经济发展、人均国民收入水平不断提高，就业人口在三次产业中的分布重心从第一产业逐渐向二、三产业转移（Petty W.，1899）。Kuznets 通过对发达国家的产业结构变化原因进行分析，找出了国民收入与劳动力在各产业之间分布结构变化的一般规律：国民收入的比重在第一产业中逐渐下降，在第二产业中呈现上升趋势，在第三产业中也呈现上升趋势；劳动力比重在第一产业中逐渐下降，在第二产业中基本稳定，在第三产业中则具有上升的趋势（S. S. Kuznets，1971）。根据库兹涅茨法则，通过资源从低生产率部门转入高生产率部门可以实现整体产业结构的升级。Hoffmann 通过对工业结构的演变规律进行研究，发现消费品部门与资本品部门的净产值之比呈现出不断下降的趋势，根据这一比例可将工业化进程分为四个阶段，在工业化后期资本品部门的净产值比重将继续上升，成为主导产业部门（W. G. Hoffmann ，1931）。进一步的，Chenery 的工业化阶段理论将制造业的发展分为三个阶段，即初期、中期和后期，每个阶段的跃进都是通过产业结构转化来推动的（H. B. Chenery，1975）。

中观层面的工业转型升级则强调了单一行业内部生产状态的变迁，包括用高端要素替代低端要素，以及技术水平和产品加工度的提升等。中观层面的工业转型升级是指工业行业向资本密集和技术密集转变的过程，即产业基于微观企业的技术进步、生产效率提升以及产业内部资源配置优化，实现产品由低附加值状态向高附加值的演变，进而获得更高盈利能力和技术水平。Gereffi 和 Korzeniewicz 认为工业升级是通过企业技术创新和附加值创造提升竞争能力，进而实现从低利润转向高利润、从劳动密集型转向技术密集型产业状态的发展过程（G. Gereffi，M. Korzeniewicz，1994 ）。Poon 认为工业升级为制造企业从生产劳动密集型的低价值产品转向生产资本或技术密集型的高价值产品，进而实现由价值链低附加值环节向高附加值环节的迁移（T. S. C. Poon，2004）。朱卫平和陈林认为产业升级是指行业生产的比较优势从土地、劳动力等低端要素转变为资本、技术等高端要素，实现产业素质由低至高的动态过程（朱卫平和陈林，2011）。程强和武笛认为通过将信息技术等新型科技应用到生产中，有助于实现产业的转型升级（程强和武笛，2015）。

三、碳生产率

碳生产率是碳排放领域中的效率概念，最早由 Kaya 和 Yokobori 于 1993 年提出，是指单位二氧化碳排放量的 GDP 产出水平，反映了单位二氧化碳排放所产生的经济效益，是可以将低碳经济的两大目标——减少温室气体排放和经济增长融合为一体的一个概念，反映区域（或国家）在减少温室气体排放方面所做的努力。从数学角度讲，碳生产率与经济增长成正比，与二氧化碳排放成反比。碳生产率与碳排放强度在数量上呈倒数关系，但两者的经济学基础和含义有着本质区别。碳生产率体现了经济角度的减排问题，将碳排放作为一种隐含在能源和物质产品中的要素投入，衡量一个经济体消耗单位“二氧化碳排放空间”（碳资源）所带来的相应产出，可与传统的劳动或资本生产率相比较；碳排放强度是强度表示法，是从环境的角度考虑问题，强调二氧化碳排放作为产出的附属物及其对环境造成的影响（谌伟等，2010；张丽峰，2013）。

四、全要素生产率

全要素生产率是指“生产活动在一定时间内的效率”，是衡量单位总投入的总产量的生产率指标，即总产量与全部要素投入量之比。全要素生产率的增长率常常被视为科技进步的指标，它的来源包括技术进步、组织创新、专业化和生产创新等。产出增长率超出要素投入增长率的部分为全要素生产率（TFP，也称总和要素生产率）增长率。

全要素生产率是用来衡量生产效率的指标，它有三个来源：一是效率的改善；二是技术进步；三是规模效应。在计算上它是除去劳动、资本、土地等要素投入之后的“余值”，由于“余值”还包括没有识别的带来增长的因素和概念上的差异以及度量上的误差，它只能相对衡量效率改善和技术进步的程度。

五、资源配置

资源配置（Resource Allocation）是经济学领域中的核心问题之一，不同流派对于资源配置的认识有所不同。现代经济学认为资源具有稀缺性和多用性两个特点，资源配置就是一定量的资源按某种规则分配到不同的产品生产中，以满足不同的需求。在《市场经济大辞典》中，资源配置是指“社会经济资源在社会生产的各个领域、各个环节和各个地区之间的安排和布置”。本书所指的资源配置具体指劳动力、资本和二氧化碳排放空间等要素在工业部门各两位数行业之间的分配和使用。

六、规模经济

《新帕尔格雷夫经济学大辞典》对“规模经济”（economics of scale）的定义为：考虑在既定的（不变的）技术条件下，生产一单位单一的或复合产品的成本，如果在某一区间生产的平均成本递减，那么，就可以说这里存在规模经济。规模经济的分类方法很多，马歇尔将规模经济归结为规模内部经济（internal economics of scale）和规模外部经济（external economics of scale）两类。规模内部经济有赖于从事这个工业的个别企业的资源、组织和经营效率的经济；规模外部经济有赖于这个工业的一般发达的经济（马歇尔，1981）。另外，还有聚集规模经济和结构规模经济。聚集规模经济是指生产的产品虽然不同，但在某一环节却有共同指向的多个工厂、多家企业聚集而产生的某些经济效益，严格来说，这种聚集规模经济本身也是一种外部经济。结构规模经济是指各种不同规模经济实体之间的联系和配比，形成一定的规模结构经济，包括企业规模结构、经济联合体规模结构、城乡规模结构等。

七、技术进步

技术进步（technological progress）有狭义技术进步和广义技术进步两种理解。狭义技术进步指生产工艺、中间投入品以及制造技能等方面的革新和改进，具体表现为对旧设备的改造和采用新设备，改进旧工艺，采用新工艺，使用新的原材料和能源，对原有产品进行改进，研究开发新产品以及提高工人的劳动技能等；广义技术进步是指技术所涵盖的各种形式知识的进展（张雄辉，2010）。在开放经济中，技术进步的途径主要有三个方面即技术创新、技术扩散、技术转移与引进，对于后发国家来说，工业化的赶超就是技术的赶超。本书所涉及的技术进步概念指广义技术进步。

第四节　中国工业转型升级的演进过程与存在的问题

一、中国工业转型升级的演进过程

（一）工业整体的转型升级状况

研究中国工业转型升级的潜力与路径，需要先了解中国工业行业的发展过程与现状。根据工业转型升级的内涵，本书重点考察工业行业的增加值、能源消耗量及污染排放情况。其中，工业增加值与能源消耗数据主要来源于《中国统计年鉴》，个别年份的数据来自《中国工业经济统计年鉴》，工业污染排放数据主要来自《中国环境统计年鉴》，选择的时间跨度为2004年至2018年，并进行数据统计和画图分析。

关于中国工业的增加值，根据历年的工业整体增加值数据（见图1-2），可知中国工业的增加值大体呈现出上升趋势。从2004年的65210亿元，快速增长到2008年的130260亿元；而2009年受到金融危机影响，工业增加值增长速度明显下降，增幅较小，增加值为135240亿元；2010年和2011年又恢复快速增长，2011年工业增加值为188470亿元；之后，2012年和2013年的增长速度再次下降，2013年工业增加值达到210689亿元；2015年开始增长速度再次上升，到2018工业增加值达到305160亿元。

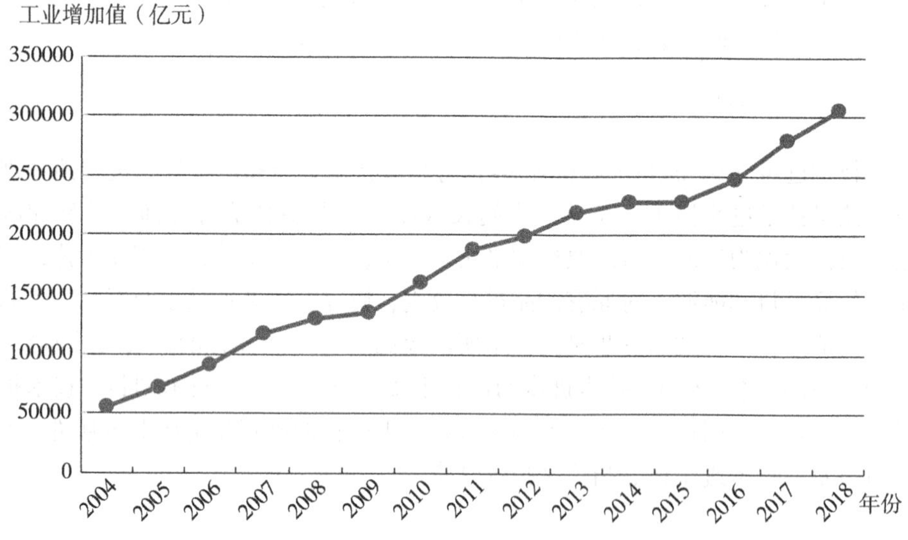

图1-2 中国工业增加值

另外，工业增加值占工业总产值的比重可作为相对量考察工业增加值率的演变情况。相比绝对量，工业增加值率更能反映中国工业的价值提升型升级水平。然而，根据现有数据情况，难以得到时间跨度长且准确的工业增加值率。规模以上工业企业统计口径下，总产值数据从2012年开始缺失，工业增加值数据在2004年后只有2005—2007年的数据，2008年以及之后的工业增加值数据需要根据统计局发布的月度工业增加值年累计增长率计算。整个工业为统计口径下，可得历年工业增加值数据，然而缺乏工业总产值数据。根据有限的数据，可得 2005 年规模以上工业企业统计口径下工业增加值率为 28.69%，2011 年根据整个工业为统计口径下的增加值与规模以上工业企业统计口径下总产值的比重计算的近似增加值率为 22.32%。由于规模以上工业企业统计口径下的工业总产值数据应该小于整个工业为统计口径下的总产值，2011 年实际工业增加值率将小于 22.32%。

虽然中国工业的增加值保持逐年上升趋势，然而工业增加值率却存在下降趋势。而且工业增加值率在 30%以下，这也反映出中国工业制造存在的低附加值现状，同时表明中国工业的价值提升型产业升级仍具有很大的空间。

中国工业生产中所消耗的能源来自煤炭、焦炭、原油、汽油、煤油、柴油、燃料油、天然气以及电力。将历年工业能源消费总量，以及能源消费总量占工业增加值比重，分别作为能源消耗的绝对量和相对量，考察能源节约型升级的现状（见图 1-3）。

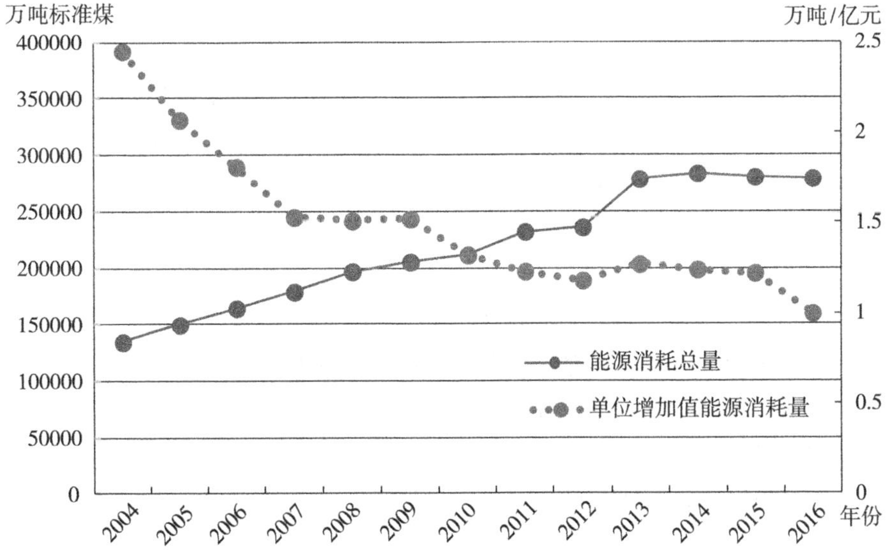

图 1-3　中国工业的能源消耗

可见，中国工业能源消耗总量呈现出逐年增长的趋势，从 2004 年的

143244 万吨标准煤，增长到 2016 年的 279057 万吨标准煤，其中从 2012 年至 2013 年上涨速度最快。而单位增加值能源消耗量则呈现出明显下降的趋势，从 2004 年每亿元增加值消耗能源 2.2 万吨标准煤，迅速下降到 2008 年每亿元增加值消耗能源 1.61 万吨标准煤。2009 年的单位产出能源消费量并没有继续下降，反而略有增长。2010 年之后，再次迅速下降，到 2012 年为每亿元增加值消耗能源 1.26 万吨标准煤。2013 年出现轻微上浮后，继续下降，到 2016 年每亿元增加值消耗能源 0.99 万吨标准煤。从整体来看，虽然中国工业的能源消耗量逐年递增，然而单位产值的能源消耗量逐年递减，表现出能源节约型产业升级的态势。

（二）细分行业的比较

以上为中国工业整体的发展现状，而工业内部各行业之间的升级水平也存在明显差异。为了进一步比较不同行业之间的发展情况，以两位数行业为单位，分别选取 2001 年、2007 年和 2013 年三个代表年份，比较各行业工业增加值、能源消耗量的差异。由于电力、热力、燃气及水生产和供应业分类中的三个两位数行业具有一定的特殊属性和任务，属于公共事业行业，因此本书对工业转型升级的分析不包括以上三个行业。

首先，各行业的工业增加值情况见图 1-4。可以看出，各行业的工业增加值存在明显不同，资源加工类型为主的行业以及资本和技术密集型行业的工业增加值明显较高，而劳动密集型行业的工业增加值则明显低于其他行业。相比 2001 年，2007 年各行业的工业增加值均呈现出增长趋势。

其次，各行业的能源消耗情况见图 1-5。可以看出，各行业的能源消耗情况存在较大差异。石油加工、化学品制造、金属冶炼制造等行业的能源消耗量巨大，远远高于其他工业行业的能源消耗水平。以食品加工、纺织、服装加工等为主的劳动密集型行业的能源消耗量最低，其次是设备机械制造加工等技术密集型行业，然后是以开采为主的资源加工型行业。从各年的变化趋势来看，能源消耗量也存在逐年增长的趋势，2016 年各行业的能源消耗量大部分超过 2013 年、2007 年和 2001 年的水平。

二、工业化过程中的工业结构转变

各国经济发展经历的最重要的过程是工业化过程，尤其是在后发经济体中工业化尤为关键。因此研究工业化过程中的工业结构转变与经济增长的关

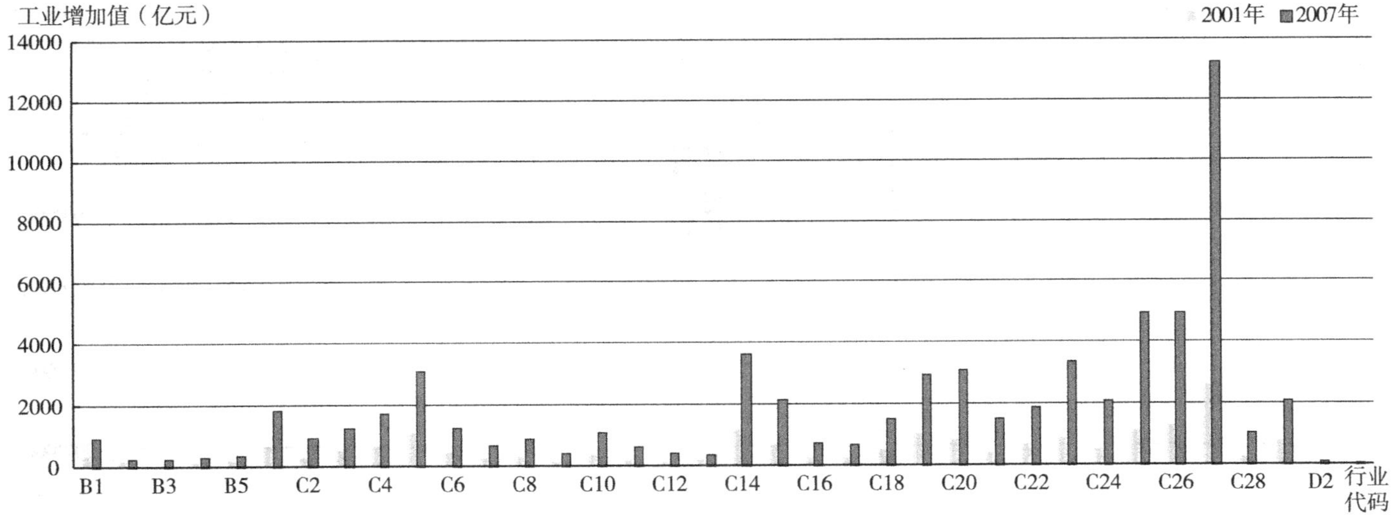

	B1	B3	B5	C2	C4	C6	C8	C10	C12	C14	C16	C18	C20	C22	C24	C26	C28	D2
2001年	335	61	187	313	691	480	274	359	149	1177	250	536	818	672	496	1305	256	17
2007年	918	255	358	915	1720	1243	877	1065	412	3644	722	1503	3086	1864	2101	4917	1047	79

图1-4 各行业的工业增加值比较

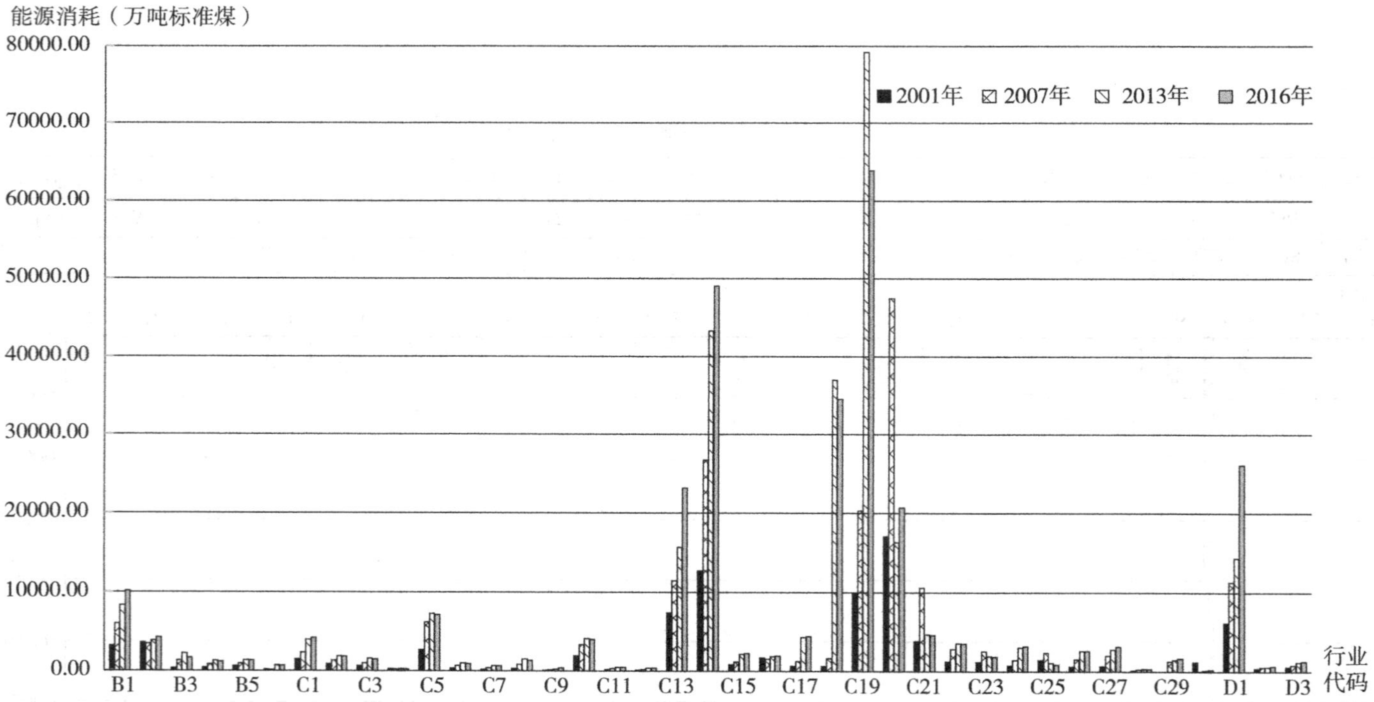

	B1	B3	B5	C1	C3	C5	C7	C9	C11	C13	C15	C17	C19	C21	C23	C25	C27	C29	D1	D3
■2001年	3187	351	622	1479	634	2679	189	95	202	7411	841	646	9962	3824	1161	1433	683		6171	571
⊠2007年	6009	1314	947	2336	980	6208	375	148	324	11464	1183	1259	20307	10613	2573	2377	2007	1273	11327	802
⧅2013年	8327	2220	1355	3962	1597	7299	652	246	448	15693	2154	4321	79203	4701	1905	1043	2798	1452	14356	1155
▩2016年	10168	1659	1309	4201	1476	7136	629	376	466	23183	2248	4418	63951	4635	1842	886	3143	1669	26124	1289

图1-5　各行业的能源消耗比较

系对发展中国家来说意义重大。根据钱纳里（1989）提出的发展中国家经济增长的基本观点：发展中国家要实现经济增长，必须进行工业化，推进该国工业部门的发展，因此各国积极推进工业部门发展，实施各种产业发展政策，如中国的“重工业”优先发展战略及主导产业政策、韩国的“不平衡增长战略”等，力求工业经济的增长。在工业化过程中工业转型即工业转变随之发生，即有些工业部门优先迅猛发展，有些工业部门缓慢发展，最终都会表现在工业结构转变上，并引致各工业部门的产值占比发生改变。因而工业部门占比是衡量产业结构的最关键、通用的指标。本书也采用此指标衡量工业部门的结构状况。当一个国家或地区的工业部门内的产值占比发生变化，我们就认为该国或地区的工业内部结构发生了变动。也有学者用生产要素比例改变作为衡量工业结构转变的指标（库兹涅茨，1967）。这是由于当一个国家或地区工业转型发生时，劳动力、资本要素等也进行了重新配置，故初始的要素配置占比已发生改变。生产要素在不同的工业行业重新配置，会引致不同行业的技术水平发生变化，从而不同行业的经济增长及速度也会不同。本书认为工业内部结构变动不仅使生产要素比例发生改变，产出要素比例也会发生改变。也就是说工业转型的衡量，不仅可以用生产要素占比指标而且可以用产出占比指标。故在后发经济体工业化过程中的工业结构转变是影响经济增长的关键指标。金碚（2014）指出工业转型并不是“去工业化”而是强工业化和深度工业化，即实现工业发展的绿色化、精致化、高端化、信息化和服务化，并提出了工业转型的两大目标：占据各产业的技术制高点；让现代工业在中国扎根。因而在工业化进程中，研究工业结构的转变对工业发展及经济增长至关重要。

基于上述分析的结构转型与生产要素流动之间的关系，我们发现结构转型伴随着要素流动或者说引致要素流动，而要素流动反过来又导致了结构转型，因此本书认为结构转型的过程就是生产要素重新配置的过程。结构转型衡量的是生产要素配置的改变程度，它是生产要素配置改变程度衡量的间接指标。这主要是由于后发经济体的细分行业的生产要素流动难以直接测度，以及产出数据的易得性和结构转型与生产要素配置的关系。所以，工业转型就是工业行业间的生产要素的重新配置过程，工业转型衡量工业行业间生产要素配置的改变程度。不少学者认可了工业转型与工业行业间要素配置的关系。张军、陈诗一（2009）采用偏离份额法发现工业结构转变引起的资源要素的重置提高了中国工业的生产效率，从而推动了经济增长。干春晖、郑若谷（2009）则发现第二产业的结构转变带来最大的生产率的提升，劳动力要素在行业间流动的“结构红利”是存在的。

综上分析，本研究认为结构转型衡量生产要素配置的改变程度，所以，结构转型的幅度越大，生产要素配置结构的变动越大，从而经济体的活力水平越高，越能够促进经济增长。这主要是通过两种路径影响经济增长：一是效率提升路径；二是效率补充路径。

首先是生产要素流动的效率提升推动经济增长，这主要是市场的自发行为。后发经济体几乎都没有完成工业化，且处在工业化阶段，国家推进工业部门的发展，工业结构发生改变，即工业转型发生。同时，生产要素如劳动力、资本等从生产效率低的行业流动到生产效率高的行业，此时工业结构转型快，更多的要素能够从低效率的工业行业流动到高效率的工业部门，从而提高整体的工业生产效率和产出效应，推动经济增长。

其次是后发经济体的制度机制及政府政策发挥补充效用。资源要素流动时的状况受市场效率影响：市场效率高的时候，资源要素流动顺畅，市场失灵的时候，资源要素难以得到有效的配置，即生产要素不是从低效率行业流向高效率行业。因此国家或区域一般会制定产业发展政策，引导产业之间资源要素的配置，其实也是在矫正市场失灵现象，是对市场机制弱化的补充和替代。上述情况在中国表现得尤为明显，由于中国实行的是 GDP 考核制度，形成的是竞争性的地方性政府，各省份注重产业政策的制定，强调主导产业的作用，即在制定产业政策时，更多的政策支持引导生产要素等流向高效率行业，以及给予高效率行业更多的税收优惠，对低效率行业实行税收惩罚，人为地促进了产业结构的转变，引致结构转型。在此过程中，低效率行业比重减少了，高效率行业比重增加了，整个产业的生产效率和产出效率都有所提升，从而推动经济增长。这就是结构转型影响经济增长的效率补充路径。

三、工业发展的国际比较

从中国工业的发展现状来看，工业转型升级仍有很大空间。那么与其他国家相比，中国工业处于何种发展水平有必要进行比较分析。为了考察中国工业与其他国家的发展差距，本书对世界主要国家工业生产的核心指标加以比较。

在价值增值方面，仍然重点考察工业增加值率的情况。通过查找 OECD 数据库、World Bank 和 UN 数据库等，综合考虑时间跨度和数据的可获得性，最终选择 OECD 数据库中美国和日本工业行业的增加值（value added，current prices）与产值（production（gross output）），current prices）之比作为工业增加值率进行比较，中国工业增加值率则通过《中国统计年鉴》和《工业经济统计年鉴》中工业增加值与工业总产值得到，进而得到 1991 年至 2013 年美国、日本和中国的工业增加值率趋势图，如图 1-6 所示。

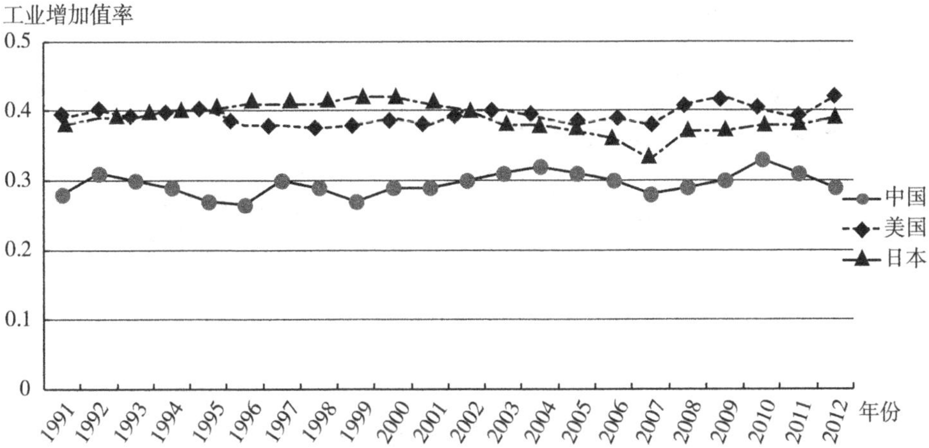

图 1-6　中国、美国和日本的工业增加值率比较

在 2009 年之前，中国工业的增加值率在 28%左右，一直不超过 35%；而美国和日本的工业增加值率则明显高于中国，且两者较为接近，在 30%~40%的区间内小幅波动，比中国高出近 10 个百分点。受全球金融危机的影响，美国、日本和中国的工业增加值率在 2008 年均有一定程度的下降，而后逐渐恢复到前期稳定水平。

能源消耗方面，由世界银行（World Bank）数据得到世界主要国家单位 GDP 的能源消耗情况。世界银行数据库中有各国的平均每千克石油当量的能源消耗所产生的按购买力平价计算的 GDP，将该数据取倒数得到主要国家单位 GDP 的能源消耗量，如图 1-7 所示。

从 1990—2016 年，主要国家单位 GDP 的能源消耗量均有所下降，整体呈现出下降的趋势。2001 年之前，中国工业的能源消耗量远高于其他国家，但下降趋势十分明显，2001 年开始低于美国，之后进入稳步下降阶段，2012 年单位 GDP 的能源消耗值为 0. 195，仍显著高于发达工业化国家。巴西和日本

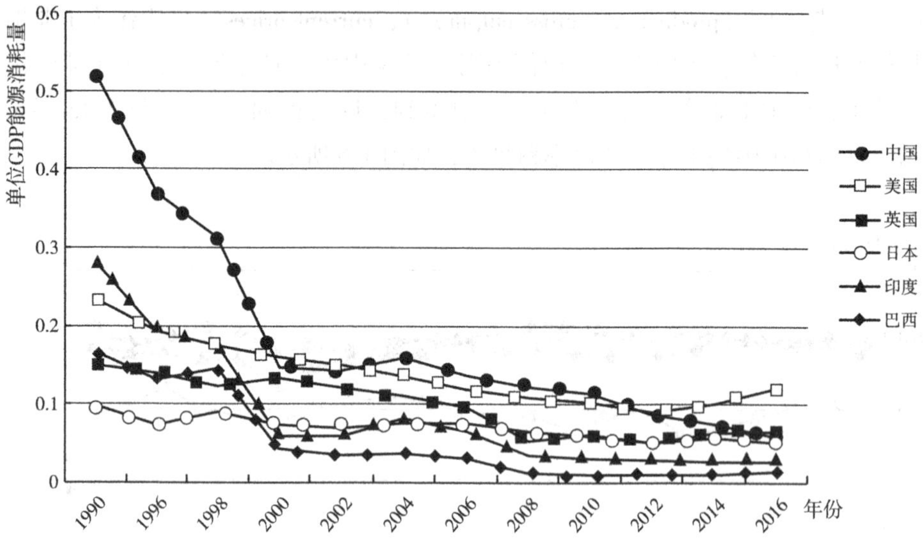

图 1-7　主要国家单位 GDP 能源消耗比较

的能源消耗水平一直处于较低水平，英国的单位 GDP 能源消耗量则一直下降到高于日本的能源消耗量。

第二章 基于碳生产率的工业转型升级的理论基础与内在逻辑

第一节 资源约束下的工业转型升级

随着全球一体化进程的加速，在各国对外贸易规模扩张和经济增长的同时，部分国家出现了能源资源紧张与环境污染严重等问题。以追求 GDP 为单一目标的粗放型经济增长模式并不满足可持续发展的条件。而且随着《京都协定书》和《巴黎协定》等国际性条约的签订，节约资源、保护环境、转变经济增长方式，已经成为各国学术界研究的紧迫问题。

Grossman 和 Krueger 通过实证研究发现，当经济发展水平较低时，国家的环境破坏程度并不高，然而当全国人均收入水平不断增加时，环境污染程度也随着经济的增长而加剧；当经济发展的水平超过某一临界点之后，随着人均收入的进一步提高，环境污染程度反而开始逐渐减缓，环境质量开始得到一定的改善，即一国的污染水平随人均收入水平的提高先升后降，呈倒 U 形曲线关系。Panayotou 于 1993 年首次明确提出环境库兹涅茨曲线理论，该理论是在环境层面对库兹涅茨曲线理论的延续与扩展，认为环境污染程度会随着一国经济的发展经历由高趋低，先逐步恶化而后逐步改善的倒 U 形趋势，这与反映经济增长和收入分配关系的库兹涅茨曲线一致，因而被称为环境库兹涅茨曲线理论。之后基于该理论，很多学者进行了大量的实证检验研究，探讨在资源环境约束下节能减排对经济发展的影响。

一、能源消耗与污染排放对产业转型升级的影响

一部分研究讨论了能源消耗和污染排放增长的现状和原因。Soytas 等人基于美国 1960—2004 年的数据进行分析后认为经济增长并不是碳排放增长的原因，然而从长期来看，能源消耗则是碳排放增长的格兰杰原因。张为付等人将所有可能影响环境污染的因素分解为三种效应，包括规模效应、结构效应与技

术效应（张为付，周长宫，马野青，2011）。他们基于中国13个工业行业的面板数据，实证检验了资本积累与劳动力转移对环境结构变化的影响，认为资本投入的不断增加是我国碳排放规模上升的主要原因。何小钢和王自力通过构建超越对数成本函数与Kalman Filter测度模型，对中国33个行业的能源偏向型技术进步进行了测算，并对行业能源偏向型技术进步动态演进特征与影响因素进行了评估（何小钢和王自力，2015）。实证结果发现，总体上行业技术进步偏向于能源消耗，高能耗特征明显。肖挺和刘华以1998—2012年的数据分析了产业结构调整对我国二氧化硫排放的影响，实证结果发现产业结构均衡化对工业硫排放有明显的限制作用，但产业结构优化突显出节能减排问题的严重性（肖挺和刘华，2014）。

也有学者对环境库兹涅茨曲线理论进行了实证检验。李影采用面板数据模型对各工业行业能源消耗、污染排放与增加值之间的协整关系进行了分析，实证结果发现工业行业的发展与污染排放之间的关系符合环境库兹涅茨曲线假说，但各个行业并不都符合环境库兹涅茨曲线假说（李影，2014）。Mahamat基于加拿大1990—2007年工业部门的数据进行的研究发现，随着能源消耗的增加将导致温室气体排放量增加，工业大气污染排放与经济增长之间存在环境库兹涅茨曲线效应（H. H. Mahamat，2011）。

关于节能减排对经济增长的影响。Kuosmanen等利用环境成本收益分析方法和荷兰的数据，研究了温室气体减排等环境政策对经济的影响。刘瑞翔和安同良对资源环境约束下中国经济增长绩效在1995—2010年的变化趋势和影响因素进行了分析，实证结果发现能源消耗和污染排放是中国经济增长绩效下降的主要原因，且效率改善速度较为缓慢（刘瑞翔和安同良，2012）。王玲等人在能源消耗与污染排放的基础上，引入“技术不会遗忘”假定，运用序列DEA方法测算并分解了2001—2010年中国制造业28个行业基于节能减排约束下的全要素能源生产率，认为中国制造业的能耗结构直接影响行业污染排放量，能耗和排放存在“双高代价”（王玲，陈仲常，马大来，2013）。

张少军和李东方认为中国能源安全和环境污染问题的解决依赖于能源利用效率的提高（张少军和李东方，2009）。基于中国工业行业面板数据，他们发现能源优势并不是支撑中国未来产业升级和可持续发展的竞争优势。李廉水等从经济创造能力、科技创新能力、能源节约能力、环境保护能力和社会服务能力五个方面阐述了制造业“新型化”的内涵（李廉水，程中华和刘军，2015），并提出了对新型化进行测算的评价指标体系。他们发现2003—2012年东部地区的“新型化”程度综合能力最高，其次是东北和中部地区，西部地区最低。陈诗一讨论了以高能耗和高排放为特征的中国工业可持续发展问题，通过中国38个工业行业的投入产出面板数据，基于超越对数函数对中国工业全要素生产率变化进行了测算。其研究结论是中国工业总体上已经逐步实现了向以技术驱动为特征的集约型增长方式的转变，能源和资本是技术进步外对中国工业增长产生驱动的主要两个因素，然而对于那些能源消耗与污染排放量大的行业，仍然以粗放型增长为主，需要进一步提高节能减排技术，最终实现中国工业的完全可持续发展（陈诗一，2009）。Menyah 等基于南非的数据进行了格兰杰因果检验，结果表明污染排放、能源消耗均为影响经济产出水平的原因（K. Menyah et al.，2010）。

二、环境规制对产业转型升级的影响

早期的研究主要集中于讨论环境规制对技术创新和技术进步的影响。Porter 提出严格的环境保护政策在短期会增加企业的成本，而适度的环境规制在长期有利于刺激企业进行相关的技术创新活动，采用更新和更有效率的生产技术和设备，从而有利于减少污染排放（M. E. Porter，1991）。关于“波特假说”，即环境规制对技术创新是否产生了促进作用，国内外学者对此进行了大量的实证检验。

国外的一些研究支持波特假说，如 Jaffe 等基于 1973—1991 年美国制造业行业面板数据，发现滞后一期的环境规制费用对企业 R&D 经费有显著的促进作用（A. B. Jaffe et al.，1997）。Ambec 等认为适当的环境规制有利于提高竞争力（S. Ambec，2013）。Lanoie 等的实证结果发现环境规制在当期对生产率的影响为负，然而滞后一期的环境规制变量能够产生正向作用，并且在参与国际竞争的行业中这种促进作用更加明显（P. Lanoie et al.，2008）。Campbell 认为环境规制对企业技术创新的作用还受到关税水平影响，在关税保护下只有在环境规制政策下企业才增加对新技术的投入，当没有关税保护时无论有无环境规制政策企业都将增加对新技术的投资（N. Campbell，2003）。

基于中国的研究数据，学者们研究发现在相同的环境规制条件下，各地区工业企业存在差异化影响结果，另外环境规制与技术创新之间呈现 U 形曲线关系。张倩基于 2003—2011 年中国的面板数据，重点考察了在不同的技术创新类型下环境规制的影响，结果表明环境规制对技术开发、技术转化、绿色工艺创新和绿色产品创新均有显著促进作用，并且存在明显的区域异质性（张倩，2015）。张成等基于 1998—2007 年中国省域层面工业部门的面板数据，研究发现在东中部地区环境规制强度与企业生产技术进步之间呈现 U 形曲线关系，即环境规制强度在最初较低水平时对企业的生产技术进步率存在抑制作用，随着环境规制强度逐渐提高，则其对企业的生产技术进步率存在促进作用（张成等，2011）。景维民和张璐基于2003—2010年中国33个工业行业面板数据，采用可行广义最小二乘法和系统广义矩方法，检验了环境规制影响中国工业实现绿色技术进步的途径，发现适当的环境规制水平能够通过改变技术进步方向实现绿色技术进步（景维民和张璐，2014）。蒋伏心等基于江苏省2004—2011年28个制造业行业数据，采用GMM两步法进行的研究表明环境规制与工业技术创新水平之间呈现U形曲线关系（蒋伏心，王竹君，白俊红，2013）。沈能和刘凤朝基于中国1992—2009年地区层面数据，重点考察了环境规制对工业技术创新的影响，实证结果验证了环境规制对技术创新的U形影响，并且该作用效果存在省份差异，只有东部地区的结论符合“波特假说”（沈能和刘凤朝，2012）。

之后，关于环境规制的研究增加了对全要素生产率影响的讨论。李玲和陶锋基于中国1999—2009年制造业层面数据进行的实证研究发现，对于重度污染行业采取当前的环境规制强度较为合理，能够明显提高制造业的绿色全要素生产率、技术进步及效率变化；对于污染程度较低的行业环境规制强度对以上几个方面的影响呈现先减弱后加强的趋势（李玲和陶锋，2012）。聂普焱和黄利基于1999—2007年工业部门高中低能耗产业数据进行的实证研究发现，环境规制的现有水平阻碍了中度能耗产业全要素能源生产率的提高和技术创新，高能耗工业行业的环境规制强度并没有对全要素能源生产率产生显著影响。他们指出环境规制政策的制定应根据不同能耗行业特点区别对待（聂普焱和黄利，2013）。原毅军和谢荣辉在考虑能源消耗和非期望产出的情况下，基于中国2000—2012年的数据，实证检验了环境规制及其与外商直接投资交互项两者对工业绿色全要素生产率分别产生的影响，结果发现环境规制能够显著促进绿色全要素生产率的增长，而且严格的环境规制将通过提高外资进入的环境门槛，对FDI起到“筛选”作用（原毅军和谢荣辉，2015）。

近年来，有学者关注到了环境规制对经济发展方式转变及产业转型升级的影响。李斌等基于2001—2010年中国36个工业行业的投入产出数据，将绿色全要素生产率对工业产出增长的贡献率作为衡量中国工业发展方式是否转变的标准，并基于面板门槛模型对环境规制的影响进行了实证检验。结果发现当环境规制强度较低时并不产生显著影响，当环境规制强度提高到一定范围时，随着环境规制水平的提高其对工业发展方式的转变存在促进作用，而当环境规制水平超过较高临界值时，环境规制此时将产生抑制作用（李斌，彭星，欧阳铭珂，2013）。韩晶等从产业技术复杂度的视角出发，构建了双重差分模型进行实证检验，结果发现适当强度的环境规制有利于促进产业升级，且这种促进效应在东部地区更为明显。另外，市场化规制工具比行政化规制工具更能推动产业升级（韩晶，陈超凡和冯科，2014）。

第二节 经济可持续转型理论

一、经济可持续增长

现有经济增长理论主要应用于解释资本、劳动以及技术等投入要素对经济增长的影响，分析经济增长的驱动因素。然而，这些增长理论并没有考虑自然环境在生产过程中的影响和作用。在过去的经济发展模式下，单纯以追求经济快速增长为目标。不可否认的是经济的快速增长使一些发展中国家降低了贫困率，但是也产生了严重的环境污染问题。

在日益恶化的自然环境下，人们已经逐渐意识到不可再生能源的供给与自然环境的承载力都是有限的，经济与社会的发展不能以牺牲人类赖以生存的环境为代价。如果不及时采取措施对发展模式进行调整，自然环境将进一步恶化，最终导致生态环境成为制约人类的经济活动与产出的重要因素。因而，资源与生态系统的可持续性是保证人类社会可持续发展的首要条件。可持续增长理论就是在这样的背景下萌芽、被提出并逐渐发展起来的。1992 年联合国大会上首次正式提出了经济的可持续增长理念，并得到了世界范围的认可。

经济发展不仅仅是经济的增长，可持续发展理论认为经济发展的本质是要实现社会、经济与环境共同发展。最根本的目标是实现社会的发展，增加社会福利，提高人类的健康水平与生活质量。而经济的发展是实现可持续发展的基础，对自然环境的保护是实现可持续发展的基本条件。自然环境不仅为人类的生产与生活提供多种能源的产出，而且还要吸收人类活动产生的污染物。考虑到环境的影响，经济的发展要合理利用有限的自然资源，避免对不可再生能源的过度消耗，产生的污染排放量应是环境自净能力范围内的。

可持续发展并不是以环境保护的名义降低经济增长水平或者使经济增长停滞。经济的发展始终是提高一国竞争力与社会财富的重要基础，尤其是对发展中国家来说更为重要。经济的可持续发展更加重视经济增长不以牺牲环境为代价，在经济增长数量的基础上还要保证经济发展的质量；以自然资源为基础，在保护环境与资源永续利用的条件下进行经济建设。

有一种观点认为，对经济发展采取严格的环境保护限制将产生较高的成本，对于正处于发展中的国家难以负担，而且在环境保护方面对生产的限制将使一些企业和工业行业逐渐退出，从而影响经济的增长速度。实际上这一观点并没有考虑到经济增长所导致的自然环境恶化也需要付出较高的成本。根据现有研究，虽然环境保护的成本较高，但是经济发展以环境保护为基础相比于不进行环境保护所付出的成本是更低的（M. Jacobs，2012）。另外，环境保护方面的措施虽然对高能耗高污染的行业发展产生了限制，但是同时也为一些新兴的健康环保、节能行业等的发展提供了新的条件与契机，这也可以成为一国经济的新增长点。

在过去的经济发展中，由于自然资源较为丰富，人们忽略了自然环境的价值。如今，随着自然资源逐渐稀缺及其价值水平提升，生产中投入的能源与产生的污染排放也应该被纳入生产核算体系。经济的增长数量是有限的，而选择科学的发展方式才是可持续的。在日益严峻的能源环境约束下，根据可持续发展理论的目标与要求，中国工业的生产与发展要降低对环境产生的恶劣影响，对工业生产效率的评价也要增加对环境要素的考量。要改变传统的“高投入、高消耗、高污染”为特征的生产模式，提高经济活动收益的同时节约能源使用、减少污染排放。

二、经济可持续转型的基本特征

转型是一个十分重要的理论问题，已经成为经济理论研究的重要领域。经济转型是在实现经济的过渡性增长与良性的社会转型中寻求经济的可持续增长。总体而言，经济可持续转型具有如下几个特征：

第一，以经济持续增长为核心的经济社会系统的调整转变。经济转型过程中最为明显的表征是经济增长方式、经济体制和社会形态的调整与转型，即从农业经济向工业经济转化，从计划封闭体制向市场开放体制转化，从传统社会向现代社会转化。而中国所面对的“转型”较为特殊，存在一系列其他国家从未遇到过的复杂问题与尖锐矛盾。转型经济增长的目标应当围绕经济发展的可持续性与协调性，转型过程涉及地方政府、企业和消费者个人等市场主体。

第二，贯穿了经济增长方式转变的持续的制度创新。新旧体制之间的摩擦是制约经济增长方式转变的最主要原因。在转型的多重视角中，一方面是作为资源配置基本方式的计划经济向市场经济的转型；另一方面是决定资源配置方式的政府治理规则的变革和创新。这两个层面相互作用、互为因果，且具有阶段性。一方面，经济转型的显著绩效实质是政府治理规则变革与创新的经济表现，最终转型的成功也同样取决于政府治理变革的深入及发展；另一方面，市场化取向的经济变革的逐步性构成政府治理创新的根本动力，对政府治理变革提出了新的要求和挑战。

第三，转型过程中日益扩大的区域差距能否得到改善是是否实现了可持续转型的最基本的判断依据。由于历史的原因转型经济地区之间、城乡之间的经济发展不平衡，在经历以“市场化、现代化”为内容的经济转型过程中，差距的改变、不平衡的调整是转型经济实现可持续发展难得的契机。以改革开放以来中国经济转型为例，转型过程中总体经济绩效迅速提升的同时，加剧了“双二元”经济结构的形成，区域经济差距日渐扩大，显然，这种趋势能否得到有效改善一定程度上是能否实现可持续转型的关键所在。

三、转型经济的阶段划分

对经济转型阶段的划分，应充分结合各转型经济体的实际情况。有学者结合社会主义初级阶段特征，将中国转型经济划分为如下五个阶段：第一阶段（1949—1978）是社会主义原始积累阶段，相应建立集中计划和分配体制；第二阶段（1979—1984）是在计划体制外围进行试验和探索的初步改革阶段；第三阶段（1984—1992）是由计划体制外围逐步进入体制核心部分（国有经济）的阶段；第四阶段（1992—2020）是明确社会主义市场经济体制改革目标，从局部和单项改革转向全面配套改革的阶段；第五阶段（2020—2050）是转变成为经济市场化程度较高的工业化国家的阶段。

从可持续的经济转型视角看，转型经济可划分为如下三个阶段：一是技术转移，经济起飞阶段。技术转移（出口加工）推动经济增长是这一阶段的重要特征。短期内技术转移较之于技术改造、创新能够较快地促进经济增长，而长期来看，这种增长是不可持续的。二是技术模仿，差距扩大阶段。此阶段的主要特征是经济增长与要素量的扩张紧密相连，在技术模仿战略主导下，经济发展中的城乡差距、区域差距加剧扩大。从 20 世纪 90 年代中后期开始，在总的技术进步曲线基本保持不变的情况下，我国要素投入的技术进步贡献度曲线已经呈缓慢下降趋势。三是创新主导，区域协调发展阶段。此阶段的主要特征是技术创新成为经济增长的主要推动力，同时因经济发展逐步步入成熟阶段，城市反哺农村，城乡差距缩小，区域经济实现协调发展。

第三节　碳生产率相关理论回顾

自 Kaya 和 Yokobori（1993）提出碳生产率的概念之后，学者们的研究均按照该定义以二氧化碳排放量作为分母以经济（或福利）绩效作为分子对碳生产率进行了测度（MIC，2008；何建坤、苏明山，2009；Kim Won-kyu，2010；谌伟、诸大建和白竹岚，2010；张永军，2011；潘家华、张丽峰，2011；刘国平、曹莉萍，2011；诸大建、刘国平，2011）。然而经济（或福利）绩效受到各种投入要素的影响，包括：劳动、资本等，仅仅靠某一要素的投入是无法完成社会经济活动的，用单一要素的碳生产率指数可能会夸大真实的碳生产率增长速度。因此，本书在全要素生产率的研究框架下，将劳动力、资本、二氧化碳排放空间①等要素同时作为投入变量，以经济绩效作为产出变量来测算中国工业部门的碳生产率，并对其收敛性进行分析。

一、新古典经济增长理论下的全要素生产率研究

在当代经济学中生产率是一个重要概念，它的一般含义为资源（包括人力、物力和财力资源）开发利用的效率。生产率分为单要素生产率和全要素生产率。单要素生产率反映单一要素的产出效率，全要素生产率（total factor productivity，TFP）则反映资本、劳动力等所有投入要素的综合产出效率。单要素生产率含义较为单一，因此本书仅对全要素生产率的相关理论研究进行回顾与分析。

（一）国外关于全要素生产率的研究

西方学术界对全要素生产率的实质性研究，始于柯布-道格拉斯（Cobb-Douglas）生产函数被提出以后（20 世纪 20 年代）。道格拉斯（P. H. Douglas）从他的老师克拉克的边际生产率理论出发，同柯布（C. W. Cobb）合作，研究了 1899—1922 年美国制造业中资本要素和劳动要素的投入与其产出量的关系。在柯布、道格拉斯之后，许多学者认为生产率是多种生产要素的投入并且相互作用所产生的共同结果，而全要素生产率概念的明确提出则始于丁伯根（Tinbergen，1942）的研究。丁伯根于 1942 年首次将新古典经济增长理论用公式表示出来，定义了全要素生产率。具体来讲，他在包含资本要素投入和劳动要

① 本书用二氧化碳排放量作为二氧化碳排放空间要素投入的替代变量。

素投入的生产函数中添加了一个时间趋势项，从而使得研究随时间变化的“生产效率”变动水平成为可能。在用公式定义了全要素生产率之后，他还对德、法、美、英四个国家1870—1914年的实际产出、实际要素投入和全要素生产率的变动趋势进行了比较分析。因此，西方经济学界公认丁伯根为运用全要素生产率比较研究不同国家生产率的第一人。自丁伯根的开创性研究之后，全要素生产率的研究逐渐受到了西方学术界的关注。

1. 关于全要素生产率测度方法的研究

(1) 索洛余值法的研究

全要素生产率由丁伯根于1942年首次提出，然而全要素生产率的研究引起学界广泛的关注则始于美国经济学家索洛（Robert Solow，1957）的研究工作。索洛在《经济学与统计学评论》上发表了《技术进步与总量生产函数》一文，文章第一次将技术进步纳入经济增长模型。按照索洛增长理论，全要素生产率是指，各种生产投入要素（如资本、劳动投入、能源、自然资源等）贡献之外的，由技术进步、技术效率、管理创新、社会经济制度等因素所导致的产出增加，在此意义上，全要素生产率也被称为“索洛剩余”。全要素生产率变动被解释为生产函数的整体移动，而要素投入变化则指要素投入沿着生产函数本身的移动。在新古典经济增长理论中，全要素生产率被解释为外生的技术进步，因此，技术进步独立于经济体的其他任何变量而产生。

在索洛的研究基础上，美国经济学家丹尼森（E. F. Denison，1962）发展了索洛的“增长余值”法，利用增长核算法来计算全要素生产率。他认为，对资本和劳动两种投入要素的同质性假设造成了索洛对投入增长率的低估，进而使得所测量出的技术进步存在一个较大的全要素生产率增长率。在对美国经济增长的研究中，他对投入要素进行了更为细致的划分，而最终估算出的美国1929—1948年的全要素生产率增长率对国民收入增长的贡献为54.9%，显著低于索洛的估算。具体来讲丹尼森把投入要素对经济增长的贡献分为两个方面：一是生产要素投入数量方面的因素；二是生产要素单位投入量（要素生产率）方面的因素。

生产要素投入数量方面的因素主要包括劳动投入在数量上的增长以及质量上的提高和资本（包括土地投入）在数量上的增加。他把劳动质量的变化原因归结为3个类别，即由于平均劳动时间缩短而引起的劳动质量的变化；成年男工由于平均受教育年限的增长而引起的劳动质量的变化；由于年龄、性别构成的变化和相对于男工说来女工劳动价值的变化而引起的平均劳动质量的变化。他把能够再生产的资本（简称资本）投入划分为企业建筑和设备、非农业的住宅建筑、存货、美国居民在国外的资产、外国人在美国的资产等五类。

生产要素单位投入量（要素生产率）方面的因素主要包括：资源配置的改善、规模的节约、知识进展及其在生产上的应用。资源配置的改善主要是指两个方面，一是配置到农业上的过多劳动力从农业中转移山去；二是非农业性的独立经营者和在那些本小利微的小企业中参加劳动但不领取报酬的业主家属，从该企业中转到大企业，充任工资劳动者。规模节约就是西方经济学中的规模经济，如果随着生产规模的扩大，报酬递增则说明实现了规模节约。知识进展能使同样的产出只需更少的投入量，只有当知识有所进展时，新技术的采用，才会实现经济增长。

另外一位对“索洛余值法”研究有重要贡献的学者就是美国经济学家乔根森（Dale W. Jorgenson）。乔根森的研究从一定程度上来说是从对丹尼森研究方法更为细致的考察的开始。Dale W. Jorgenson 和 Zvi Griliches 于 1967 年发表了《解释生产率的变动》一文，文中指出了丹尼森方法中的几个明显问题：一是在丹尼森的研究中混淆了折旧与重置的区别；二是在处理总产品的测定中的折旧时和处理资本投入测定中的重置时存在方法上的不一致[17]。同时，为了克服丹尼森方法中的内部不一致性，他提出了新的资本投入测定方法。此后，乔根森采用比丹尼森更为精确的方法估算了 1948—1979 年美国的经济增长，该估算结果认为全要素生产率增长率对美国经济增长的贡献为 23.6 %，明显低于索洛余值法的估算结果①，且贡献率位居资本要素与劳动要素之后。

Dale W. Jorgenson 和 Zvi Griliches 的研究使人们对全要素生产率的认识向前迈进了一步，使得对索洛余值的解释成为可能，从而可以更准确、全面地分析全要素生产率变化的来源。这是因为，全要素生产率是由资本要素和劳动力要素投入所无法解释的产出增长的剩余部分所组成，如果经过认真仔细的鉴别和测度，能够考虑到生产中所使用的全部其他的生产要素的影响，那么最终索洛余值会消失。也就是说，经过全面分析、认真甄别和仔细度量，在生产函数中引进全部生产要素，并不断对生产函数形式进行调整以消除设定偏误之后，索洛余值会最后消失。

至今，由索洛发展起来的这种“增长余值法”仍然占有十分重要的地位。然而为了将复杂的经济问题简化处理，“索洛余值法”设定了诸多苛刻的假设前提，使得其在使用过程中存在着很大的局限性。

这些假设前提分别为：一是假设市场是完全竞争市场；二是假设技术进步

① 索洛余值法的估算结果为 54.9%。

为希克斯（Hicks）中性技术进步；三是假设生产要素投入主要是资本和劳动，且资本和劳动在任何时候都可以得到充分利用等。然而在生产实践中，这些假设前提很难得到满足。一是真实的市场不可能满足完全竞争；二是技术进步除了中性的非体现的技术进步外还包括体现型技术进步等；三是假设前提中要求资本、劳动力得到充分利用，而生产实践中必然存在无效性；四是索洛余值法是借助总量生产函数，应用经济计量方法和数学推导间接地测定“余值”，然后将此“余值”作为技术进步的贡献，该“余值”等于总产出增长率减去各要素投入增长率加权总和。然而，这些“余值”包含的内容比较丰富，不仅包含技术进步，还包括其他因素的影响，比如市场环境的改善、自然灾害的减少、劳动质量的提高等。如果不能合理区分这些影响因素，将直接导致技术进步贡献率的高估。

（2）随机前沿分析方法的研究

“索洛余值法”基于柯布-道格拉斯函数，其计量分析遵循如下理论框架：将生产主体视为最优化者，即它们能够在既定的资源供给及技术约束下使得产出最大化。因此，最小二乘法回归被广泛运用于生产函数的参数估计。在该研究框架下，任何对于最优状态的偏离都被归结为随机统计噪声的影响。然而，虽然生产主体本着最优化的目的，但是最优化的目标几乎无法实现。因此，在生产主体最优化动机不变，但允许失败的理论前提下，学者们开始使用随机前沿分析方法来研究全要素生产率的增长。

随机前沿分析（stochastic frontier analysis，SFA）方法最早由 Aigner，Lovell 和 Schmidt（1977）以及 Meeusen 和 Van den Broeck（1977）分别提出，在此之后采用随机前沿生产函数对全要素生产率进行测算逐渐成为学术界的热点。随机前沿分析方法是一种基于技术效率理论的参数方法，文献中提出的随机前沿模型如下：

$$q_i = f(X_i, \beta)\exp(v_i)\exp(-u_i), \quad i = 1, \cdots, N \tag{2.1}$$

其中，q_i 表示产出，X_i 表示投入向量，β 为模型待估参数向量。在学者们提出的模型中，随机扰动项 ε_i 被分为两个部分：一部分用于表示统计误差，又被称为随机误差项，用 v_i 来表示；另一部分用于表示技术的无效率，又被称为非负误差项，用 u_i 来表示。

当模型的生产函数选择柯布-道格拉斯生产函数时，模型（2.1）可以写成下面的线性形式：

$$\ln q_i = \beta_0 + \sum_j \beta_j \ln x_{ij} + v_i - u_i, \quad i = 1, \cdots, N \tag{2.2}$$

随机误差项 $v_i \sim iidN(0, \sigma_v^2)$，主要由不可控因素引起，如自然灾害、天气因素等；非负误差项 $u_i \sim iidN^+(0, \sigma_u^2)$，取截断正态分布（截去<0 的部分），且有 u_i、v_i 相互独立；u_i、v_i 与解释变量 x_i 相互独立。

那么，由随机前沿分析方法计算的效率为：

$$\mathrm{TE}_i = \exp(-u_i) = \frac{q_i}{f(x_i, \beta)\exp(v_i)} \tag{2.3}$$

Battese 和 Coelli 在前人研究的基础上对该方法进行了改进，引入了时间的概念，使得随机前沿模型可以对面板数据进行效率评价。具体模型如下：

$$q_{it} = f(x_{it}, \beta)\exp(v_{it})\exp(-u_{it}), \quad i = 1, \cdots, N, \quad t = 1, \cdots, T \tag{2.4}$$

在模型（2.4）中，q_{it} 是第 i 个决策单元 t 时期的产出，x_{it} 是第 i 个决策单元 t 时期的全部投入，β 为模型待估参数，v_{it} 为随机误差项，$u_{it} = u_i\eta_{it} = u_i \exp(-\eta(t-T))$ 为非负误差项，η 为待估计的参数，T 为面板数据的时间长度，$u_i \sim iidN^+(0, \sigma_u^2)$，$v_{it} \sim iidN(0, \sigma_v^2)$，$v_{it}$ 和 u_i 相互独立。根据 η 的变化情况，模型可分为时变衰减模型（the time-varying decay model）和时不变模型（time-invariant model）。如果 $\eta \neq 0$，则模型为时变衰减模型，当 $\eta > 0$ 时，则决策单元的效率会随时间增加；当 $\eta < 0$ 时，则决策单元的效率会随时间降低。若 $\eta = 0$，模型则为时不变模型。

Kumbhakar 和 Lovell（2000）对成本函数进行了类似的推导，得到如下模型：

$$\ln(c_{it}) = \beta_0 + \beta_q \ln(q_{it}) + \sum_{j=1}^{k} \beta_j \ln(p_{jit}) + v_{it} - su_{i\ t} \quad s = \begin{cases} 1, & \text{生产函数} \\ -1, & \text{成本函数} \end{cases} \tag{2.5}$$

c_{it} 代表生产成本，q_{it} 代表产出量，p_{jit} 为投入要素的价格。当 $s=1$ 时，模型为随机生产前沿模型，当 $s=-1$ 时，模型则为随机成本前沿模型。直观地看，决策单元效率的提高取决于较高的产出或较低的支出。

随机前沿分析方法的最大优点是可以剔除随机因素的影响，然而先验地确定随机误差项的概率分布形式是其一个重要的缺陷。

（3）数据包络分析方法的研究

数据包络分析方法（data envelopment analysis，DEA）是一种基于技术效率理论的非参数前沿分析方法，该方法是著名运筹学家 A. Charnes 和 W. W. Copper 等人以相对效率概念为基础发展起来的一种效率评价方法。DEA 是使用数学规划模型评价具有多个输入和多个输出的“部门”或“单位”（称为决策单元，简记为 DMU）间的相对有效性（称为 DEA 有效），并根据对各

DMU 的观察数据判断 DMU 是否为 DEA 有效，本质上是判断 DMU 是否位于生产可能集的“生产前沿面”上。

数据包络分析方法运用线性规划（linear programming）方法构建观测数据的非参数分段曲面（或前沿面），然后，相对于这个前沿面来计算效率。该方法的第一个模型——CRS 模型（C^2R 模型）在 1978 年由 Charnes、Copper 和 Rhodes 三位著名运筹学家在要素规模报酬不变的前提条件下首先提出，而后，Banker、Charnes 和 Copper 等人放松了 CRS 模型的假设条件，从公理化的模式出发给出了另一个刻画生产规模与技术有效的规模报酬可变的 VRS 模型（BC^2），认为技术效率可分为纯技术效率和规模效率。1985 年 Charnes 和 Cooper 等人针对 C^2R 模型中生产可能集的凸性假设在某些条件下是不合理的情况，给出了另一个评价生产技术相对有效的 DEA 模型——C^2GS^2模型。上述 C^2R 模型和 C^2GS^2 模型是两个最基本的模型，在此基础上又派生出 C^2WH 模型、C^2W 模型、综合 DEA 模型等。

使用数据包络分析方法对全要素生产率进行测度属于指数核算方法，最初对全要素生产率进行指数核算所采用的是拉氏（Laspeyres）指数公式。随着数据包络分析方法理论的提出，将其与曼奎斯特指数方法联合起来，对全要素生产率进行测度成为学术界研究的热点。

数据包络分析方法与曼奎斯特指数相结合测度全要素生产率的基本思想是：首先基于投入或者产出的角度利用 DEA 方法定义距离函数，然后在距离函数的基础之上构造 Malmquist 指数来测度生产率。

Caves，Christensen 和 Diewert（1982）在 C^2R 模型的基础上构造 Malmquist 全要素生产率指数来对技术效率问题进行测度。Färe 等（1992）在 Fisher（1922）的思想上，用两个 Malmquist 指数的几何平均值去测度全要素生产率变化，而后将该生产率指数分解为相对技术效率和技术进步两个部分。Färe（1994）在规模报酬可变的 BC^2模型的基础上，将 Malmquist 指数分解为规模效率变化指数、要素可处置度变化指数和纯技术效率变化指数。Färe 和 Grosskopf（1996）和 Färe 等（1997b）将技术进步指数分解为中性技术进步（NTP）、产出非中性技术进步（OBTP）和投入非中性技术进步（IBTP）的乘积。

数据包络分析方法不需要考虑投入和产出的生产函数形式，可以对多投入和多产出的全要素生产率问题进行研究，而且其投入产出变量的权重由数学规划模型根据数据产生，因此该方法受到众多学者的青睐。

2. 关于全要素生产率影响因素的研究

肯德里克（J. W. Kendrick）在 1961 年出版的《美国的生产率增长趋势》

一书中，把经济增长中不能被要素投入增长解释的部分（“增长余值”）定义为“全要素生产率的增长”，认为全要素生产率增长的主要内容是技术进步水平、技术创新与扩散程度、资源配置的改善、经济规模等。

丹尼森（E. F. Denison，1962）对全要素生产率的影响因素进行了细分，他在《1929—1969 年美国经济增长的核算》中，将全要素生产率增长细分为规模的节约、资源配置的改善和知识的进展三个子因素。

当代学者基本认同了肯德里克和丹尼森对全要素生产率的划分，并主要从资源配置的改善和知识进展（技术进步）两方面对全要素生产率增长的影响因素进行了探讨。

在资源配置改善方面学者们主要从制度和管理、组织和制度变革以及社会态度的转变等角度进行了研究。Parente 和 Prescott（1994）研究了买方的垄断力量对新技术的采用和对已使用技术的影响；Hall 和 Jone（1998）的研究认为社会基础设施不同是各国或各地区全要素生产率存在差距的原因；Acemoglu 和 Angrist（2000）分析了制度对全要素生产率的影响；Barro 和 McCleary（2003）探讨了宗教等社会文化因素对全要素生产率的影响；Alfaroa 等（2004）对金融市场效率与全要素生产率之间的关系进行了探讨。

在技术进步方面学者们主要从技术创新和技术扩散等角度进行了研究。Romer（1990）、Grossman 和 Helpmen（1991）、Datta 和 Mohtadi（2006）等认为研究开发活动和专业化的劳动对技术进步有重要影响；Keller（2001）、Benhabib 和 Spiegel（1994，2005）探讨了从业人口的人均人力资本存量对技术创新和技术扩散的影响；Borensztein 等（1998）探讨了外商投资的技术溢出效应的影响；Miller 和 Upadhyay（2000）把对外开放、贸易导向以及人力资本作为全要素生产率的决定要素；Basu 和 Weil（1998）、Aeemoglu（2002）的研究认为要素禀赋的低下是技术水平低下的原因；Yang 和 Maskus（2003）的研究认为加强发展中国家知识产权保护会提高发达国家的技术创新水平和促进对发展中国家的技术转移，使世界总体技术水平提高。

（二）国内关于全要素生产率的研究

自保罗·克鲁格曼（Paul Krugman，1999）挑起“东亚奇迹”的讨论以来，国内学者开始反思中国经济增长的动力，全要素生产率概念开始受到国内学者的高度关注，但研究基本上是基于国内情况的实证研究且主要集中在对全要素生产率与中国经济增长的关系以及全要素生产率影响因素的分析。

1. 国内关于全要素生产率与经济增长关系的研究

李京文和钟学义（1998）测算了中国1978—1995年的全要素生产率，他们的研究结论是，在这17年中全要素生产率增长对经济增长的贡献是36.23%。张军和施少华（2003）的研究认为全要素生产率与经济增长之间存在着显著的对应关系。彭国华（2005）的研究认为，全要素生产率与收入的收敛模式具有很大的相似性。郭庆旺和贾俊雪（2005）的研究发现，1979—2004年中国全要素生产率增长率及其对经济增长的贡献率较低，表明中国经济增长主要依赖于要素投入增长，是一种较为典型的投入型增长方式。田银华，贺胜兵和胡石其（2011）的研究认为考虑环境约束之后，全要素生产率增长对中国经济增长的贡献不足10%，这反映了中国经济粗放增长的现实。高蓉蓉和廖小静（2013）利用数据包络方法，对2002—2010年以来我国不同区域的全要素生产率进行了测算，并采用Mamquist指数方法对我国经济的TFP进行分解，结果显示我国全国总体及东部、中部、西部地区在此阶段TFP增长有限，对GDP贡献不足。张少华（2014）的研究认为，国家层面，TFP增长解释了中国经济增长35.08%的份额；区域层面，TFP差异是导致东部、中部、西部地区经济发展水平差距拉大的主要因素；省际层面，全部省份在样本期内都实现了TFP提升，2005年之后逐渐有更多的省份成为“创新者”，而省际追赶效应表现得并不是十分明显。

可见，学者们对于全要素生产率与经济增长关系的研究结论存在着较大差异，部分学者认为其对经济增长的贡献较大，另一部分学者则认为其对经济增长的贡献较小，这与不同学者所采用分析方法的不同以及分析角度的不同有着重要的关系。

2. 国内关于全要素生产率影响因素的研究

国内关于全要素生产率影响因素的研究，也主要是从资源配置、技术进步方面进行了大量的实证研究。

（1）技术进步对全要素生产率的影响研究

技术进步对全要素生产率的影响主要从两个方面进行研究。

一是中性技术进步对全要素生产率的影响研究。颜鹏飞和王兵（2004）的研究认为中国全要素生产率是增长的，技术进步成为各个地区生产率差异的主要原因；王兵，吴延瑞和颜鹏飞（2011）的研究认为考虑环境管制后，全要素生产率增长水平提高，技术进步是其增长的源泉；周燕和蔡宏波（2011）的研究认为工业部门全要素生产率的增长主要得益于技术前沿的快速进步，但明显受阻于各行业规模效率下降；曹泽，李东和朱达荣（2011）分析了不同类型R&D（研究与发展）活动对全要素生产率的影响，认为企业R&D投入对全要素生产率的影响最为显著。郭庆旺和贾俊雪（2005）认为中国全要素生产率增长率较低的原因在于技术进步率偏低、生产能力没有得到充分利用、技术效率低下和资源配置不尽合理；王志刚，龚六堂和陈玉宇（2006）认为全要素生产率增长率主要由技术进步率决定。陶长琪和齐亚伟（2010）的研究认为东中西部存在明显的技术差距，技术效率的恶化是全要素生产率下降的主要原因；R&D 活动对技术效率的改善有正向影响，但其技术进步效应不强；R&D 活动对外资的吸收能力较低，外资与人力资本的结合对技术进步、技术效率和生产率的改善有显著的促进作用。张丽峰（2013）利用 Malmquist 指数和随机前沿生产函数模型，测算了我国 1995—2010 年省级、东、中、西及全国碳排放约束下全要素生产率，并将其分解为技术进步和技术效率指数，认为各省份全要素生产率呈不断增长趋势，东部省份增长较快，增长较慢的省份主要是西部地区，东部全要素生产率年均增长 8.93%，中部 8.80%，西部 8.03%，三大区域全要素生产率增长主要得益于技术进步，东部的技术进步水平快于中西部。张少华（2014）的研究认为，国家层面，技术进步是 TFP 变化的主要原因，生产前沿面年均向上移动 3.53%，相比资本生产率，劳动生产率是驱动中国 TFP 上升的主要因素；区域层面，TFP 的提升均体现在资本生产率与劳动生产率的技术变化方面；省际层面，TFP、资本生产率以及劳动生产率在省际呈现出“强者恒强、弱者恒弱”的动态趋势。

二是技术溢出对全要素生产率影响的研究。陈涛涛（2003）将“企业规模差距”“资本密集度差距”以及“技术差距”一同作为影响外商直接投资行业内溢出效应的行业要素，对技术溢出效应进行了经验研究，研究结果表明，当内外资企业的能力差距较小时，有助于溢出效应的产生。赖明勇，包群和彭水军（2005）通过构建基于中间产品种类扩张型的内生增长模型，证实了技术吸收能力对技术外溢效果的决定作用。易先忠和张亚斌（2006）认为知识产权保护对后发国家技术进步的影响取决于技术差距和对国外技术的模仿能力。路江涌（2008）研究发现，外商直接投资对国有企业的生产效率有显著的负向溢出效应，而对私营企业主要表现为显著的正向溢出效应。蒋殿春和张宇（2008）的研究发现外商直接投资对内资企业全要素生产率的影响并不显著甚至是负面的；国内制度的改进有助于外商直接投资技术溢出效应的发挥，相对完善的国内制度环境已成为外商直接投资发挥积极作用的前提条件。沈坤荣和李剑（2009）的研究认为中国内外资企业间技术外溢的方向是从内资到外资，研发收益率外溢比例在三种外溢测度下分别为：30%、13%和 23%。陶长琪和齐亚伟（2010）从技术引进、自主研发的角度对全要素生产率空间差异的成因进行了经验分析，结果显示：技术引进战略没有促进技术进步和技术效率的改善。舒元和才国伟（2007）的研究发现中国存在着从北京、上海、广东向其他省份的技术扩散，而且这种扩散依赖于空间距离；技术扩散地区的人力资本投资、产业结构调整和专业化不仅能够带动自身的技术进步，而且能够促进其他省份的技术进步。

（2）人力资本对全要素生产率的影响研究

邹薇和代谦（2003）认为提高人力资本储蓄率、普遍提高普通劳动者的人力资本水平应该成为发展中国家政府一个可行的战略选择。颜鹏飞和王兵（2004）的研究认为人力资本和制度因素对全要素生产率、效率提高以及技术进步均有重要的影响。许和连，亓朋和祝树金（2006）的研究认为人力资本积累有助于提高物质资本的利用率，人力资本积累水平的提高对全要素生产率的影响比对经济增长的影响更加直接，它主要通过影响全要素生产率而作用于经济增长；贸易开放度主要是通过影响人力资本的积累水平而影响全要素生产率，贸易开放度和人力资本对全要素生产率的影响在东中西部存在差异。魏梅（2008）认为人力资本的深化促进了全要素生产率和规模效率的增长，地区基础设施、城市化率对技术进步无明显影响但是会促进技术效率的改进，而开放度则会促进技术进步但对技术效率无影响。魏下海（2009）的研究认为，从全国范围看，人力资本对全要素生产率增长存在较弱的即期效应，而贸易开放度则表现为滞后效应；这两个因素在各分位点处对全要素生产率增长的影响表现出鲜明的区域差异，只有在东部地区，人力资本对全要素生产率增长的影响才具有较强的即期效应，西部地区贸易开放度对全要素生产率的影响存在滞后性，且滞后期相对较长，而中部地区与全国整体表现较为相似。王文静（2014）等的研究认为，人力资本对全要素生产率增长的作用取决于考察省份人力资本水平、邻近省份人力资本水平，以及考虑地理距离的考察省份技术追赶效应；人力资本平均水平对全要素生产率增长起到积极的促进作用，邻近省份人力资本对考察省区 TFP 增长产生正向空间溢出效应。

（3）资源配置对全要素生产率的影响研究

高凌云和王洛林（2010）认为行业内和行业间正向的要素再配置最终促进了工业行业全要素生产率的增长。李玉红，王皓和郑玉歆（2008）从企业动态演化的视角，分析了技术进步和资源重新配置在工业全要素生产率变动中的作用，认为企业演化带来的资源重新配置是中国工业生产率增长的重要途径。

（4）出口、对外直接投资对全要素生产率的影响研究李国璋和刘津汝（2011）的研究认为产权制度和对外开放是全要素生产率增长的主要原因。关兵（2010）对出口与全要素生产率之间的关系进行了系统分析，认为向G8①之外其他国家的出口推动了中国全要素生产率的增长，并肯定了中国实行出口多元化政策对于全要素生产率增长和经济发展的积极意义；他进一步指出出口量增长不能促进全要素生产率增长，初级产品的出口弱化了全要素生产率增长，而工业制成品的出口推动了全要素生产率的增长。邹明（2008）对中国对外直接投资与全要素生产率之间的关系进行了实证研究，研究结果表明：对外直接投资对中国全要素生产率的提升有正向促进作用，虽然作用强度不大，但从长期看，对外直接投资能促进中国技术进步，尤其是通过对科技发达、研发投入丰富国家的直接投资能使我们获取国外的先进技术，从而提升我国的综合实力。

3. 国内关于工业部门全要素生产率的研究

国内关于工业部门全要素生产率的研究，主要集中于对全要素生产率的测算。姚洋（1998）研究了非国有经济成分对我国工业企业技术效率的影响；涂正革和肖耿（2005）对中国大中型企业的全要素生产率增长的行业特征进行了研究；谢千里，罗斯基和张轶凡（2008）对1998年到2005年的中国工业全要素生产率进行了估算，并对其整体表现、不同所有制类型的差异和地区差异以及主要地区的收敛性情况进行了研究；李玉红，王皓和郑玉歆（2008）的研究发现中国工业企业的全要素生产率水平和增速都表现出很强的异质性：存活企业全要素生产率水平最高，进入企业全要素生产率增速最快，退出企业无论是水平还是速度都处于最后；郑兵云和陈圻（2010）通过建立随机前沿模型对中国1996年到2007年工业部门36个细分行业的全要素生产率进行了测算，并对其进行了分解；周燕和蔡宏波（2011）基于DEA方法对Malmquist-TFP指数进行了测算，对中国1996年到2007年各细分工业行业全要素生产率变动进行测算的结果表明，中国各细分工业行业全要素生产率年均增长率为6.7%。

二、循环经济背景下的资源生产率研究

循环经济（circular economy）是可持续发展的主要内容之一，循环经济理论被提出的目的是解决经济、社会和自然之间的矛盾，它被提出源于经济的粗

① G8即八国集团（Group of Eight），指的是八大工业国即美国、英国、法国、德国、意大利、加拿大、日本和俄罗斯。

放增长而导致的自然资源的短缺和生态环境的恶化。循环经济是对二百多年来传统发展模式的变革，它的理论前提是自然资本正在成为制约人类发展的主要因素。

自亚当·斯密奠定经济学原理的基础以来，经济学的两大基本观点就是资源的稀缺性及其有效配置。工业革命时期（18 世纪后期）的稀缺资源主要是劳动力和人造资本，不稀缺的则是自然资源，因此工业革命就是以机器代替人，从而提高劳动生产率。如何充分地利用劳动力资源，成为当时的主要矛盾。在循环经济背景下，经济学的两大基本观点仍是正确的，但是配置稀缺资源的矛盾发生了变化，主要表现为日趋衰减的自然资源成为经济发展的限制性要素。因此，如何有效地利用自然资源，从而提高资源生产率成为衡量经济增长质量的主要指标，提高资源生产率成为发展循环经济的核心。

英国经济学家威廉·斯坦利·杰文斯（William Stanley Jevons，1865）基于效用理论提出了提高英国煤炭资源生产率的观点，这是人类首次正式提出资源生产率的概念，但由于其未能意识到“反弹效应”的负面作用而中途放弃。在此之后，关于资源生产率的研究中断了 100 多年，直到 20 世纪 70 年代全球能源危机的到来，才拉开了提高资源生产率的新一轮序幕。

20 世纪 70 年代 Meadows 等人发表了《增长的极限》，使得人们从漠视自然的状态中惊醒，开始意识到文明的进步必然会受到外部条件的制约，包括地球空间的有限性、资源稀缺的日益加剧以及环境自净能力的限制。当时围绕能源危机展开的讨论中开始强调“能源效率”，即能源使用与 GDP 的比率，资源生产率的重要性开始崭露头角。

大规模针对资源生产率的研究主要始于 20 世纪 90 年代。其中最有影响力的当属 1994 年由 16 位科学家、经济学家、政府官员和企业家联合发起的《卡尔诺列斯宣言》（*Carnoules Declaration*），并有大批与会者来到法国的卡尔诺列斯村，宣扬他们的信念。这些人自称为“倍数 10 俱乐部”（Factor 10 Club），要求资源生产率有一个飞跃，以扭转日益严重的资源遭破坏的局面。宣言明确提出：“在一代人的时间内，许多国家可以将能源利用、自然资源和其他材料的效率提高 10 倍。”自此，关于资源生产率的学术研究由概念和内涵的探讨转向具体的应用。

（一）资源生产率内涵的研究

在资源生产率内涵的研究方面，研究机构或研究者们之间存在着诸多的分歧，主要表现在对“资源”范畴的界定上，与资源生产率内涵接近的概念包括生态效率、资源效率等。

国外对于资源生产率内涵的解释如下：日本内阁办公室（2000）认为资源生产率是GDP与自然资源投入量的比值；英国贸易和工业部（DTI，2001）认为资源生产率是每个单位资源投入所获得的产出，通过对自然资源的利用进而产生增值以衡量经济的效率；Pearce（2001）认为资源生产率意味着提高自然资源投入与产出的比率，取得产出所投入的自然资源越小，则潜在的浪费就越小。热力学第一定律表明，从自然环境中提取的每吨物质或能源都将最终返回到自然之中，物质和能源不能被创造或消灭，因此，提高资源生产率既能节约资源又能有助于改善环境；英国绿色联盟（Green Alliance，2002）认为提高资源生产率意味着以少获多，即在经济产出上获得更多的同时保证环境影响更少，它把经济产出与资源或环境的投入联系在一起，把经济增长与环境影响纳入同一个分析框架之内来考虑，从而使得两者的关系被理解和影响。

对于生态效率内涵的权威解释主要有两种：一是世界可持续发展工商理事会（WBCSD，1996）的解释，认为提高生态效率就是以富有竞争性的价格提供产品和服务，在满足人类生活需要并提高生活质量的同时，使整个寿命周期的生态影响与资源强度逐渐降低到一个至少与地球的估计承载能力相一致的水平；二是经济合作与发展组织（OECD，1998）的解释，认为生态效率表示生态资源用于满足人类需要的效率，它可以表示为产出与投入的比率，而产出是指一个公司、一个部门或者一个经济体生产的产品和服务的价值，投入则是公司、部门或经济体产生的环境压力的总和。

对于资源效率，不同学者给出了不同的解释。迈克尔·波特（1995，2002）认为资源效率是探索任何产品中成本与价值关联的新方法，资源无效便是污染，环境决策的主导角色应该是提高资源效率模式而非污染控制模式；英国环境交通与区域部（2000）认为提高资源效率就是通过最大限度地利用可再生资源并实现污染的最小化，从有限的资源中获得最多的产出。

可见，资源生产率的内涵丰富，涵盖经济增长、资源节约、环境影响、生态影响。

（二）资源生产率评价体系研究

在资源生产率的评价体系方面，存在着狭义和广义两种评价体系。狭义核算方法仅考虑经济系统的输入端的自然资源（主要是水、土地和能源）。这种核算方法的代表有英国贸易和工业部。广义核算方法则考虑了环境生产率。德国和中国均采用广义核算法。需要特别强调的是德国已经将资源生产率同劳动生产率和资本生产率一并纳入国家生产率的考察范围。德国联邦统计办公室于2001年正式公布了其环境经济账户（environmental economics accounting, EEA）中的资源生产率指标，具体包括土地、能源、原材料、水、温室气体、酸性气体、劳动和资本。由此可见，德国EEA将输入端的自然资源（包括水、土地、能源和原材料）表述得更加明确，输出端的环境污染也给出了明确的考核指标（包括温室气体和酸性气体），这为更加详细地衡量资源生产率奠定了基础。

（三）国内关于资源生产率的研究

基于德国环境经济账户对资源生产率指标的定义，国内学者对资源生产率指标的测度及其含义进行了研究。诸大建和朱远（2005）认为应该从能源生产率（单位能耗的GDP）、土地生产率（单位土地的GDP）、水生产率（单位水耗的GDP）、物质生产率（单位物耗的GDP）、废水排放生产率（单位废水的GDP）、废气排放生产率（单位废气的GDP）和固废排放生产率（单位固体废物的GDP）等七个指标来综合考察中国的资源生产率。邱寿丰和诸大建（2007）借鉴德国环境经济账户中的生态效率指标，构建了适合度量中国循环经济发展的生态效率指标，同时又对劳动生产率加以考量，进而进行了更为全面的实证分析。

国内学者还对资源生产率与经济增长关系，以及资源生产率的影响因素进行了探讨。杨永华，钱斌华和王明兰（2005）的研究认为提高资源生产率既是经济长期增长的持续动力，也是经济增长与环境质量和谐发展的关键因素[97]。杨永华，诸大建和胡冬洁（2007）认为应从制度性安排与技术变革这两个层面上采取措施以提高资源生产率。

三、低碳经济背景下的碳生产率研究

2003年，英国政府发表了题为《我们能源的未来：创建低碳经济》（*Our Energy Future: Creating a Low Carbon Economy*）的“能源白皮书”，首次提出了低碳经济的概念。应对气候变化是低碳经济被提出的最直接和最根本原因，低碳经济的理论前提是二氧化碳排放空间成为比劳动、资本更为稀缺的资源。因此，在低碳经济的背景下提高碳生产率成为衡量经济增长质量的核心之一。

（一）国外关于碳生产率的研究

碳生产率最早由 Kaya 和 Yokobori（1993）提出，是指单位二氧化碳的 GDP 产出水平，反映了单位二氧化碳排放所生产的经济效益。此后，国外学者将碳生产率纳入低碳经济的范畴进行了探讨。由于碳生产率概念被提出的时间较晚，因此其研究尚处于起步阶段，并且主要集中于在全球二氧化碳减排目标约束下碳生产率的增长速度的估算。麦肯锡全球研究院（MGI）研究了到 2050 年为实现二氧化碳排放比 2005 年减少 50%的目标所需要的碳生产率提高的倍数，认为可以将碳生产率与劳动生产率、资本生产率同等看待，并提出了 10 倍计划，即在未来近 50 年的时间里，为实现温度的增幅不高出 2℃的目标，世界碳生产率必须提高 10 倍。Kim Won Kyu，对韩国碳生产率进行了研究，得出为了实现该国 2020 年的减排目标，若 GDP 增幅维持在 4%，则该国的碳生产率年均增幅必须达到 4. 85%。

（二）国内关于碳生产率的研究

国内关于碳生产率的研究包括如下四方面：

一是对碳生产率指标的分解。我国学者何建坤和苏明山（2009）将碳生产率的年增长率近似表述为 GDP 年增长率与二氧化碳年减排率之和，认为碳生产率的年增长率可作为衡量一个国家应对气候变化努力与成效的一项重要指标。

二是对碳生产率与二氧化碳排放量之间关系的探讨。谌伟，诸大建和白竹岚（2009）对上海市碳排放总量和碳生产率的关系进行了动态分析，认为碳排放总量与碳生产率之间存在长期协整关系，并且它们之间具有单向 Granger 因果关系，即碳排放总量增加会促进碳生产率的增长，但碳生产率提高并非碳排放总量增长的原因。

三是对碳生产率的测度指标的研究。刘国平和曹莉萍（2011）将碳生产率划分为基于经济绩效的狭义碳生产率和基于福利绩效的广义碳生产率，通过情景分析，认为中国应采取“C 模式”（碳排放低增长的模式）以实现经济社会福利与二氧化碳排放脱钩发展。

四是对碳生产率影响因素的研究。何建坤和苏明山（2009）的研究认为我国产业结构中第二产业比重高、制造业产品的增加值率低、高耗能产品的单位能耗高以及能源结构以煤为主等因素是导致我国碳生产率低于发达国家的主要因素。魏梅，曹明福和江金荣（2010）的研究发现 R&D 投入、能源价格、公共投资对碳排放效率有正向影响，对外开放、产业结构以及技术溢出对碳排放有负向影响，存在“污染避难所效应”。潘家华和张丽峰（2011）利用聚类分析、泰尔指数、脱钩指数等方法分析了区域碳生产率的差异性及影响因素，并提出了相应减排对策。彭文强和赵凯（2012）分析了碳生产率在全国以及东、中、西三大区域的差异，构造面板数据模型研究了区域碳生产率的收敛性，并分析了人均 GDP、产业结构、能源强度、城市化水平对收敛的影响。饶畅（2013）的研究发现制造业服务化与碳生产率之间存在 U 形的非线性关系。林善浪等（2013）的研究认为经济活动的空间集聚和产业结构对我国区域碳生产率具有显著的影响。

综上所述，国内外学者对碳生产率的研究处于起步阶段，而且研究主要集中于碳生产率与碳排放总量关系的定量研究，以及在不同情景下碳生产率的增长速度的研究，并没有将碳生产率作为要素生产率进行经济学方面的分析。而且，基本上是从国家或地区的宏观层面对碳生产率与碳排放总量的关系进行经验分析，并没有专门针对能源密集型行业或部门碳生产率的系统分析。

四、绿色增长与绿色生产率的研究

在关注能源与自然环境约束的基础上，随着可持续经济增长理念的发展，与产业转型升级相关的国内外研究焦点之一为基于绿色增长以及绿色生产率的研究（H. Dai，X. Xie，Y. Xie，et al，2016）。

（一）关于绿色增长的研究

相比于发展中国家的产业转型升级问题，国外文献较早地提出了在可持续发展目标下的绿色增长问题。Hallgatte 等提出从增长到绿色增长的含义是保证在不降低经济增长速度的基础上，增长过程中资源使用更加有效、清洁，并且提出了促进绿色增长所实施的政策工具，以及产生的具体影响和作用（S. Hallegatte，G. Heal，M. Fay，et al.，2012）。Lorek 和 Spangenbeg 认为 OECD、欧盟等均以绿色经济发展为目标，在可持续增长目标下，绿色增长需要满足生态条件的限制，人们的生活与生产方式需要发生转变。由于可持续经济发展与单纯追求经济增长目标不一致，政府的引导具有较大的作用，这有利于促进工业企业以及其他组织开展绿色生产活动（S. Lorek 和 J. H. Spangenbeg，2014）。

Jones 和 Yoo 对韩国的绿色增长战略进行了研究分析。由于韩国温室气体排放速度逐年增强，成为 OECD 国家中排放增长率中最高的，韩国决定通过采取一系列的措施实施减排计划。主要的政策方式是采取全面的总量管制与排放交易计划，并且以碳排放税作为补充计划。根据五年计划中对绿色增长的规划每年要投入2%的GDP用于发展绿色技术，使能源密集型行业逐步转变为低碳行业（R. S. Jones 和 B. Yoo，2011）。Janicke 认为绿色增长需要绿色行业的快速增长以及其他行业增长速度减退，经济的零增长并不能解决环境问题，降低经济增长速度处理环境问题并不可取。绿色投资可以提高 GDP，发达国家在较低的经济增长率下仍然可以实现生态创新的高速增长（M. Janicke，2012）。

国外文献主要是对绿色增长的影响机制进行阐述（D. Vuuren，E. Stehfest & D. Gernaat，et al.，2016），国内文献近年来也开始关注绿色增长的问题。张江雪和朱磊（2012）从绿色增长的视角采用四阶段 DEA 模型对中国工业企业技术创新效率进行了测算。于京涛和王珊珊（2016）通过构建绿色增长指数对6个国家的绿色增长水平进行了测算，提出了绝对绿色、相对绿色以及非绿色3种增长方式。实证结果发现创新投入、城市化水平等变量对加速绿色增长具有显著的促进效应，能源消耗量与环境税收对于绿色增长则存在显著的负效应。孙瑾等（2014）对中国的绿色经济增长问题进行了研究，实证结果发现第三产业的发展对实现绿色增长具有一定的促进作用，而且这种效应在东部地区更加显著。何小钢和王自力（2015）对中国33个工业行业的能源偏向型技术进步水平进行了测算，认为通过技术进步可推动中国经济实现绿色增长转型，并且提出保持宏观环境、行业政策的相对稳定有利于推动企业的绿色技术创新。

（二）关于绿色生产率测算的研究

传统的全要素生产率测算以劳动和资本为主要投入要素，以增加值或总产值为产出。由于工业生产对能源消耗的增加以及生产过程中可能排放出各种污染物质，在考虑能源投入和非期望产出前提下对投入产出效率进行测算更加符合生产实际。Nanere 等提出不考虑环境因素而或者不能正确考虑环境因素而测算的生产率结果是有偏差的（M. Nanere，I. Fraser，A. Quazi，et al.，2007）。对于绿色全要素生产率的测算框架，主要是基于对全要素生产率进行测算的数据包络分析方法发展起来的。近年来，在这一研究框架下该方法得到了广泛的应用和不断的扩展，国内外学者对绿色全要素生产率的测算和应用取得了较为丰富的研究成果。Chames 等（1978）最早提出了数据包络分析方法（DEA），用来评价相似决策单元的效率水平。传统全要素生产率的测算可以基于 DEA 进行非参数方法的测算，不需要对生产函数进行设定，可以避免因生产函数设置不当而带来的测算误差。Malmquist 指数是对全要素生产率增长率进行测算和分解的一种非参数模型，它考察跨期多投入和多产出变量间的动态生产效率。在考虑污染物等非期望产出的情况下，在 Malmquist 提出的 Malmquist 指数方法基础上（S. Malmquist，1953），为了测算绿色全要素生产率变化指数，Shephard 使用方向性距离函数替代产出距离函数来衡量全要素生产率变化指数（R. W. Shephard，1970）。Chung 等采用方向距离函数测算包括环境因素的生产率，构造了 Malmquist-Luenberger 生产率指数并将其分为技术效率与技术进步变化两个部分（Y. H. Chung，R. Fare，S. Grosskopf ，1997）。之后，Caves 等（1982）、Fare 等（1994）应用并扩展了方向距离函数和 Malmquist-Luenberger 生产率指数的应用研究。

相比国外学者在理论方面的改进，国内学者的研究主要集中于对中国各地区或者各行业的绿色全要素生产率进行测算并且发现绿色全要素生产率与传统全要素生产率之间存在较大偏差。陈诗一运用方向距离函数对中国工业行业的 TFP 进行了测算，发现在全要素生产率测算中纳入环境的影响所得到的结果要低于传统生产率的值（陈诗一，2010）。同时，实证结果发现中国政府过去所采取的节能减排政策对工业绿色生产率的提高具有重要作用。杨文举在考虑非期望产出的基础上，采用 DEA 的绿色经济增长核算模型和中国 2003—2007 年的工业数据进行了研究，他将劳动生产率变化分解为技术效率变化、技术进步和资本深化，认为中国各地区工业增长的主要来源是资本深化，其次是技术进步主导的全要素生产率提高。如果不考虑非期望产出，会低估资本深化对经济增长的贡献、高估技术进步的贡献。胡晓珍和杨龙基于中国 1995—2008 年的数据对 Malmquist 绿色生产率指数进行了测度，结果发现包括环境因素所得到的全要素生产率增长率存在下降趋势，各地区的技术进步率差异是影响其经济增长水平的根本因素，而且绿色 Malmquist 指数整体上并不存在绝对收敛趋势（胡晓珍和杨龙，2011）。李玲和陶锋（2011）运用 SBM 方向性距离函数和 Luenberger 生产率指标，对 2004—2008 年中国工业部门中 19 个污染密集型产业的绿色生产率进行了测算，并检验了影响污染密集型产业绿色生产率的主要因素。实证结果发现相比于传统方法得到的生产率值，包括非期望产出的绿色全要素生产率测算的结果更低。

进一步的，国内学者不仅对绿色全要素生产率进行了测算，还尝试对全要素生产率的变动原因进行了深入分析，并且考虑了绿色全要素生产率与减排成本、环境治理效率等之间的关系和影响。匡远凤和彭代彦选择随机前沿函数模型方法，对包括环境因素的生产率以及在 1995—2009 年的全要素生产率增长变动情况进行了测算。实证发现由于资本深化速度过快，传统全要素生产率以及环境全要素生产率对中国经济增长的贡献率均不高（匡远凤和彭代彦，2012）。吴英姿和闻岳春基于方向距离函数的 SML 指数方法和 DEA 方法对中国 1995—2009 年的工业绿色生产率和减排成本进行了测算，并且检验了工业减排绩效和成本的影响因素及其行业差异，认为中国工业绿色生产率的增长动力来自绿色技术进步（吴英姿和闻岳春，2013）。张纯洪和刘海英将地区发展不平衡因素作为不可控变量纳入三阶段 DEA 调整模型，测算了不包含地区发展不平衡因素的工业绿色全要素生产率。实证结果发现地区发展不平衡因素带来了地区工业的“追赶效应”和绿色技术进步，同时导致地区工业绿色全要素生产率差距扩大（张纯洪和刘海英，2014）。李静和倪冬雪基于 SBM 的网络 DEA 模型对中国 2001—2012 年工业行业的绿色生产和环境治理两阶段的效率、生产率及构成进行了研究，其研究结论表明 SBM 两阶段网络模型的结果比仅考虑生产阶段的结果更能反映真实的工业效率（李静和倪冬雪，2015）。

（三）绿色生产率的其他应用研究

基于绿色全要素生产率的测算，有学者将该方法应用于对能源效率、碳效率、环境绩效等的测算和分析。对能源效率的测算，雷明等基于中国 18 个行业 2000—2007 年的面板数据，在环境约束下测算了能源效率改变指数、污染效率改变指数和动态进步指数（雷明，2012）。张少华和蒋伟杰基于投入冗余的全要素生产率指数（ISP）对中国 1995—2009 年的能源生产率进行了重新测度和分解。实证结果发现在 2002 年之前，能源技术变化是能源生产率提高的主要原因，2002 年之后能源技术效率变化是推动中国能源生产率保持增长的主要因素，并且技术变化是导致中、西部地区与东部地区能源生产率水平差距增大的主要原因（张少华和蒋伟杰，2014）。王兆华和丰超基于四阶段全局 DEA 和方向距离函数，对 2003—2010 年中国区域全要素能源效率进行了测算，并且从外部运营环境和行业内部因素两个角度分析了中国全要素能源效率的影响因素（王兆华和丰超，2015）。

关于碳效率的测算，Zhou 等基于 Malmquist-Luenberger 生产率指数对 18 个国家的碳排放绩效进行了测算，认为技术进步是提高全要素生产率增长的关键（Zhou 等，2010）。李健和邓传霞基于考虑松弛变量的规模方向距离函数对中国各省份二氧化碳排放效率进行了测算（李健和邓传霞，2015）。胡鞍钢等基于真实储蓄的计算框架，综合考虑过度能源消耗、矿产消耗和二氧化碳排放的因素，计算了中国高耗能行业的真实增加值、真实资本存量和真实全要素生产率。从真实全要素生产率的测算结果来看，上游行业在生产环节为下游行业的产出环节补贴了真实全要素生产率（胡鞍钢等，2015）。

关于环境绩效的测算，Kumar 考虑到二氧化碳排放，运用 Malmquist-Luenberger 方法测算了 1971—1992 年 41 个发达和发展中国家的环境绩效，认为这比采用传统全要素生产率测算得到的环境规制效果更合理（Kumar，2006）。Oh 和 Heshmati 基于 DDF 与序列生产可能集，提出了 Sequential Malmquist-Luenberger 指数方法，并在实证部分对 OECD 国家的环境绩效进行了测算，发现技术效率在前期是生产率增长的主要驱动因素，而技术进步的影响在后期更加显著（Oh & Heshmati，2010）。

第四节　工业可持续增长的低碳模式

索洛的新古典增长理论模型在完全竞争条件下，讨论了劳动与资本投入要素增长对产出增长的影响。在规模报酬不变的假设下，得到结论无论从任何一点出发，经济向平衡增长路径收敛达到稳态。本研究在可持续增长理论框架下对索洛模型进行扩展，以工业部门为对象，将工业生产中的碳排放投入纳入生产函数中，通过构建一个部门的生产函数模型，分析工业部门在可持续增长目标下达到均衡路径时的状态以及需要满足的条件。

假设工业部门的生产函数形式为嵌套 C-D 生产函数的 CES 生产函数，劳动 L 与资本投入 K 构成 C-D 生产函数，劳动、资本与碳排放投入 C 构成 CES 生产函数。假设生产是规模报酬不变的，工业产出-Y-的生产函数可以表示为：

$$Y = F(K,\ A,\ L,\ A_C C) = [r_O^{1/\sigma}(A_L^\beta L^\beta K^{1-\beta})^\phi + r_C^{1/\sigma}(A_C C)^\phi]^{1/\phi}$$

其中，σ 是能源要素与资本和劳动要素之间的替代弹性，$\phi = \dfrac{\sigma - 1}{\sigma}$；比例系数 r_O 与 r_C 之和为 1。

根据索洛模型假定所有的技术进步均为外生的，则技术进步的来源主要有三个方面，包括提高产品产出的劳动增强型技术进步 A_L，提高碳排放使用效率的碳排放增强型技术进步 A_C 以及减少污染排放的污染治理技术进步的劳动增强型技术进步率，即劳动效率的增长速度为 g_l；碳排放增强型技术进步率为 g_c。如果将生产函数设置为 C-D 生产函数，则不能区分技术进步是劳动增强型技术进步还是能源增强型技术进步。

假定人口增长速度为 n，则有 $\dot{L} = nL$

折旧率 δ 与储蓄率 s 均为外生且固定不变，碳排放价格为 P_C。资本通过储

蓄与折旧进行积累，资本存量为：$\dot{K} = s(Y - P_C C) - \delta K$

首先，根据生产函数展开分析，得出实现平衡增长达到稳态时能源增强型技术进步需要满足的条件。

当$\sigma \to 1$且$r_C \to 1$时，产出模型近似于索洛模型，在均衡增长路径下资本K与产出Y以g_l+n（劳动增强型技术进步率与人口增长率之和）的增速保持增长并达到稳定状态。根据生产函数，碳排放与资本劳动投入之间的替代弹性受到两方面的限制。

一方面，如果$\sigma < 1$，保证既定的产出水平需要投入最少数量的碳排放，因而碳排放投入是工业生产中的必要投入。另一方面，从资本存量的角度进行考虑，当$\delta > 0$时，保持资本存量的增长需要能源的持续投入。因此，资本与碳排放之间的替代程度是受到限制的，应满足条件$0 < \sigma < 1$。

另外，从碳排放空间要素稀缺程度的角度，在一定的替代弹性σ条件下，当能源供应充足时，工业生产实现稳态，产出水平与资本存量受到储蓄率s，技术进步率g_l与人口增速n的正影响以及折旧率δ的负影响。但是当碳排放空间要素相对稀缺时，稳定状态下的工业产出水平还受到碳排放增强型技术进步的影响。在以往的研究中，由于碳排放空间要素在生产过程中的供应相对丰富，基本被完全忽略，并没有被纳入生产函数中。但是在可持续发展的目标下，无论是从替代弹性的角度还是从碳排放空间要素稀缺程度的角度来看，将碳排放投入纳入生产函数中都是十分必要的。

由生产函数可以导出，碳排放的产出弹性为：$\dfrac{\partial \ln Y}{\partial \ln C} = r_C^{\ 1/\sigma}\ (A_C C/Y)^{\phi}$

如果碳排放空间要素数量是一定的，并且不存在碳排放增强型技术进步，那么工业产出将最终停止增长。唯一的方法是通过提高碳排放使用效率增加可用于生产的碳排放投入量，即需要发生碳排放增强型技术进步。当碳排放增强型技术进步率等于g_l+n时，由于产出是规模报酬不变的，资本存量与产出的增长率也等于g_l+n。此时，碳排放产出弹性保持不变，随着碳排放空间要素的稀缺将最终限制工业的产出。

因而，有效碳排放的增长率要大于劳动增强型技术进步率与人口增长率之和，以保证产出的增长水平。而有效碳排放的增长率一方面来自碳排放增强型技术进步率，另一方面则来自碳排放质量与数量的增长率$\bar{e}$。可以用公式表达为：$g_e + \bar{e} > g_l + n$

对碳排放投入的影响进行分析时，假定治理污染的技术进步水平保持不变。进一步，基于上模型分析工业污染的影响，假定碳排放增强型技术进步水平保持不变。

假设工业部门每单位的产出 F 产生的工业污染量为 Ω，通过工业污染治理活动进行减排，如果污染治理的技术水平为 A_P，将从产生的污染中减少污染排放量 ΩA_P。治理污染减少的污染排放数量函数是关于产出 F 与治理污染程度 F^P 的单调递增凹函数。假设令 $A_P(F, F^P)$ 为规模报酬不变，那么工业部门排放的污染量 D 可以表示为：

$$D = \Omega F - \Omega_A P(F, F^P)$$

$$D = \Omega F[1 - A_P(1, F^P/F)]$$

$$D = \Omega F_P(\theta)$$

其中，$P(\theta) = [1 - A_P(1, F^P/F)]$，$\theta = F^P/F$，$\theta$ 表示经济产出中用于治理污染的比例。那么，工业部门的产出中可用于消费或投资的部分变为 $Y = (1 - \theta)F$。

将工业产出、资本存量与污染排放转化为人均变量，则有：

$$y = f(k)(1 - \theta)$$

$$\dot{k} = s[f(k) - P_C C](1 - \theta) - (\delta + n + g_l)k$$

$$d = f(k)\Omega p(\theta)$$

$$k = K/A_L L,\ y = Y/A_L L,\ d = D/A_L L,\ f(k) = F(k, 1, e)$$

工业部门实现均衡增长并达到稳态时，根据索洛模型可知总产出与资本存量的增长率均为 $g_l + n$，人均产出、人均资本存量的增长率均等于劳动增强型技术进步率 g_l。

在考虑污染排放的情况下，从上式可以推导出工业污染排放的增长率 g_D 为：$g_D = g_l + n - g_p$

上式可以看作由两种效应组成，$g_l + n$ 表示污染排放的规模增长效应，即工业污染随着总产出的增长而增长；g_P 为治理污染的技术进步率，表示治理污染的技术进步带来的使总排放减少的技术效应。

在可持续增长的平衡增长路径下，既要增加人均产出水平，又要保证环境质量不进一步发生恶化，那么需要满足条件 $g_l > 0$，且工业污染排放的增长率为负，即 $g_P > g_l + n$，治理污染的技术进步率要超过总产出的增长速度。

综上，通过提高碳排放增强型技术进步率以及污染治理的技术进步率，在扩展的索洛模型下，实现长期均衡的稳态，不仅可保证工业产出的增长速度，而且能够节约碳排放的投入量，降低工业污染排放量，符合可持续发展的要求。

第五节 低碳模式与工业转型升级的内在逻辑

通过对可持续经济增长的理论基础进行阐述，并且在可持续增长的目标下构建扩展的索洛模型，经过推导与分析，得到结论在低碳的生产模式下，工业行业可以实现高产出、低能耗与低污染之间兼顾发展。可持续经济增长是一国经济所要实现的目标和方向，工业部门作为中国经济发展的关键需要选择并且践行低碳的发展模式。在低碳发展模型要求下，中国工业需要在以下三个方面进行提升：一是通过提高产品的技术创新能力增加产品附加值比重，保持产出增长速度；二是提高碳排放的使用效率，减少碳排放在生产过程中的投入量；三是对工业生产中所产生的工业污染进行治理，降低工业污染排放量。如果按照以上三个方面进行发展，那么中国工业从现有的发展基础与水平来看，仍然需要实现较大的转变与提升，即工业转型升级。因此，工业转型升级是低碳发展模式的重要基础。

工业转型升级同时强调“转型”和“升级”两方面内容。一方面，实现“转型”意味着中国工业需要转变现有的发展与生产方式，改变过去粗放型的增长模式，从依赖投资驱动以及人口红利驱动向创新驱动发展转变，从传统工业化向新型工业化转变，使中国工业的生产向高质量、精细化、集约型方向转变。另一方面，“升级”主要是指工业行业向更高水平发展，包括技术结构、组织结构的优化与升级。在投入产出、节约能源与降低污染方面提高技术进步水平，通过技术进步使生产前沿面向外移动，在投入不变的情况下提高产品产出规模、在产出不变的情况下减少能源投入与污染排放量。

反过来看，工业的转型升级有利于促进工业的绿色发展，进而有利于实现可持续经济增长。工业转型升级对低碳模式发展与可持续增长的影响可以从以下两个方面进行解释。第一，工业转型升级有利于创造新的经济增长点。自2008年金融危机以来，很多国家的经济增速放缓，甚至有的经济体出现零增长和负增长。在经济形势不景气的情况下，可以通过对工业生产结构和技术水平进行调整，如增加对可再生能源的使用，使生产工艺更加清洁化等，对生产设备进行低碳投资、开展低碳创新活动等，从而实现工业转型升级。不仅可以在这些工业企业中增加新的就业岗位，而且可以提升产品质量，满足消费者对产品与服务的环保性需求，促进工业行业的低碳发展。绿色凯恩斯主义认为，由于在后危机时代较低的劳动力与资本成本政府通过实施低碳环保的产业政策，引导工业企业对低碳生产进行投资，有利于增强对经济增长的刺激效应。

第二，工业实现转型升级有利于形成新的比较优势、带来新的技术革命。工业行业的低碳模式发展，首先提高了行业的环保与质量标准，进而引导企业对生产技术和工艺流程进行升级改造，提高产品创新技术、能源使用技术以及治理污染技术。相应的，所生产的工艺产品与服务质量得到提高，能够在国际市场满足消费者更高的需求，使中国工业企业在国际贸易活动中领先于其他国家，具有较高的竞争力，从而形成中国工业新的比较优势。另外，也可以通过工业的转型升级促进工业企业开展技术创新活动，改变现有工业的技术范式，尝试创造新的技术体系，以产生新一轮的技术革新，并在国际上引领工业行业技术水平的发展。

因此，以可持续增长为发展目标，以低碳模式作为具体的发展与生产方式的工业转型升级是中国工业发展最根本的选择与基础。通过理论分析，将可持续增长、低碳模式与工业转型三者之间的内在逻辑关系表示如图 2-1 所示。

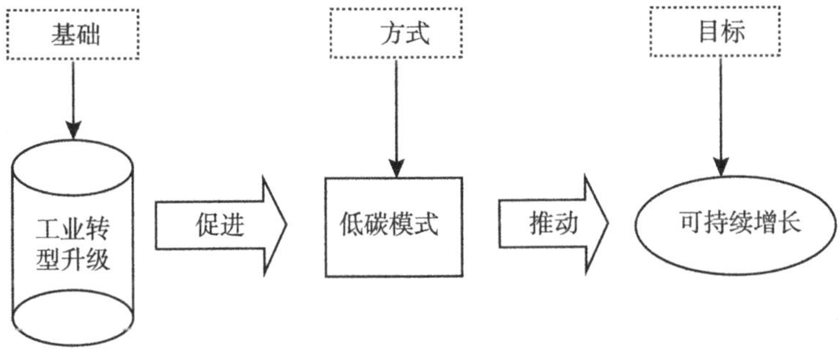

图 2-1 可持续增长、低碳模式与工业转型升级的内在逻辑关系

第三章　碳生产率及工业转型度的测算

第一节　全要素框架下工业碳生产率的测算

一、中国工业部门二氧化碳排放量的估算

在进行碳生产率的分析之前首先要对二氧化碳排放空间要素的投入进行估算。二氧化碳排放空间要素投入量暂时没有具体的度量方法，国际上通用的做法是用二氧化碳排放量作为二氧化碳排放空间的替代变量。而对于二氧化碳排放量，中国并没有正式的官方统计数据，因此，选择科学合理的估算方法对中国工业部门二氧化碳排放量进行测算，是本研究首先要解决的关键问题。

工业部门既包括能源加工转换部门也包括终端能源消费部门，为了全面反映中国工业部门的二氧化碳排放量，同时为了避免重复计算，本研究采用中国工业部门各两位数行业终端能源消费所产生的二氧化碳数量作为工业部门各两位数行业二氧化碳排放量的估算值。

终端能源消费包括对原煤、洗精煤、焦炭、焦炉煤气、原油、汽油、煤油、柴油、燃料油、液化石油气、炼厂干气、天然气、热力、电力等的消费。按照国家统计局的划分，将这些终端能源归类为煤品、油品、天然气、热力和电力五类。二氧化碳的排放主要产生于化石燃料（碳基能源）的消费，在这五类终端能源的消费中热力和电力的消费不产生二氧化碳，因此在计算中国工业部门二氧化碳排放量的过程中只考虑煤品、油品和天然气的消费。

（一）二氧化碳排放量测算方法

本研究对中国工业部门二氧化碳排放量估算的主要依据是 2006 年《IPCC 国家温室气体清单指南》（以下简称《指南》）提供的缺省方法。《指南》将化石燃料分为移动源与固定源两种，但有文献的研究结果表明，使用这两种系数的估算结果差异并不大，实际估算过程中可以忽略这种差异，因此化石燃料

消费产生的二氧化碳排放量的计算公式可以表示为：

$$E_{co_2} = F \times COE_{co_2} \tag{3.1}$$

其中，E_{co_2}是化石燃料消费产生的二氧化碳排放量，F是化石燃料消耗量，COE_{co_2}是二氧化碳的排放系数。《指南》提供的二氧化碳排放系数的计算公式如下：

$$COE_{co_2} = H \times Y \times O \tag{3.2}$$

其中，H为低位发热量，Y为碳排放因子，O为碳氧化率。为了保证统计数据单位统一，将能量单位转化为标准煤，得到如表 3.1 所示的各类能源的二氧化碳排放系数。

表 3.1　**各类能源的二氧化碳排放系数**

	煤炭	石油	天然气
系数（吨二氧化碳/吨标准煤）	2.744	2.138	1.628

资料来源：根据国家发展和改革委员会能源研究所（2003 年）的各类碳排放系数乘以 3.67（二氧化碳分子量与碳分子量之比）得到。

在公式（3.1）、（3.2）的基础上，利用终端能源消费数据可以计算出中国工业部门二氧化碳排放量，由于篇幅限制，具体数据在此不予列出。

（二）工业部门二氧化碳排放的长期趋势

从表 3.2 的估算结果可以看出，自 1991 年以来中国工业部门二氧化碳排放量一直处于上升的态势，且各种能源的二氧化碳排放比重仅有微小变动。煤品消费所产生的二氧化碳排放量比重有所下降，油品和天然气消费所产生的二氧化碳排放量比重有所上升，但下降（上升）幅度都非常小。二氧化碳排放量占比最大的是煤品的消费，其比重长期维持在 70%左右，这种状况的形成首先与煤炭的二氧化碳排放系数相对较高有关；其次与中国“富煤、缺油、少气”的资源禀赋相关。从另外一个角度来讲，煤品消费所产生的二氧化碳排放比重减少的幅度即使微小，但只要其比例在缩小就表明中国工业部门的能源消费结构得到了一定程度的优化。2016 年与 1991 年相比，煤品消费所产生的二氧化碳排放量比重减少了 9.25%，油品消费所产生的二氧化碳排放量比重增加了 6.77%，天然气消费所产生的二氧化碳排放量比重增加了 2.48%，这表明我国能源的消费结构在逐步优化，但速度稍显迟缓。

表 3.2 **工业部门二氧化碳排放量变化情况**

年份	煤品 CO_2 排放量（万吨）	油品 CO_2 排放量（万吨）	天然气 CO_2 排放量（万吨）	工业部门 CO_2 排放总量（万吨）	煤品 CO_2 排放比重（%）	油品 CO_2 排放比重（%）	天然气 CO_2 排放比重（%）
1991	76865.9	16714.0	2599.8	96179.7	79.92	17.38	2.70
1992	82639.5	17287.3	2526.3	102453.1	80.66	16.87	2.47
1993	82961.3	18207.4	2711.2	103879.9	79.86	17.53	2.61
1994	90290.5	20182.2	2989.3	113462.0	79.58	17.79	2.63
1995	89837.6	21345.2	3098.0	114280.8	78.61	18.68	2.71
1996	91007.0	18894.3	3179.4	113080.8	80.48	16.71	2.81
1997	85362.9	21575.0	2865.1	109803.0	77.74	19.65	2.61
1998	86254.2	22736.7	2888.6	111879.5	77.10	20.32	2.58
1999	85670.4	24552.3	3317.7	113540.4	75.45	21.62	2.92
2000	80649.5	26846.5	3630.1	111126.1	72.57	24.16	3.27
2001	76304.9	26994.8	3981.9	107281.6	71.13	25.16	3.71
2002	77110.1	29286.8	4176.7	110573.6	69.74	26.49	3.78
2003	94965.5	31006.4	5022.3	130994.2	72.50	23.67	3.83
2004	119890.9	34233.9	5143.5	159268.3	75.28	21.49	3.23
2005	122351.9	33109.8	5774.7	161236.5	75.88	20.53	3.58
2006	123966.9	35111.3	6836.3	165914.5	74.72	21.16	4.12
2007	124624.1	37283.6	8015.7	169923.4	73.34	21.94	4.72
2008	134247.0	39466.1	9021.8	182734.9	73.47	21.60	4.94
2009	142298.0	39116.0	8716.1	190130.1	74.84	20.57	4.58
2010	135314.7	43783.0	7837.9	186935.6	72.39	23.42	4.19
2011	138192.0	46052.7	9712.7	193957.5	71.25	25.09	5.29
2012	134799.9	44860.5	10599.9	190260.4	70.85	24.87	5.88
2013	182710.6	45427.0	12555.6	240693.2	75.91	18.87	5.22
2014	176770.2	46836.1	13118.8	236725.1	74.67	19.79	5.54

续表

年份	煤品 CO_2 排放量（万吨）	油品 CO_2 排放量（万吨）	天然气 CO_2 排放量（万吨）	工业部门 CO_2 排放总量（万吨）	煤品 CO_2 排放比重（%）	油品 CO_2 排放比重（%）	天然气 CO_2 排放比重（%）
2015	172011.2	48946.1	11838.4	232795.7	73.89	21.02	5.09
2016	147903.1	50553.6	10840.4	209297.1	70.67	24.15	5.18

资料来源：由《中国能源统计年鉴》相应年份数据计算而得。

二、传统意义的中国工业部门碳生产率测算及分析

按照Kaya和Yokobori的定义，碳生产率指一段时期内国内生产总值（GDP）与同期二氧化碳排放量之比，等于单位GDP二氧化碳排放强度的倒数。该指标只考虑二氧化碳排放空间（二氧化碳排放量）一种要素的投入，用于考察二氧化碳排放空间要素的投入在经济中的作用，它同时兼顾了经济增长和减缓气候变化两个目标，其数值越大说明区域（或部门）在实施相对减排方面的绩效越高。

从时间趋势上来看（见表3.3的测算结果），1991年至2016年中国工业部门碳生产率表现出阶段性波动的特征，1993年到1997年连续五年上升，之后两年出现连续下降，而到了2000年又出现了连续两年的上升，2001年后出现了连续3年的下降，从2005年开始又出现连续3年的上升，而后2年又出现两年的下降，2010年到2012年又呈现出连续三年小幅上升，2013年出现一次下降之后，又连续呈现三年小幅上升。从工业部门碳生产率指数来看，从1992年到2016年有16年大于1，9年小于1，总体来看碳生产率的变化趋势比较理想。从1993年到1997年碳生产率指连续5年大于1，而且在1993年出现了峰值，这也是从1991到2016年碳生产率指数的最大值；从2002年到2004年碳生产率指数出现了连续3年的下降，而且在2004年出现了峰谷，同时这也是从1991到2016年碳生产率指数的最小值。

从表3.4所呈现数据的直观表现来看，中国工业部门碳生产率的变化具有一定的政策导向性，具体表现为：为了推动全社会节约能源，提高能源利用效率，保护和改善环境，促进经济社会全面协调可持续发展，中国政府从1995年起开始制定节能法，于1997年11月经第八届全国人大常务委员会通过了《中华人民共和国节约能源法》，1998年1月1日正式实施，之后的2000年，

碳生产率就出现了一次反弹；2004 年 6 月 30 日国务院总理温家宝主持召开国务院常务会议，讨论并原则通过了《能源中长期发展规划纲要 2004—2020 年》（草案），该规划纲要在战略、规划、产业政策上突出了节能的重要性，之后（2004 年 11 月）出台了节能领域的第一个中长期规划，这从一定程度上对 2005 年碳生产率的反弹起到了正向的促进作用。

表 3.3　　工业部门碳生产率变化情况

年份	工业部门碳生产率（元/吨）	碳生产率指数	年份	工业部门碳生产率（元/吨）	碳生产率指数
1991	840.83	1	2004	849.88355	0.875
1992	828.45	0.985	2005	891.10392	1.049
1993	938.62	1.133	2006	907.06327	1.018
1994	992.27	1.057	2007	933.03819	1.029
1995	1106.42	1.115	2008	930.09224	0.997
1996	1173.01	1.060	2009	853.56706	0.918
1997	1213.19	1.034	2010	920.6663	1.079
1998	1129.80	0.931	2011	941.8315	1.023
1999	1081.48	0.957	2012	944.6121	1.003
2000	1123.58	1.039	2013	889.927	0.953
2001	1165.8755	1.038	2014	953.503	1.060
2002	1119.4935	0.960	2015	980.980	1.029
2003	970.88637	0.867	2016	1145.450	1.168

注：工业部门碳生产率等于工业部门增加值/工业部门二氧化碳排放量；工业部门增加值为 1991 年不变价；碳生产率指数等于 $t+1$ 时期的碳生产率/t 时期的碳生产率，该值与应用 DEA 方法计算的 Malmquist 碳生产率指数相同（投入端只有二氧化碳排放空间即二氧化碳排放量，产出端只有工业增加值）。原始数据来源于历年《中国统计年鉴》《中国能源统计年鉴》。

表 3.4　　工业部门各两位数行业 1999—2016 年碳生产率指数平均值

行业编号	平均碳生产率指数	行业编号	平均碳生产率指数
B1	1.063	C1	1.089
B2	1.003	C2	1.071

续表

行业编号	平均碳生产率指数	行业编号	平均碳生产率指数
B3	1.107	C3	1.049
B4	1.096	C4	1.085
B5	1.042	C5	1.052
C6	1.010	C19	1.034
C7	1.062	C20	1.045
C8	1.094	C21	1.087
C9	1.110	C22	1.070
C10	1.039	C23	1.123
C11	1.059	C24	1.066
C12	1.066	C25	1.082
C13	1.054	C26	1.085
C14	1.043	C27	1.039
C15	1.064	D1	1.084
C16	1.136	D2	1.116
C17	1.062	D3	1.184
C18	1.043		

从工业部门内部各两位数行业层面上来看（见表3.4的测算结果），中国工业部门各两位数行业的平均碳生产率指数均大于1，说明中国工业部门整体的碳生产率水平在提高，表明生产方式逐渐由粗放型向集约型转变。从相对意义减排的角度来说，中国工业部门在全球应对气候变化的进程中做出了一定程度的努力。

三、全要素生产率框架下中国工业部门碳生产率的测算及分析

传统意义的碳生产率，在投入端只考虑了碳排放空间（二氧化碳排放量）一种投入要素，然而经济产出受到各种投入要素的影响，包括：劳动力、资本等，单一要素的投入无法完成社会经济活动，只考虑碳排放空间投入的单一要素碳生产率有可能夸大真实的碳生产率增长速度。因此，本书在全要素生产率的研究框架下对中国工业部门碳生产率进行测算，在投入端除了考虑二氧化碳

排放空间外，还考虑了劳动力、资本要素的投入。在此并没有将能源要素作为投入要素，这是因为能源消费增加是二氧化碳排放量增加的一个主要原因，从中国能源消费量和二氧化碳排放量序列的统计性质上来说，两者之间存在高度相关性，二氧化碳排放和能源消费是同一现象的一体两面（袁富华，2010）。

（一）基于方向性距离函数的碳生产率测度模型

由于索洛余值法的假设条件在现实生产实践中很难满足，因此在进行测算方法的选择过程中不予考虑，主要从 SFA 方法和 DEA 方法中进行选择。从方法的本质来说，SFA 方法和 DEA 方法在分析结果方面具有一致性，但由于两种方法是对效率不同特性和侧面的描绘，其差异也非常明显（顾乾屏等，2007）。鉴于 DEA 方法不需要对函数形式进行设定，且无须要素的价格信息，故本书选择 DEA 方法，在全要素生产率的研究框架下对中国工业部门碳生产率进行测算。

在运用 DEA 方法对碳生产率进行测算的过程中，需要对各种模型进行选择。如果用传统 C^2R 模型对碳生产进行测算，测算结果为维持既定产出下中国工业部门各两位数行业二氧化碳排放空间投入的最大削减率，其主要关注减排目标的实现，而没有考虑另一个重要目标——产出增长目标。然而在当前和今后相当长一段时期内，产出的增长仍然是中国工业部门重要的宏观经济目标，而二氧化碳排放空间投入的大量削减有可能对中国工业部门潜在的产出增长产生负面影响。同时，该模型只能将二氧化碳排放空间作为诸多生产要素中的一种直接加入模型中进行计算，不能够同劳动和资本两种生产要素进行区分。在这种情况下，测算的生产率并不能体现二氧化碳排放空间要素的个体特征，只是在传统的全要素框架下加入了二氧化碳排放空间的投入，所测算出的生产率指数值称为碳生产率指数，也可以称之为资本生产率指数或劳动生产率指数。为解决上述不足，本书将借助于方向性距离函数来测度中国工业部门碳生产率指数。

目前还没有学者运用方向性距离函数在全要素生产率的研究框架下对碳生产率进行测算，但是已经有很多学者运用它来测度环境效率、生产率和全要素能源效率（Weber and Domazlicky，2001；Jeon，et al.，2004；Arcelus and Arocena，2005；Watanabe and Tanaka，2007；王兵等，2008；涂正革，2008；胡鞍钢等，2008；吴军，2009；陈茹等，2010；王兵等，2010，2011）。

方向性距离函数由 Chambers 等（1996）提出，这种函数可以综合考虑产出的提高和投入的减少，与前文所述的低碳经济的两大目标（经济增长和二氧化碳排放量的减少）相吻合。

本研究把每一个两位数行业看作一个生产决策单位（DMU）来构造每一个时期中国工业部门生产的最佳时间边界，将二氧化碳排放空间同传统的投入要素等同对待一起纳入生产前沿面的构造中。假设每一个两位数行业使用 N 种投入，得到 M 种产出；在每一个时期，第 $k=1, \cdots K$ 个两位数行业的投入产出值为 $(x^{k,t}, y^{k,t})$，在凸性、锥形、无效性和最小性的公理假设的前提下，参照 Färe 等（2004）对生产技术集的定义，本书可将生产技术集表示为：

$$P^t(x^t)=\left\{\begin{array}{c}\sum_{j=1}^{J} z_j y_{j,m}^t \geqslant y_{j,m}^t, \ m=1, \cdots M; \\ \sum_{j=1}^{J} z_j x_{j,n}^t \leqslant x_{j,n}^t, \ n=1, \cdots N; \\ \sum_{j=1}^{J} z_j=1, \ j=1, \cdots J\end{array}\right\} \tag{3.3}$$

z_j表示每一个横截面（每一个两位数行业）观察值的权重，非负的权重变量之和等于 1 表示生产规模报酬是可变的。产出和投入变量的不等式约束表示产出与投入可自由处置。那么，可将方向性距离函数定义为：

$$\vec{D}(x, y; -g_x, g_y)=\sup\{\beta: (x-\beta g_x, y+\beta g_y) \in P(x)\} \tag{3.4}$$

其中 $(-g_x, g_y)$ 为方向向量，方向性距离函数可以按照既定方向实现产出的最大扩张和投入的最大削减。β 是标量，其值越大，效率越低，若 $\beta=0$，则说明样本观察值已经在生产前沿面上，在所有 DMU 中已经实现了产出和投入的最有效水平。在全要素生产率的研究框架下，以方向性距离函数为基础的碳生产率的表达式为：

$$\mathrm{TE}(x_j^t, y_j^t; g)=1-\vec{D}(x, y; -g_x, g_y) \tag{3.5}$$

如图 3-1 所示，A 为决策单元的实际生产点，g_x 为投入的负向扩张，g_y 为产出的正向扩张，在两者的共同作用下，A 点沿着方向向量所指定的方向移动，从而达到 B 点使得 DUM 在确定的方向向量下实现有效产出和投入的最大同比例增减。

为了简化，将给定单元的投入向量 x 确定为资本（K）、劳动（L）、二氧化碳排空间（C）3 个组成部分；产出向量为 y。参照 Kuosmanen（2005）的研究，放松模型产出与投入同比例增减的假设，令 $\lambda_j=z_j+u_j$，那么全要素生产率研究框架下的碳生产率可以通过基于方向性距离函数的 VRS（规模报酬可变）下的线性规划模型求得，即

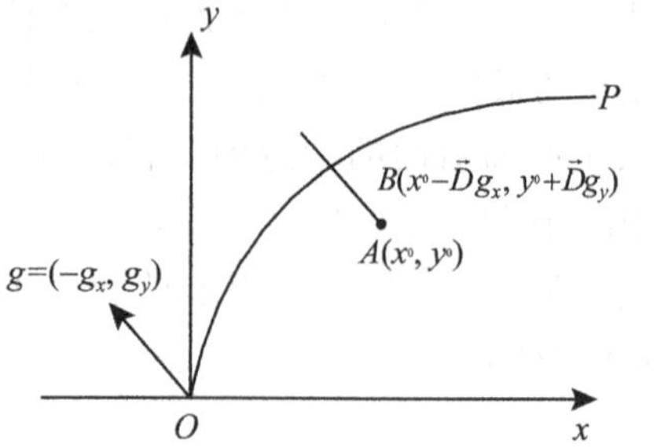

图 3-1　实现产出和投入最大同比例增减的方向性距离函数

$$\vec{D}(x,\ y;\ -g_x,\ g_y) = \mathrm{Max}\eta$$

$$\mathrm{St.}\begin{cases}\sum_{j=1}^{J} z_j^t Y_j^t \geqslant (1+\eta) Y_j^t, \\ \sum_{j=1}^{J} (z_j^t + u_j^t) K_j^t \leqslant K_j^t \\ \sum_{j=1}^{J} (z_j^t + u_j^t) L_j^t \leqslant L_j^t \\ \sum_{j=1}^{J} (z_j^t + u_j^t) C_j^t \leqslant (1-\eta) C_j^t \\ \sum_{j=1}^{J} (z_j + u_j) = 1 \end{cases} \tag{3.6}$$

公式（3.6）中 K 代表资本投入，L 代表劳动投入，C 代表二氧化碳排放空间的投入，Y 表示工业部门的经济绩效。根据上述模型，本书可测度出经济增长条件下满足减排要求的碳排放技术效率。η 代表二氧化碳排放空间利用的无效水平，maxη 反映的是在不增加任何其他投入（K、L）的情况下，给定单元二氧化碳排放减少和产出增长的最大提升空间。maxη 值越小说明给定单元二氧化碳排放空间投入和产出水平越接近生产前沿面，减排和增产潜力越小，效率越高。$\sum_{j=1}^{J}(z_j + u_j) = 1$，表明该模型是基于 VRS 的模型，这是因为与 CRS（规模报酬不变）相比，VRS 更接近于现实情形（Beede，et al.，1993）。

因此，基于方向性距离函数的 Malmquist 碳生产率指数可以表示为：

$$M\_P_{0,\ t+1} = M_0(x_{t+1},\ y_{t+1},\ x_t,\ y_t) = \frac{\overrightarrow{D}_0^{t+1}(x_{t+1},\ y_{t+1};\ -g_x,\ g_y)}{\overrightarrow{D}_0^{t}(x_t,\ y_t;\ -g_x,\ g_y)} \quad (3.7)$$

式中，$(x_{t+1},\ y_{t+1})$ 和 $(x_t,\ y_t)$ 分别表示 $(t+1)$ 时期和 t 时期的投入产出向量；$\overrightarrow{D}_0^{t}$ 和 $\overrightarrow{D}_0^{t+1}$ 分别表示以 t 时期技术 T 为参照，时期 t 和时期 $(t+1)$ 的方向性距离函数。

（二）数据选择及测算结果分析

中国工业部门数据在 1997 年以前一般为乡及乡以上独立核算工业口径，而 1998 年以后则是全部国有及规模以上非国有工业口径，前后口径不一致，无法进行比较，同时我国工业部门 39 个两位数行业中的其他采矿业、废弃资源和废旧材料回收加工业（2003 年后才公布）、工艺品及其他制造业的各指标数值较小或者时间不连续，故本书选取 1998 年到 2016 年的中国工业部门 36 个两位数行业（不包括其他采矿业、废弃资源和废旧材料回收加工业以及工艺品及其他制造业）的面板数据进行研究。

工业部门产出水平：由于中国工业部门各两位数行业的工业增加值数据时间不连续，本书采用工业部门 36 个两位数行业的工业总产值来度量产出水平。为保证自身数据的可比性，利用工业生产总值指数将各两位数行业的数据调整为 1998 年不变价。工业总产值和工业生产总值指数原始数据均来源于 1999—2017 年的《中国统计年鉴》。

资本存量：采用中国工业部门 36 个两位数行业的固定资产净值度量。由于固定资产净值已经扣除了累计折旧，因此可以直接将其作为存量指标用于计算。同样，为保证自身数据的可比性，利用固定资产价格指数将数据调整为 1998 年不变价。固定资产净值和固定资产价格指数的原始数据均来源于 1999—2017 年的《中国统计年鉴》。

劳动力投入水平：采用中国工业部门 36 个两位数行业从业人员年平均数度量。原始数据来源于 1999—2017 年的《中国统计年鉴》。

二氧化碳排放空间投入水平：采用中国工业部门 36 个两位数行业二氧化碳排放量度量。二氧化碳排放量数据依据《指南》提供的缺省方法进行测算，各类能源的消费数据来源于 1999—2017 年的《中国能源统计年鉴》。

利用 MAXDEA 软件求解模型（3.4）、（3.5），得到 1999—2016 年中国工业部门各两位数行业的碳生产率指数测算结果（见表 3.5）。由于篇幅限制，本书只列出 36 个两位数行业碳生产率指数的平均值。$\overline{S\_P}$ 表示只考虑二氧化碳排放空间投入情况下，基于方向性距离函数的各两位数行业碳生产率指数的平均值；$\overline{M\_P}$ 表示全要素生产率研究框架下，基于方向性距离函数的各两位数行业碳生产率指数的平均值。表 3.5 的测算结果显示，全要素生产率框架下的中国工业部门的碳生产率指数大于 1，这表明中国工业部门在应对全球气候变化实现相对意义的减排实践方面做出了一定程度的努力。并且，在全要素生产率的研究框架下，中国工业部门 36 个两位数行业历年碳生产率指数的平均值为 1.088，相比只考虑二氧化碳排放空间的单要素碳生产率指数的平均值 1.162 有明显的降低，这说明只考虑二氧化碳排放空间投入的单要素碳生产率明显夸大了实际的碳生产率的增长速度。因此，后续的研究均采用全要素生产率框架下的碳生产率指数测算结果作为分析基础。

表 3.5 **基于方向性距离函数的 1999—2016 年 36 个两位数行业的碳生产率指数平均值**

行业编号	$\overline{S\_P}$	$\overline{M\_P}$
B1	1.092	1.113
B2	1.023	1.060
B3	1.267	1.214
B4	1.205	1.083
B5	1.197	1.242
C1	1.185	1.074
C2	1.122	1.039
C3	1.075	1.038
C4	1.118	1.042
C5	1.119	1.069
C6	1.147	1.056
C7	1.237	1.083
C8	1.289	1.116
C9	1.384	1.073
C10	1.106	1.061
C11	1.179	1.097

续表

行业编号	$\overline{S\_P}$	$\overline{M\_P}$
C12	1.252	1.036
C13	1.069	1.084
C14	1.073	1.092
C15	1.102	1.035
C16	1.201	1.064
C17	1.096	1.003
C18	1.183	1.057
C19	1.130	1.104
C20	1.062	1.102
C21	1.136	1.133
C22	1.210	1.078
C23	1.176	1.090
C24	1.113	1.061
C25	1.308	1.094
C26	1.125	1.050
C27	1.071	1.007
C28	1.194	1.040
D1	1.153	1.130
D2	1.301	1.289
D3	1.130	1.147
平均值	1.162	1.088

注：各行业编号对应的行业名称见附录1。

从时间趋势上看（见图3-2），与传统意义下所测算出的碳生产率指数不同（见图3-3），全要素生产率框架下所测算出的中国工业部门碳生产率指数在2001年出现了一次突然增高，近几年始终在1左右上下波动，呈现出一种稳定状态。这意味着中国工业总量增加的同时，二氧化碳排放量也以大致相同的速度增长，说明中国工业部门的二氧化碳排放量与工业总量之间存在着某种路径依赖。那么，如何摆脱这种路径依赖，提高中国工业部门的碳生产率，也就是在工业总量增加的同时降低二氧化碳的排放量，是将要探讨的核心问题。

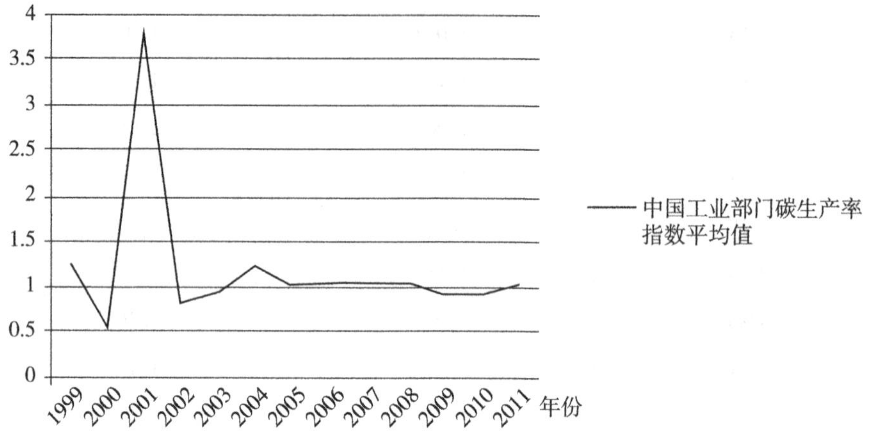

图 3-2　全要素生产率框架下中国工业部门碳生产率指数变化趋势

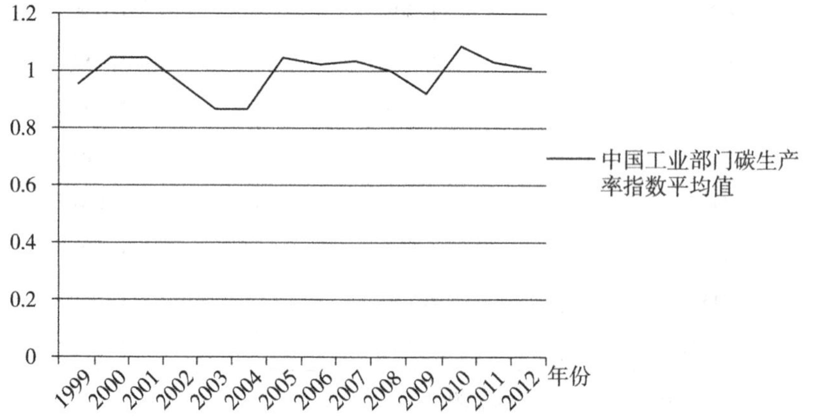

图 3-3　传统意义下中国工业部门碳生产率指数变化趋势

四、中国工业部门碳生产率收敛性分析

从表 3. 5 的测算结果还可以看出，中国工业部门各两位数行业之间的碳生产率指数存在着明显差异，这自然引出的一个问题就是碳生产率指数低的行业

能否以较快的速度提高其碳生产率指数？如果能，则意味着落后行业有可能赶超先进行业。因此，本研究试图通过检验中国工业部门各两位数行业的碳生产率指数的收敛性来回答这个问题。

收敛理论是现代经济增长理论的重要内容，文献中关于收敛性分析的方法主要包括δ-收敛（δ-convergence），β-收敛（β-convergence，包括绝对β-收敛和条件β-收敛）和俱乐部收敛。δ-收敛是指不同经济系统间经济水平的离差呈现不断减少的趋势，δ-收敛接近于现实中人们对经济增长收敛的直观理解。δ-收敛存在说明经济系统之间的经济水平差距逐渐缩小，这种差距可用基尼系数、Theil指数、变异系数、标准差等表示。β-收敛主要是指不同经济系统间的人均产出增长率与初始人均产出水平呈现出负相关关系，具体而言就是落后地区的经济增长速度快于发达地区的经济增长速度。俱乐部收敛主要研究经济发展水平和初始条件相似的经济体内部存在着条件收敛，但是不同经济发展水平和初始条件的经济体之间并未出现收敛的现象。

收敛理论的开创性研究始于Baumol（1986）对经济增长收敛性的研究，此后该理论主要用于区域经济增长的研究。然而也有不少学者把收敛理论应用到生产率的研究中，其中包括对全要素生产率的收敛性的研究（彭国华，2005；傅晓霞、吴利学，2006；徐盈之、赵豫，2007；孙传旺、刘希颖、林静，2010）；对中国农业生产率的收敛性的研究（韩晓燕、翟印礼，2005；赵蕾、王怀明，2007）以及对劳动生产率的收敛性的研究（高帆、石磊，2009）。这些研究为本书所要进行的全要素生产率框架下碳生产率收敛性的分析提供了重要的理论基础和方法借鉴。

（一）碳生产率的δ-收敛性检验

本研究用标准差来度量碳生产率指数的δ-收敛性，假设D_t表示年份t时I个两位数行业之间碳生产率指数$M_P_{i,t}$的标准差，则有：

$$D_t = \sqrt{\frac{1}{I}\sum_{i=1}^{I}\left(M\_P_{i,t} - \frac{1}{I}\sum_{i=1}^{I}M\_P_{i,t}\right)^2} \tag{3.8}$$

显然，D_t度量了不同行业之间碳生产率指数绝对水平的离散程度。如果在年份$t+T$满足：$D_{t+T} < D_t$，则称这I个行业之间具有T阶段的δ-收敛性。如果对任意年份$s<t$，均有：$D_s < D_t$则称这I个行业之间具有一致的δ-收敛性。

从表3.6可以看出，整体上中国工业部门碳生产率指数的标准差有逐渐减小的趋势，但存在着波动性。从1999年到2002年，碳生产率指数标准差的波动变化最为明显，而从2003年到2007年，碳生产率指数呈现出绝对的下降趋势，2008年又出现了反弹。因此，可以得出如下的结论：从1999年到2016年中国工业部门各两位数行业之间具有 $T=17$ 阶段的 δ- 收敛性，而且2003—2007年和2010—2016年各两位数行业之间存在着一致的 δ- 收敛性。

表3.6 全要素生产率框架下中国工业部门碳生产率指数的标准差变化趋势

年份	D_t	年份	D_t
1999	0.270631	2008	0.154799
2000	0.368406	2009	0.146232
2001	4.685039	2010	0.182786
2002	0.162674	2011	0.176913
2003	0.456803	2012	0.157128
2004	0.282921	2013	0.153267
2005	0.108007	2014	0.130079
2006	0.106367	2015	0.130001
2007	0.097854	2016	0.127987

（二）碳生产率的 β-收敛性检验

1. 模型设定

一般认为，真正意义上采用计量方法实证检验经济增长收敛性假说的研究工作起源于Baumol（1986），他建议用如下回归方程来检验经济增长的收敛性。

$$g_i = \alpha_i + \beta Y_{i,o} + \varepsilon_i \tag{3.9}$$

g_i 表示第 i 个经济体的年均经济增长速度，$Y_{i,o}$ 表示第 i 个经济体起初的经济状态，ε_i 为随机扰动项，服从正态分布。回归系数 β 表示经济的收敛性，如果回归系数的估计值 $\hat{\beta}$ 显著为负，则意味着不同经济体之间存在收敛特征，该方法本质上是检验绝对 β- 收敛性的方法。

之后，Barro和Sala-I-Martin（1991）发展了Baumol的简单回归方法并提

出了如下的回归模型：

$$\frac{1}{T}\log\left[\frac{Y_{i,\ r}}{Y_{i,\ 0}}\right] = \alpha - \frac{1 - e^{-\beta r}}{T}\log Y_{i,\ o} + \varepsilon_{i,\ r} \tag{3.10}$$

$Y_{i,\ o}$ 和 $Y_{i,\ r}$ 分别表示经济体 i 期初和期末的经济状态，T 表示时间跨度，α 为常数，β 仍然为收敛速度，其取值依然取决于期初的经济状态，因此检验的仍为绝对 β- 收敛性。

Atkins 和 Boyd（1998）提出了一种更为简单的检验是否存在绝对 β- 收敛性的回归方法：

$$\log Y_{i,\ r} = \alpha + \beta\log Y_{i,\ 0} + \varepsilon_{i\ ,\ r} \tag{3.11}$$

这里 β 的估计值小于 1，则表明经济体之间存在绝对 β- 收敛性。Seung-jin，Sim（2004）、Fallon 和 Lampart（1998）、Persson（1997）、刘强（2001）、魏后凯（1997）等均使用这种检验方法做过收敛性研究。

本书采用 Atkins 和 Boyd 所提出的计量模型对中国工业部门是否存在绝对 β- 收敛性进行检验。首先，设时间间隔为 1 年，则模型（3.11）可变形为如下面板模型：

$$\ln M\_P_{i,\ t} = \alpha_0 + \mu_i + \eta_t + \beta\ln M\_P_{i,\ t-1} + \varepsilon_{i\ ,\ t} \tag{3.12}$$

式中 i 代表中国工部门各两位数行业，t 代表年份（t = 1999，2000，…，2016）；$\varepsilon_{i,\ t}$ 为随机扰动项。α_0 为常数项；μ_i 和 η_t 分别表示个体效应和时间效应；$\ln M\_P_{i,\ t}$ 表示碳生产率指数的对数；β 为待估参数，若其估计值小于 1，则表明我国工业部门各两位数行业的碳生产率指数之间存在绝对 β- 收敛性。

2. 模型估计及结果分析

模型（3.12）包含被解释变量的滞后变量 $\ln M\_P_{i,\ t-1}$，因此模型会产生内生性问题。因为，$\ln M\_P_{i,\ t}$ 是 μ_i 的函数，显然 $\ln M\_P_{i,\ t-1}$ 也是 μ_i 的函数，所以 $\ln M\_P_{i,\ t-1}$ 就和误差项相关即 $corr(\ln M\_P_{i,\ t-1},\ \mu_i) \neq 0$，这就使得即使 ε_{it} 不存在序列相关，最小二乘（OLS）估计量也是有偏的和不一致的。因此，需要将个体效应 μ_i 去除。

Anderso 和 Hisao（1981）建议首先对模型进行差分以剔除 μ_i，然后使用 $D.y_{i,\ t-2} = y_{i,\ t-2} - y_{i,\ t-3}$ 或 $y_{i,\ t-2}$ 作为 $D.y_{i,\ t-1}$ 的工具变量，只要 ε_{it} 本身不存在序列相关，这些工具变量就和 $D.\varepsilon_{i,\ t} = \varepsilon_{i,\ t} - \varepsilon_{i,\ t-1}$ 不相关。尽管这种工具变量估计法可以得到模型参数的一致估计，但不一定为有效估计，因为它没有利用所有可用的矩条件，而且也没有考虑误差项差分 $D.\varepsilon_{i,\ t}$ 的结构。Arellano 和

Bond（1991）在 Anderson 和 Hisao 所提出的矩（IV）估计的基础上增加了更多可用的工具变量，提出了一阶差分 GMM（广义矩估计）估计量。但这种方法受弱工具变量的影响较大，易产生有限样本偏误。鉴于此，Blundell 和 Bond（1998）提出了系统 GMM 估计，系统 GMM 估计结合了差分方程和水平方程，并且还增加了一组滞后的差分变量作为水平方程的工具变量。总的来说，系统 GMM 估计具有更好的有限样本性质。

在此，分别列出差分 GMM 和系统 GMM 的估计结果，见表 3.7、表 3.8。

表 3.7　　**模型（3.12）的差分 GMM 估计结果**

参数	估计值	标准误差	统计量	P 值
α_0	0.230655	0.0290843	7.93	0.000
β	−0.6027694	0.0005099	−1182.12	0.000
AR（1）检验	Prob>z=0.0147			
AR（2）检验	Prob>z=0.0006			
Sargan 检验	Prob>χ^2 = 0.8116			

表 3.8　　**模型（3.12）的系统 GMM 估计结果**

参数	估计值	标准误差	T 统计量	P 值
α_0	0.0224533	0.0005642	39.80	0.000
β	−0.5697793	0.0005878	−969.40	0.000
AR（1）检验	Prob>z=0.0022			
AR（2）检验	Prob>z=0.0003			
Sargan 检验	Prob>χ^2 = 0.9688			

由表 3.7、表 3.8 的估计结果可知，利用差分 GMM 和系统 GMM 估计方法所得 β 的估计值有所差异，但均小于 1，并且高度显著。但差分 GMM 和系统 GMM 的二阶序列相关检验结果都显示，所选取的工具变量不合理。本节检验的为碳生产率指数的绝对 β- 收敛性，因此可以通过增加滞后期数对模型进行重新估计。

经过对滞后期的改变，发现模型滞后 3 期后，效果比较理想，则模型

(3.12) 变形为模型 (3.13)，具体估计结果见表 3.9。

$$\ln M\_P_{i,t} = \alpha_0 + \mu_i + \eta_t + \beta' \ln M\_P_{i,t-3} + \varepsilon_{i,t} \tag{3.13}$$

表 3.9　**模型 (3.13) 的系统 GMM 估计结果**

参数	估计值	标准误差	T 统计量	P 值
α_0	-0.0101814	-0.0104667	-0.97	- 0.337
β'	0.0815456	0.0205267	3.97	0.000
AR (1) 检验	Prob>z=0.020			
AR (2) 检验	Prob>z=0.822			
Hensen 检验	Prob>χ^2 =0.410			

表 3.9 中二阶序列相关和过度识别检验结果表明，所选工具变量合理。β' 的估计值小于 1，且高度显著，表明中国工业部门各两位数行业碳生产率指数之间存在 3 阶段的绝对 β- 收敛性。

(三) 结果分析

从本质上来说 δ – 收敛和绝对 β- 收敛具有很强的相似性，上述检验也验证了这一点。从检验结果看，中国工业部门内部各两位数行业的碳生产率增长速度的差距会自动消除，那么其背后的作用机制如何，则需要进行机理方面的详细分析。

新古典增长理论对收敛性形成的原因进行了如下解释：经济体之间的人均产出水平存在差距的根本原因是资本劳动比率的差异，在假定各个经济体储蓄率不变的前提下，资本劳动比率较低的经济体具有较快的增长速度，其结果表现为贫穷的经济体比富裕的经济体具有更快的增长速度。如果在经济体之间存在要素自由流动的话，那么劳动将从资本短缺的经济体流向资本充裕的经济体，而资本生产要素的流动方向正好相反，因此经济体之间生产要素的流动有助于资本劳动比率均衡，进而促进经济体之间人均产出水平收敛。

本书所聚焦的全要素生产率框架下的碳生产率，存在着三种要素（劳动力、资本和二氧化碳排空间）的配置，其流动要比仅存在劳动力、资本时复杂很多，但 δ- 收敛和绝对 β- 收敛的存在事实，表明它们是向着均衡方向不断进行调整的（资源的优化配置）。因而，在本书的第 4 章，将重点分析中国工业部门内部资源配置对碳生产率的作用机理。

五、小结

本小节采用 IPCC 的清单核算法，估算了中国工业部门各两位数行业的二氧化碳排放量。在此基础上，在全要素生产率的研究框架下，基于 DEA 方法和方向性距离函数测度了中国工业部门各两位数行业的碳生产率指数。与传统意义的碳生产率相比，全要素生产率研究框架下的碳生产率考虑了劳动、资本等的投入对产出的影响，测算结果更能反映中国工业部门碳生产率指数的实际状况。另外，本章还对所测算出的碳生产率指数进行了收敛性分析，分析结果显示：中国工业部门内部各两位数行业之间的碳生产率同时出现了 δ – 收敛和绝对 β- 收敛，表明中国工业部门各两位数行业之间碳生产率指数的差距在逐渐消失。本书后续的阐述将以生产率增长因素分解理论为基础，对中国工业部门内部碳生产率收敛性的形成机理以及中国工业部门碳生产率变化的形成机制进行更为详细的探讨。

第二节　基于熵值法的工业转型度测算

关于产业转型对经济增长的影响，钱纳里等应用可计算的一般均衡模型通过计算总体再配置效应对其进行测量。从目前我国统计资料可支持程度来看，要想直接采用一般均衡模型方法来测算产业转型对经济增长的影响，具有相当的难度。为此，本研究首先分别计算工业转型度指标和经济增长指标，再通过分析工业转型度指标与经济增长指标之间的相关关系来衡量中国工业转型对经济增长的影响。

一、熵值法的基本原理

假设在工业转型度的测算中有 n 个指标，m 个测算年份，这样形成一个测算的原始数据矩阵 $X=(X_{ij})_{m\times n}$， 对于某项指标 x_j， 若指标值之间的差距越大，则说明该指标在工业转型度的评价中所起到的作用也就越大；如果某项指标的值全部相等，则该指标在综合评价中不起作用。在信息论中，用函数 $H(x)=-\sum_{j=1}^{n}g(x_j)\ln g(x_j)$ 来度量系统无序程度，$H(x)$ 称为信息熵。信息熵与信息两者绝对值相等，符号相反。① 若某项指标值变异程度越大，信息熵越少，该指标的权重则越大；反之亦然。所以本研究基于各项指标值在 m 个评估年份中的变异程度，以信息熵作为计算手段，来计算各个指标的权重，从而

① 张卫民，安景文，韩朝．熵值法在城市可持续发展评价问题中的应用［J］．数量经济技术经济研究，2003（6）：115-118.

实现工业转型度的综合测算。

二、工业转型度的测算

大部分学者通过构建指标体系来对转型度进行衡量。凌文昌和邓伟根（2012）通过矢量夹角和国内生产总值构成的数据，计算得出了中国三次产业转型系数。具体的计算公式如下：

$$\theta = \arccos\left[\sum_{i=1}^{n} S_i(t_1) \cdot S_i(t_2) / \sqrt{\sum_{i=1}^{n} S_i(t_1)^2 \cdot \sum_{i=1}^{n} S_i(t_2)^2}\right]$$

式中，n 表示工业部门产业部门数，$S_i(t)$ 表示第 i 个产业部门 t 年增加值占 t 年 GDP 的份额，θ 是 $S(t)$ 和 $S(t-1)$ 这两个向量间的夹角，即产业结构转变系数，θ 的最大值为 90 度。

矢量即既有大小又有方向的量，它是数学、物理学和工程科学等多个学科的基本概念。采用矢量夹角对产业转型度进行测算，可以精确度量产业结构的转变程度，而非仅仅是数量的转变。因此，本研究将以矢量夹角来衡量工业转型度。

中国工业转型度的测算结果如图 3-4 所示，可以看出：2001—2016 年，工业转型系数总体呈现稳步增加的趋势，说明我国工业转型处于加速转型时期。这归因于如下两个方面：①我国改革开放政策以及国家积极建设以企业为主体的技术创新体系。随着各项改革的进一步深入和全方位开放格局的形成，我国改革开放的力度进一步加大；工业研发投入增加，创新效率有所提高，企业技术创新主体地位明显增强，使得工业转型进一步加速。②工业产业内部结构呈现高加工度化的趋势，技术密集型制造业进一步释放活力。先

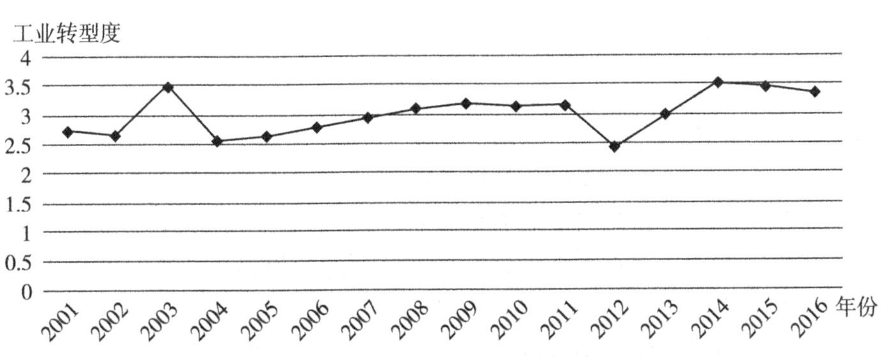

图 3-4　中国工业转型度

行工业化国家的实践证明，在工业化过程中重化工业阶段难以逾越，在重化工业阶段后期，向高加工度和技术密集型升级则是工业结构升级的必由之路。2000 年，我国工业增加值排名前五位位的产业分别是电子及通信设备制造业、交通运输设备制造业、电力、蒸汽、热水的生产和供应、石油加工及炼焦业、化学原料及化学制品制造业，2016 年排名前五位的分别是专用设备制造业、电子及通信设备制造业、化学原料及化学制品制造业、电气机械及器材制造业、食品加工业，这表明工业结构呈现高加工度化趋势，制造业技术进步步伐加快。

然而，在 2003 年工业产业转型系数有一个较大的向上波动的趋势，这与国家推出的振兴东北老工业基地政策有关，政策的实施加快了东北地区工业化进程，从而带动全国工业的发展，加速工业产业组织的集聚。2012 年工业产业转型系数有较大的向下波动的趋势，可能与中国整体经济的衰退有关，这导致工业发展较为缓慢，不利于工业产业转型。

三、工业转型与经济增长之间的关系

推动工业转型升级，要把工业发展建立在创新驱动、集约高效、环境友好、惠及民生、内生增长的基础上，我国工业转型升级须围绕增强工业核心竞争力和可持续发展的战略目标。本研究选用 GDP 增长率作为衡量经济发展的指标，规模以上工业企业单位能源消耗作为衡量资源节约和环境保护的指标，前文所测算的工业转型度 θ 作为衡量我国工业转型程度的指标，通过比较三者的增长趋势，来粗略说明工业转型对经济可持续发展的作用。

对于产业转型对经济增长的影响，钱纳里等应用可计算的一般均衡模型通过计算总体再配置效应对其进行测量。从目前我国统计资料可支持程度来看，要想直接采用一般均衡模型方法来测算产业转型对经济增长的影响具有相当的难度。为此，本研究通过分析工业转型度指标与经济增长指标之间的相关关系来衡量中国工业转型对经济增长的影响。

如图 3-5 所示，工业转型系数与 GDP 增速有近乎相同的变化趋势，说明工业转型的速度对经济增长有较强的促进作用；如图 3-6 所示，工业转型系数与规模以上工业企业单位能源消耗呈现负向的变化趋势，说明工业转型速度的加快会更有利于工业企业低碳绿色发展。可见，工业转型进程的加快，促进了工业企业单位能源消耗的持续下降，同时也促进了我国经济的稳步增长。

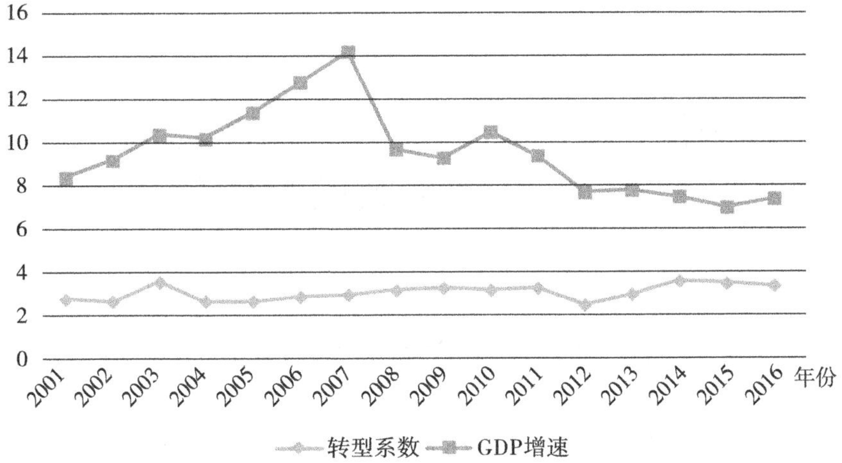

图 3-5 2001—2016 年工业转型系数与 GDP 增速

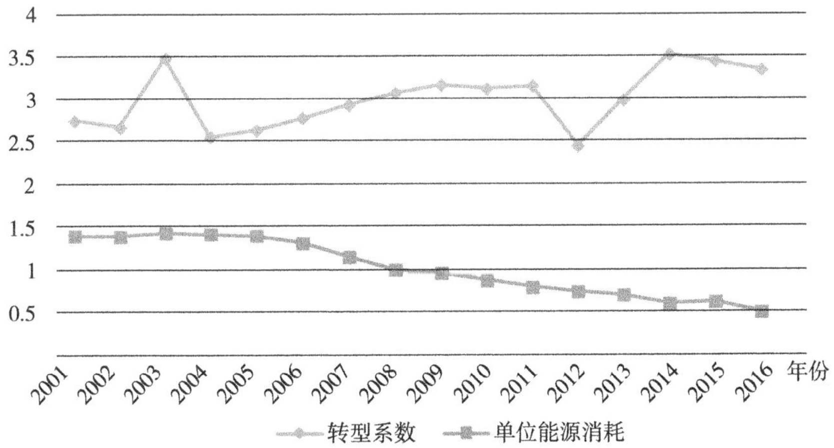

图 3-6 2001—2016 年工业转型系数与规模以上工业企业单位能源消耗（%）

第四章　碳生产率与工业转型升级关系模型的构建

第一节　工业碳生产率与工业化关系分析

经测算我国工业碳生产率呈现下降趋势，与国民经济整体的碳生产率变化趋势正好相反（见图4-1），且工业碳生产率始终低于国民经济总体的碳生产率，这表明工业碳生产率存在很大的提升空间。那么，是什么原因造成了这种不理想状况呢？

图4-1　我国工业及国民经济总体碳生产率

工业碳生产率与工业化进程密不可分。工业化指一个国家（或地区）国民经济中，工业生产活动取得主导地位的过程。在发达资本主义国家，工业生产率和工业化过程密切相关，工业化的成功伴生着工业由粗放型向集约型的演进和工业生产率的提高。在应对气候变化的过程中，伴随着工业化成功的则是工业碳生产率的提高。然而，就我国目前的实际情况来看，快速的工业化是二氧化碳排放的主要推手（涂正革和谌仁俊，2013），短期内工业化对二氧化碳排放具有促进作用（李松 、王宝海和丁慧媛，2015），这必然会阻碍我国工业碳生产率的提升。

在工业化的发展过程中，城镇化与之伴生，工业化是城镇化的经济内容，城镇化是工业化的空间落实（段禄峰和张沛，2009）。因此，工业碳生产率与我国城镇化进程关系密切。城镇化是社会由传统农业为主的乡村社会逐步转变为以工业和服务业为主的现代城市社会的历史过程，一般指两个维度的转化过程，即人口向城市集聚和乡村地区变为城市地区。城镇化对工业碳生产率的影响一种是推力，另一种是阻力。前者表现为通过促进工业部门从业人员素质的提升，推进工业化进程，提高工业碳生产率；后者表现为城镇化的快速发展伴随着城镇人口的快速增加，使得能源消费总量上升，导致城镇化与二氧化碳排放之间表现出高度的相关性（关海玲、陈建成和曹文，2013），从而阻碍工业碳生产率的提高。总体上，我国城镇化对二氧化碳排放具有正向影响，短期内过快的城镇化将加剧二氧化碳的排放（徐丽杰，2014），城镇化给我国实行碳减排带来了一定的挑战，这必然对碳生产率的提升产生一定的抑制作用。在不同的城镇化发展阶段，城镇化对二氧化碳排放的影响存在着明显的差异（孙昌龙等，2013）。那么，在不同的城镇化发展阶段，城镇化对工业碳生产率的作用是否也存在着明显的差异，即是否存在所谓的“门槛效应”呢？

基于上述对工业化、城镇化和工业碳生产率之间关系的分析，本研究提出如下假说：随着工业化和城镇化的发展，工业化、城镇化对工业碳生产率的影响均存在“门槛效应”，也就是在工业化、城镇化发展的不同阶段，工业化、城镇化对工业碳生产率的影响表现出明显的差异。

现有文献关于中国工业化、城镇化与碳生产率关系的探讨还比较少，而关于工业化、城镇化与二氧化碳排放量关系的分析是国内学者研究的热点。对于工业化与二氧化碳排放的关系，学者们的研究结论较为一致，他们认为中国工业化与二氧化碳排放具有正相关的关系（涂正革等，2013；李松等，2015）。对于城镇化与二氧化碳排放的关系，学者们的研究结论则出现了差异，部分学者认为城镇化的推进使得二氧化碳排放增加（关海玲等 2013，许泱等 2011），另一些学者则认为在城镇化发展的不同阶段，城镇化与二氧化碳排放的关系会有差异（孙昌龙等 2013；徐丽娜等 2014），而郭郡郡等（2012）则认为，城市化对碳排放强度的影响比对碳排放量的影响大。这些研究为我国降低碳排放提供了很多可行的政策措施。

本研究将利用“门槛回归”方法，检验城镇化（或工业化）是否为决定工业化、城镇化和工业碳生产率之间关系的重要门槛。本研究的创新之处在于，将对碳生产率的研究聚焦于工业部门，分别以“工业化率”和“城镇化率”作为控制变量，探讨工业化、城镇化对工业碳生产率的门槛效应。当存在门槛效应时，根据门槛值对样本进行分组，考察不同的城镇化、工业化发展阶段，城镇化、工业化对工业碳生产率的影响。

第二节　工业碳生产率与工业转型升级的内在联系

一、工业化与工业碳生产率关系的基本判断

（一）中国工业部门碳生产率的测算

根据 Y. Kaya 和 K. Yokobori 对碳生产率的定义（碳生产率= GDP/ CO_2排放量），本研究对中国国民经济总体以及中国工业部门碳生产率分别进行了测算。

二氧化碳排放量通过测算取得，依据的是 2006 年《指南》提供的缺省方法，具体的计算公式可表示为：$E_{CO_2} = F \times COE_{CO_2}$， 其中 E_{CO_2}为二氧化碳排放量，F 为能源消耗量（原始数据来源于历年《中国统计年鉴》和《能源统计年鉴》），COE_{CO_2}为二氧化碳排放系数。国民经济总体的 GDP 采用历年《中国统计年鉴》公布的数据，工业部门 GDP 采用历年《中国工业经济统计年鉴》公布的“工业增加值”代替。为了保证各指标统计口径的一致性，数据以 1984 年作为起始年份，并以 1984 年为基期对历年 GDP 数据进行了平减，平减指数来源于《中国统计年鉴 2015》。

测算结果表明（见图 4-1），国民经济总体碳生产率始终要高于工业碳生产率，并且国民经济总体碳生产率自 1990 年以后呈现出一种上升趋势，而工业碳生产率则表现出下降的趋势，两者之间的差距有逐渐增加的态势。这种差距的持续扩大显然是不符合当前低碳经济背景下工业发展要求的。而在温室气体减排的约束下，工业碳生产率的提高意味着一国工业化的成功以及经济增长方式的集约化。

(二) 工业化、城镇化与工业碳生产率的描述性统计分析

工业化理论目前来说已经成熟，但关于工业化发展阶段的判断目前没有统一标准，学界一般从以下几个方面来衡量。一是经济发展水平。人均 GDP 是衡量工业化水平的常用指标，反映了一个国家或地区的人均产出水平，是实现工业化的前提之一。不同学者按照该指标对我国工业化发展阶段进行了判断，但仍未有一个统一的结论。二是产业结构。产业结构反映了一国或地区的产业之间的关系和变化趋势。其中，工业化率是一个重要的指标，具体计算公式为：工业化率=工业增加值/国内生产总值。国家统计局按照该指标对工业化阶段进行了划分，具体标准为：工业化率达到 20%~40%，为工业化初期；40%~60%为半工业化国家；60%以上为工业化国家。按照这个标准，我国工业化率一直在 40%左右浮动，也就是说，以工业化率作为划分标准的话，自 1978 年以来，我国一直处于工业化初期到半工业化的过渡阶段。三是工业结构。主要指工业内部结构的变化规律，一般的演化规律是：轻工业—基础工业—重工业—高技术加工业—现代服务业。按照该演化规律，我国目前工业化水平只处于中期阶段。四是空间结构和就业结构。空间结构主要指人口城市化率；就业结构反映了劳动力从生产率低的部门向生产率高的部门的转移轨迹，可以反映出工业化的发展阶段。按照钱纳里和赛尔奎的划分标准，工业化中期的标志是第一产业就业人员占比为 30%~45%，人口城镇化率在 50%~60%。从统计数据来看，我国目前处于工业化中期阶段（2013 年中国的人口城市化率为 53.7%；2005 年到 2013 年第一产业就业人员占比从 44.8%下降到 31.4%）。

不同学者按照不同的标准对我国工业化发展阶段的判断尚无定论。综合来看，我国工业化已经摆脱了初级阶段，尚未进入后工业化阶段，焦点主要是集中于中期还是中后期的争论。为了下文建立定量分析的需要，本研究采用国家统计局对工业化的衡量指标（工业化率）来代表我国的工业化进程。从工业化率这个指标来看，我国的工业化发展速度较为缓慢。

城镇化这个概念由西班牙工程师 A. Serda 早在 19 世纪率先提出，20 世纪 80 年美国地理学家诺瑟姆（R. M. Northam）提出了城镇化水平的衡量指标，用城镇人口占总人口比重来表示。诺瑟姆通过对西方发达资本主义国家城镇化水平时间序列数据的研究，揭示了城镇化发展曲线（诺瑟姆曲线）呈变体的 S 形，同时他指出城镇化的根本动力是工业化。按照诺瑟姆关于城镇化 3 大阶段的划分标准：在城镇化的初级阶段，城镇化率低于 30%，农业在国民经济中

占绝对比重，城镇化速度较为缓慢；在城镇化的中级阶段，城镇化率大于30%小于70%，第二产业占据国民经济的主导地位，第三产业比重加大，城市劳动人口快速增长；在城镇化的后期阶段，城镇化率大于70%，资本的有机构成提高，劳动力需求减少，劳动力逐步向第三产业转移（R. M. Northam, 1975）。诺瑟姆曲线被认为是城镇化进程的公理性曲线，结合诺瑟姆曲线，对中国城镇化演进规律进行分析具有一定的现实意义。

按照诺瑟姆的划分标准，中国城镇化发展应以1995年为分水岭。1949年到1995年中国处于城镇化发展的初级阶段，1996年至2013年处于城镇化发展的中级阶段（见图4-2）。在城镇化的初级阶段又以1978年为分界，城镇化发展的速度呈现出明显的差别。从1949到1978的29年间我国的城镇化率仅提高了8.3个百分点，而1978—1995的17年间我国的城镇化率则提高了11.1个百分点。从1996年开始进入城镇化发展的中级阶段后，城镇化的发展速度明显加快（见图4-2，1996年开始折线斜率的绝对值变大），1995—2013年的18年间我国的城镇化率提高了将近25个百分点。

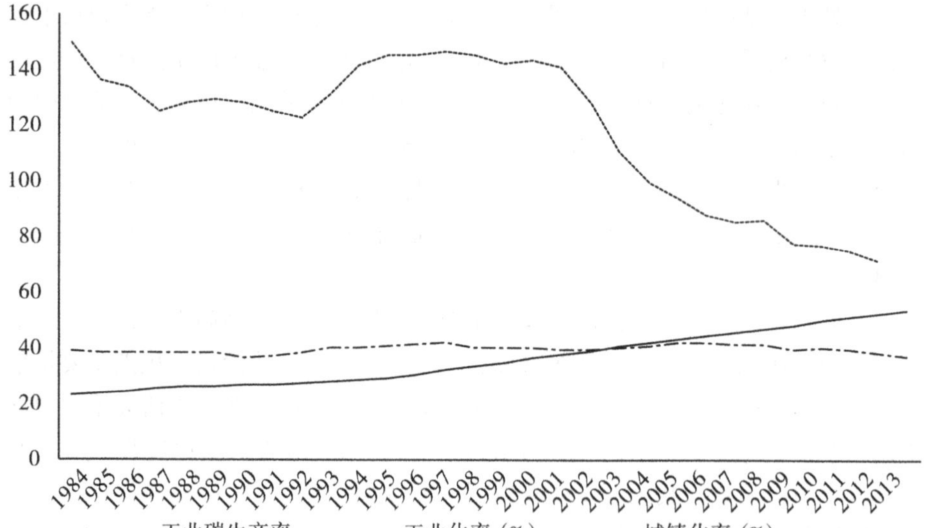

数据来源：根据《中国统计年鉴2015》的数据整理计算而得，城镇化率=城镇人口/总人口，工业化率=工业部门GDP/总GDP，碳生产率由本研究测算而得。

图4-2　中国工业化率、城镇化率与工业碳生产率

关于工业化与城镇化之间的关系，早在20世纪70年代中期，著名经济学

家钱纳里和塞尔昆就提出了城镇化与工业化的“发展模型”。该理论认为，城镇化与工业化之间存在正相关关系，在一定的阶段工业增长快，城镇化进程也快。而在我国，两者似乎并不存在正相关的关系。从城镇化率与工业化率的变化来看（见图 4-2），工业化率的变动较为平缓变化趋势不明显，1978—2002 年间我国的城镇化率一直低于工业化率，2003 年城镇化率开始高于工业化率，两条曲线在 2003 年出现了相交。这说明我国工业化率与城镇化率之间的关系有可能存在阶段性特征，在某一阶段两者之间的关系是符合“发展模型”的，而在另一阶段，两者之间的正相关关系被打破。

从三条曲线的走势可以大致看出（见图 4-2），工业化率、城镇化率与工业碳生产率之间可能存在门槛效应。在城镇化率曲线与工业化率曲线相交之前，城镇化率处于较低水平，城镇化率与工业碳生产率之间大致呈现出正相关的关系；在城镇化率曲线与工业化率曲线相交之后，城镇化率水平较高，城镇化率与工业碳生产率之间的负相关性比较明显。这初步验证了引言部分所提出的假说，但工业化率与工业碳生产率之间的关系从图形中难以判断。因此，我们需要做进一步的实证分析来判断三者之间的关系。

二、工业化、城镇化对工业碳生产率门槛效应的实证分析

根据前文的分析，工业化、城镇化与工业碳生产率之间可能存在门槛效应，故本研究运用门槛回归方法对三者之间的关系进行更为详细的分析，并进一步验证引言部分提出的假说。

（一）门槛模型设定

对于时间序列数据，如果变量间的关系随着时间的推移发生变化，则需要将样本一分为二（或更多）分别进行回归，划分的标准被称为门槛（门限）值（threshold level）。传统的做法是，研究者主观（随意）设定一个门槛值，既不对门槛值进行参数估计，也不对其显著性进行统计检验。这样做显然是不可靠的。为此，Hensen（2000）提出了“门槛（门限）回归（threshold regression）”，并以严格的统计推断方法对门槛值进行参数估计和假设检验[26]。门槛回归模型的基本形式为：

$$\begin{cases} y_i = \beta'_1 x_i + \varepsilon_i, & 若\ q_i \leqslant \gamma \\ y_i = \beta'_2 x_i + \varepsilon_i, & 若\ q_i > \gamma \end{cases} \tag{4.1}$$

样本数据为 $\{y_i, x_i, q_i\}_{i=1}^{n}$，其中 q_i 为用来划分样本的“门槛变量（threshold variable）”，q_i 可以是解释变量 x_i 的一部分，也可以是其他影响因

素，γ 为待估的门限值，x_i 为外生解释变量，与扰动项 ε_i 不相关。可以将以上分段函数合并写成：

$$y_i = \underbrace{\beta'_1 x_i . 1(q_i \leq \gamma)}_{=zi_1} + \underbrace{\beta'_2 x_i . 1(q_i > \gamma)}_{=zi_2} + \varepsilon_i \qquad (4.2)$$

其中，1(·) 为示性函数，即如果括号中的表达式为真，则取值为 1；反之，取值为 0。在一定条件下 Hensen 导出了 $\hat{\gamma}$ 的大样本渐进分布，在此基础上构造出了 $\hat{\gamma}$ 的置信区间，并对 H_0：$\gamma = \gamma_0$ 的原假设进行了似然比检验。

根据 Hensen 的门槛回归原理，工业化率、城镇化率与工业部门碳生产率的关系可以设定为如下形式：

$$\text{ICP}_t = \theta_0 + \theta_1 \text{RI}_t + \theta_2 \text{UR}_t + \varepsilon_t \qquad (4.3)$$

其中，ICP_t 代表工业部门碳生产率，RI_t 代表工业化率（%），UR_t 代表城镇化率（%），ε_t 为随机误差项，t 代表时间。将模型（4.3）变形为如下对数模型

$$\ln\text{ICP}_t = \eta_0 + \eta_1 \ln\text{RI}_t + \eta_2 \ln\text{UR}_t + \varepsilon_t \qquad (4.4)$$

那么，模型的参数 η_1 就表示工业碳生产率对工业化率的弹性，η_2 就表示工业碳生产率对城镇化率的弹性。

（二）实证结果及分析

由于城镇化率、工业化率都可能成为工业碳生产率持续走低的原因，因此本研究将变量“工业化率”和“城镇化率”分别作为门槛回归过程中的门槛变量。得到的门槛变量检验结果显示，对于模型（4.4）以“工业化率”作为门槛变量的 LM 值为 15.6209，Bootstrap P 值为 0.0000，以“城镇化率”作为门槛变量的 LM 值为 13.0141，Bootstrap P 值为 0.0000。门槛回归结果表明，工业化率和城镇化率都可能成为模型（4.4）的门槛变量。本研究分别以“城镇化率”和“工业化率”作为门槛分组指标，对城镇化率、工业化率对碳生产率的影响进行分析。

1. “工业化率”作为门槛变量的实证检验

图 4-3 表示以“工业化率”作为门槛变量时，作为门槛值函数的似然比 LR（Gamma）序列趋势图。估计得到的门槛值为 $\hat{\theta}$ = 38.70，在 95 %的置信水平上，其置信区间为 [38.5999985，40.4000015]。以 38.70%作为分组标准，将总体划分为两个不同的子样本。应用模型（4.4）分别对两组样本进行估计，估计结果见表 4.1。门槛回归结果显示，两组样本的模型系数估计值也存在差异较大。总体而言，在不同的工业化发展阶段，工业化率对工业碳生产率

的作用表现出明显的差异，而城镇化率对工业碳生产率则始终起到了抑制作用。

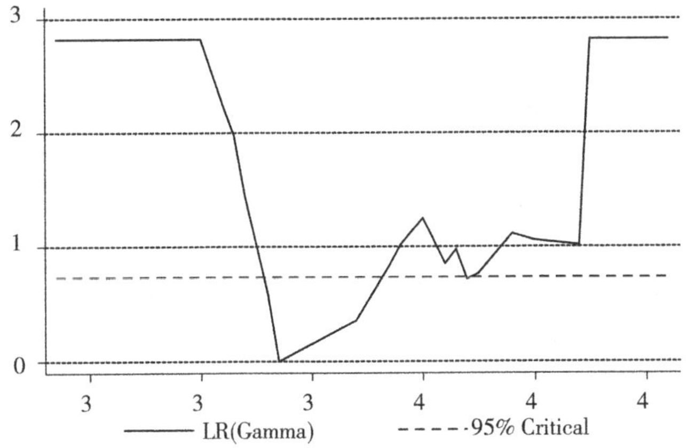

图 4-3　似然比 LR（Gamma）序列趋势图

表 4.1　　**门槛回归结果一：门槛变量 RI**

参数	总样本	组 1	组 2
η_1	2.14 ***	3.15 **	−4.94 **
η_2	−0.91 ***	−2.29 **	−3.50 **
obs	30	10	20
组内特征		RI<38.70	RI>38.70
	$R^2=0.748$	Joint $R^2=0.8941$	

注：“ ** ”表示在 5%的显著性水平下通过 t 检验；“ *** ”表示在 1%的显著性水平下通过 t 检验；obs 表示样本内个体数目。

组 1 的特征是工业化率相对较低，工业碳生产率对工业化率的弹性系数 $\hat{\eta}_1=3.15>1$，表明在工业化率较低阶段，工业碳生产率与工业化率之间呈同方向变化，且工业碳生产率对工业化率的变化高度敏感；工业碳生产率对城镇化率的弹性系数 $\hat{\eta}_2=-2.29<0$，表明在工业化水平较低阶段，工业碳生产率与城镇化率之间呈反方向变动，且工业碳生产率对城镇化率的变化也非常敏感。在此阶段我国的工业体量相对较小，工业部门的生产行为尚处于规模报酬

递增阶段，因此工业产出对工业化水平变化的反应比较敏感，工业化水平的微小变化会导致工业产出水平的极大提高，进而导致工业碳生产率水平的极大提高。

组 2 的特征是工业化率相对较高，工业碳生产率对工业化率的弹性系数 $\hat{\eta}_1=-4.94<0$，表明在工业化率较高阶段，工业碳生产率与工业化率之间呈反方向变化，且工业碳生产率对工业化率的变化高度敏感；工业碳生产率对城镇化率的弹性系数 $\hat{\eta}_2=-3.50<0$，表明在工业化水平较高阶段，工业碳生产率与城镇化率之间仍然呈反方向变动，且工业碳生产率对城镇化率的变化也高度敏感。这说明随着我国工业体量的增大，工业部门的规模报酬递增效应可能消失，因此工业化对工业产出水平的影响逐渐由正变负。与此同时，随着工业化的演进，高碳排放的工业部门占比也会逐渐提高。在这两方面的影响下，在工业化的较高发展阶段，工业化对工业碳生产率的提升起到了抑制作用。

2. “城镇化率”作为门槛变量的实证检验

图 4-4 显示以“城镇化率”作为门槛变量时，作为门槛值函数的似然比 LR（Gamma）序列趋势图。估计得到的门槛值为 39.09，在 95 %的置信水平上，其置信区间为［29.0400009，39.0897827］。以 39.09%作为分组标准，将总体划分为两个不同的子样本。

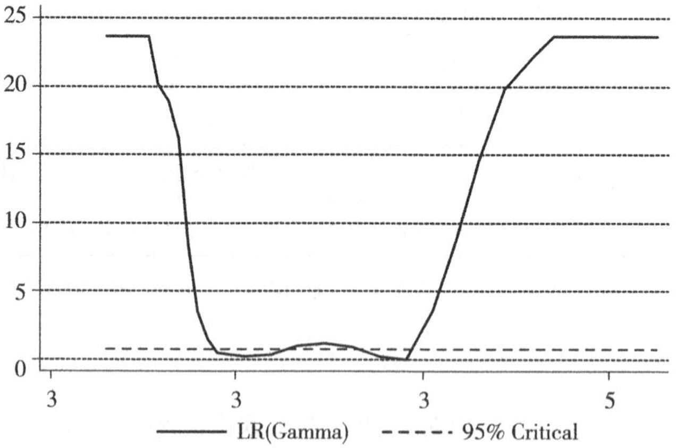

图 4-4　似然比 LR（Gamma）序列趋势图（门槛变量“城镇化率”）

应用模型（4.4）分别对两组样本进行估计，估计方法采用怀特异方差调整（White-correction for heteroscedasticity）后的最小二乘估计，估计结果显示

(见表4.2)，利用门槛回归所得到的联合 R^2 要高于采用普通最小二乘估计的 R^2；门槛回归结果所表现出的两组样本间的差异主要体现为模型系数的估计值差异较大。

表4.2　　　　**门槛回归结果二：门槛变量UR**

参数	总样本	组1	组2
η_1	2.14***	1.51**	-0.57**
η_2	-0.91***	-0.08**	-1.64**
obs	30	19	11
组内特征		UR<39.09	UR>39.09
	R^2 =0.748	Joint R^2 =0.977	

注："**"表示在5%的显著性水平下通过 t 检验；"***"表示在1%的显著性水平下通过 t 检验；obs表示样本内个体数目。

组1的特征是城镇化率较低，在这个阶段，工业碳生产率对工业化率的弹性系数 $\hat{\eta}_1 = 1.51 > 1$，表明工业碳生产率在城镇化水平较低的阶段与工业化率呈同方向变动，且对工业化率变动的反应较为敏感；工业碳生产率对城镇化率的弹性系数 $\hat{\eta}_2 = -0.08 < 0$，表明在城镇化水平较低阶段，工业碳生产率与城镇化率呈反向变动，但其对城镇化率变动的反应不敏感。这说明，在城镇化发展的较低水平上，城市基础设施建设需求相对较小，钢铁、水泥等高耗能、高碳排放行业产值在工业部门总产值中所占比例较低，工业化过程中工业产值的增长速度要快于二氧化碳排放的速度，因此在此阶段，工业的发展显著促进了碳生产率的提高。

组2的特征是城镇化率较高，在此阶段，工业碳生产率对工业化率的弹性系数 $\hat{\eta}_1 = -0.57 < 0$，表明在城镇化水平较高的阶段，工业碳生产率与工业化率呈反向变动；工业碳生产率对城镇化率的弹性系数 $\hat{\eta}_2 = -1.64 < -1 < 0$，表明在城镇化水平较高阶段，工业碳生产率与城镇化率仍然呈反向变动关系，不同于城镇化水平较低阶段的是此阶段工业碳生产率对城镇化率变动的反应较为敏感。在此阶段，工业化、城镇化都抑制了工业碳生产率的增长。这主要是因为，在城镇化水平较高阶段，由于我国大规模城市建设的需要，钢铁、水泥等传统高碳排放产品的引致需求增加，高碳排放部门的产值在工业部门总产值

中所占比例得到了大幅提升，工业部门的二氧化碳排放量由于这些高碳排放行业所占比例的增加而相应增加，使得工业部门产值增长的速度低于碳排放的速度，从而造成了工业化对工业碳生产率产生负向影响的结果。简言之，在城镇化水平较高阶段，工业部门中高碳排放部门产值占比的提高造成了工业化率与工业碳生产率之间的负向变动关系，而城镇化是高碳排放部门产值占比快速增长的原因之一，因此，在此阶段工业化、城镇化的发展均对工业碳生产率起到了抑制作用。也就是说，城镇化的高水平发展显著抑制了工业碳生产率的提升。

三、小结

前文的实证结果验证了本研究所提出的假说，即随着工业化、城镇化的发展，工业化、城镇化和工业碳生产率之间的关系存在着“门槛效应”，在工业化、城镇化的不同发展阶段，工业化、城镇化与工业碳生产率之间的关系表现出明显的差异。

在工业化水平较低阶段，工业化显著促进了工业碳生产率的提高；在工业化水平较高阶段，工业化则明显抑制了工业碳生产率的提高。在城镇化水平较低阶段，城镇化对工业碳生产率的作用不明显，工业化显著促进了工业碳生产率的提高；在城镇化水平较高阶段，工业化对工业碳生产率的作用不明显，而城镇化则对工业碳生产率具有明显的抑制作用。

我国目前处于“高工业化-高城镇化”的发展阶段，在此阶段工业化与城镇化均对工业碳生产率具有明显的抑制作用。在温室气体减排的约束下，提高碳生产率是我国在国际事务谈判中取得话语权的一个重要方面，根据本研究结果，应通过对工业化、城镇化发展方式进行大幅度的调整来提高我国工业部门的碳生产率，故而需要从以下几个方面来制定相关政策，以期使我国工业碳生产率进入上升的通道。

第一，通过各种途径控制高耗能、高碳排放产品的需求。城镇化的快速发展必然导致城市基础设施建设需求的增加，进而引致高碳排放产品的需求增加，因此，在基础设施建设过程中，要避免重复建设，拆旧造新的高碳建设模式。在建设过程中，一方面要充分利用现有基础，做好补充、改造工作；另一方面，要做好新建城市基础设施的规划工作。

第二，增加研发投入，降低基建材料供给端的碳含量。比如：可以通过研发新型环保建材，在满足城市基础设施建设需求的前提下，从供给端减少高碳产品的输出。

第三，制定扶持技术密集型工业产业发展的相关政策，促进我国工业的集约化发展。技术密集型工业生产效率高、能耗小，增加技术密集型产业在工业部门中的比例，可以大大提高我国工业部门的碳生产率。

第五章　工业碳生产率的影响机制

全球气候变化是当前国际经济、政治、外交、法律和环境等领域的热点和焦点问题之一。从哥本哈根到坎昆再到德班，显而易见，应对气候变化在全球事务中已处于比较靠前的位置。全球气候变化的主要驱动因素之一是温室气体的排放，温室气体排放所导致的全球气候变暖使得极端气候出现的频率和强度显著增加，并造成了一系列影响，如海平面上升、陆地面积减少、农业减产、疾病流行等，这些影响已经威胁到人类的经济活动和生活。此外，这些影响还具有全球性和长期性特征，并且与经济发展、能源利用之间存在着非常密切的关系，所以温室气体排放问题不单纯是一般的科学问题和环境问题，而是国际性的经济问题、能源问题、政治问题和历史问题。

2005 年 2 月《京都议定书》正式生效，这对于全球应对气候变化问题来说，是具有标志性意义的重大事件。随着《京都议定书》的实施以及气候变化问题谈判进程的加快，发展中国家面临的减限排的潜在压力与日俱增。虽然中国应对气候变化的能力还相对薄弱，但作为一个负责任的大国，中国政府已经将积极应对气候变化作为经济社会发展的重大战略，作为加快转变经济发展方式、调整经济结构和推进新的产业革命的重大机遇。① 本书的研究正是在《中国国民经济和社会发展“十二五”规划纲要》提出“积极应对全球气候变化，把大幅降低能源消耗强度和二氧化碳排放强度作为约束性指标，有效控制温室气体排放”的背景下产生的。②

对于中国而言，提高碳生产率是坚持在可持续发展框架下应对全球气候变化的关键。自亚当·斯密的著作《国民财富的性质与原因的研究》诞生以来，经济学就有两个基本假设：一是资源的稀缺性；二是有效配置稀缺资源。在全球气候变化的大背景下，人类面临的稀缺资源已经发生了重大的变化，“二氧化碳排放空间”已经成为比资本、劳动更为稀缺的资源，主要矛盾已由不断

---

① 《“十二五”控制温室气体排放工作方案》，国务院，2011-12-01.

② 中国国民经济和社会发展“十二五”规划纲要。

提高劳动生产率变为需要大幅提高碳生产率。虽然在《京都议定书》框架下中国不必承担强制性减排责任，但作为一个二氧化碳排放大国，中国必然要面临温室气体排放控制的压力。中国政府于 2009 年 12 月 18 日在丹麦哥本哈根气候变化会议领导人会议上提出了到 2020 年单位 GDP（国内生产总值）二氧化碳排放量比 2005 年下降 40%～45%的目标，并将该目标作为约束性指标纳入国民经济和社会发展中长期规划。这个目标的实现有赖于两个方面的努力：一是经济的增长，二是二氧化碳排放量的减少。

中国是煤炭资源生产和消费大国，煤的生产和消费长期以来在我国能源生产和消费总量中占有较大比重，并且随着中国经济的增长、工业化和城镇化进程的快速推进，在今后很长一段时间内，这种局面不会发生根本性改变，尤其是世界油气价格波动可能进一步推升我国煤炭的需求。因此，要想实现单位 GDP 二氧化碳排放强度下降的目标，关键是保持经济的增长。在保持经济增长的前提下，将二氧化碳排放量控制在容许的范围内，实现相对意义的减排，是中国作为发展中国家应对全球气候变化的根本途径和现实选择。

控制二氧化碳排放量和促进经济增长是当今发展低碳经济的两大目标，缺一不可。而能将低碳经济的两大目标——控制二氧化碳排放（低碳）、促进经济增长（经济）融为一体的则是碳排放领域中的效率概念，即碳生产率。狭义的碳生产率是指单位二氧化碳排放量的 GDP 产出水平，反映了单位二氧化碳排放所产生的经济效益。在低碳经济的背景下，“碳排放空间”同劳动力和资本投入要素一样，也被当作一种投入要素对经济增长产生影响。当前低碳经济引发的绿色革命情景下的碳生产率与工业革命中的核心指标劳动生产率相互对应，是反映经济增长质量的重要指标之一。所以，提高碳生产率，是我国在当前低碳经济背景下的必然选择，同时碳生产率的提高对于中国实现可持续发展的经济增长模式也具有举足轻重的作用。

由于现有能源的主体是化石能源（碳基能源，包括煤炭、石油和天然气），大量消费必然造成二氧化碳排放量的快速增加。而工业部门又是一个能源密集型部门，其能源消费约占全球能源利用的 40%[3]。中国正处于工业化的中期，工业的“重化”趋势明显，高耗能和高排放的重化工业仍在经济发展中发挥着不可替代的作用。统计数据显示，中国工业部门的终端能源消费占全国终端能源消费的比例长期维持在 70%以上，① 因而中国工业部门是二氧化碳排放的主体，其碳生产率如果提高，将会从很大程度上降低我国整体经济的

① 根据《中国能源统计年鉴》中的数据整理计算而得。

单位 GDP 二氧化碳排放强度。所以，中国工业部门碳生产率的提高是中国实现相对意义减排的重点，如何提高中国工业部门碳生产率水平，成为目前急需探讨的重要课题。

碳生产率是指在一段时期内国内生产总值（GDP）与同期二氧化碳排放量之比，等于单位 GDP 二氧化碳排放强度的倒数（Binhocker et al.，2008），反映了单位二氧化碳排放所产生的经济效益。碳生产率是从经济学的角度将碳作为一种隐含在能源和物质产品中的要素投入来衡量一个经济体消耗单位碳资源所带来的相应产出，可与传统的劳动或资本生产率相比较（潘家华，2010）。在当前低碳经济的背景下，实现减少能源消耗和经济稳定增长的唯一出路在于提高碳生产率（Beinhocker 等，2008）。

第一节　资源配置与中国工业部门碳生产率的关系研究

J. W. Kendrick（1961）、Edward H. Denison（1962）等经济学家将全要素生产率的增长因素进行了分解，其中第一个重要因素就是资源的优化配置，即资源配置的改善。在当时的经济背景下，资源优化配置主要指人力资源配置的改善，即劳动力从低效率部门向高效率部门的转移所导致的全要素生产率的提高。本书全要素生产率框架下的碳生产率研究中，投入要素除了包括传统经济学研究中的劳动力和资本要素外，更重要的是引入二氧化碳排放空间作为投入要素，各种要素向均衡方向流动而导致碳生产率变动的机制变得更为复杂。本章将以经济增长理论为基础，构建碳生产率增长与资源配置关系的理论模型，并在理论模型的基础上进行实证研究。

一、资源配置对碳生产率产生影响的理论模型

为对资源配置与中国工业部门碳生产率增长的关系进行模型化分解，本书采用现代经济增长理论的方法，用生产函数来表述产出与生产要素投入之间的关系。如果以 Y_t 代表产出，K_t 代表资本投入量，L_t 代表劳动力投入量，C_t 代表二氧化碳排放空间投入量，F 代表期间的函数，A_t 代表全要素生产率研究框架下的碳生产率，当满足希克斯中性时，有如下形式的生产函数：

$$Y_t = A_t \cdot F(K_t,\ L_t,\ C_t) \tag{5.1}$$

本书研究的目的就是要对 A_t 进行分解，并对其背后的影响机理进行分析。理论上认为它是一个复杂项，内涵非常丰富，“资源配置”“规模经济”和“技术进步”皆符合 A_t 的内涵。

在丹尼森的要素生产率因素分解中资源的配置因素被解释为资源（劳动力）在产业间的配置，因此，解决资源配置问题必须从细分行业开始。故本书从中国工业部门的两位数行业开始，解决中国工业部门各种资源配置的模型化问题。

如果每个两位数行业 i 的生产函数都满足公式（5.1）的形式，即：

$$Y_i = A_i F_i \tag{5.2}$$

工业部门总产出为 Y，且

$$Y = \sum_{i=1}^{n} Y_i \tag{5.3}$$

工业部门的碳生产率为 A，且

$$A = \sum_{i=1}^{n} Y_i / F \tag{5.4}$$

若以 0，t 分别代表基期和末期，那么 A 的增长率 a 可以进行如下分解：

$$\begin{aligned}
a &= \frac{\Delta A}{A_0} = \left[\sum_{i=1}^{n} Y_{it}/F_t - \sum_{i=1}^{n} Y_{i0}/F_0 \right] \Big/ \sum_{i=1}^{n} Y_{i0}/F_0 \\
&= \left[\sum_{i=1}^{n} A_{it}F_{it}/F_t - \sum_{i=1}^{n} A_{i0}F_{i0}/F_0 \right] \Big/ \sum_{i=1}^{n} A_{i0}F_{i0}/F_0 \\
&= \left[\sum_{i=1}^{n} A_{it}\frac{F_{it}}{F_t} - \sum_{i=1}^{n} A_{i0}\frac{F_{i0}}{F_0} \right] \Big/ \sum_{i=1}^{n} A_{i0}\frac{F_{i0}}{F_0} \\
&= \frac{1}{A_0}\sum_{i=1}^{n} \left(A_{it} \cdot \frac{F_{it}}{F_t} - A_{i0} \cdot \frac{F_{i0}}{F_0} \right) \\
&= \frac{1}{A_0}\sum_{i=1}^{n} \left[(A_{it} - A_{i0}) \cdot \frac{F_{i0}}{F_0} + A_{i0} \cdot \left(\frac{F_{it}}{F_t} - \frac{F_{i0}}{F_0} \right) + (A_{it} - A_{i0}) \cdot \left(\frac{F_{it}}{F_t} - \frac{F_{i0}}{F_0} \right) \right]
\end{aligned} \tag{5.5}$$

所以，中国工业部门碳生产率的增长率可以表示为：

$$a = \frac{1}{A_0}\sum_{i=1}^{n} \left[(A_{it} - A_{i0}) \cdot \frac{F_{i0}}{F_0} + A_{i0} \cdot \left(\frac{F_{it}}{F_t} - \frac{F_{i0}}{F_0} \right) + (A_{it} - A_{i0}) \cdot \left(\frac{F_{it}}{F_t} - \frac{F_{i0}}{F_0} \right) \right] \tag{5.6}$$

公式（5.6）中 F_i/F 表示投入的配置也就是资源配置。第一项 $\frac{1}{A_0}\sum_{i=1}^{n} \left[(A_{it} - A_{i0}) \cdot \frac{F_{i0}}{F_0} \right]$ 表示资源配置不变时各行业碳生产率的变化所导致的总体碳生产率的增长；第二项 $\frac{1}{A_0}\sum_{i=1}^{n} \left[A_{i0} \cdot \left(\frac{F_{it}}{F_t} - \frac{F_{i0}}{F_0} \right) \right]$ 表示各行业碳生产率

不变，而资源配置发生变化后形成的总体碳生产率的增长，表明当第 i 个行业碳生产率不变时，要素向 i 行业的流动可以整体上促进中国工业部门碳生产率的增长；第三项 $\frac{1}{A_0}\sum_{i=1}^{n}\left[(A_{it}-A_{i0})\cdot\left(\frac{F_{it}}{F_t}-\frac{F_{i0}}{F_0}\right)\right]$ 表示各细分行业碳生产率变化和资源配置发生变化共同形成了总体碳生产率的增长，其值大于 0 表示它们对工业部门整体碳生产率有促进作用，也就是当第 i 个行业碳生产率增长时，要素应该向该行业流动，第 i 个行业碳生产率降低时，要素应该从该行业流出。将第二项和第三项合并，综合表示资源配置变化趋势，即资源向碳生产率较高的部门转移可以促进工业部门整体碳生产率的提高。

如上的模型推导可以得出以下结论：（1）工业部门内部各两位数行业碳生产率的增长可以促进工业部门整体碳生产率的提高；（2）如果两位数行业 i 的碳生产率没有发生变化，要素向该行业的流动会促进工业部门整体碳生产率的提高；（3）如果两位数行业 i 的碳生产率呈现出增长趋势，要素向该行业的流动会促进工业部门整体碳生产率的提高；（4）如果两位数行业 i 的碳生产率出现下降，要素从该行业的流出会促进工业部门整体碳生产率的提高。

上述结论说明，中国工业部门内部在生产要素的再配置过程中，由于各两位数行业的碳生产率存在着差别，生产要素从碳生产率低的行业向碳生产率高的行业转移，从而使得各两位数行业的碳生产率发生变化，进而促进整个工业部门碳生产率的提高。为了研究各种投入要素的再配置对中国工业部门碳生产率的内部影响机制，根据上述理论模型，本书构建如下简化模型：

$$\frac{\Delta M\_P_t}{M\_P_{t-1}}=\alpha+\beta_1\frac{\Delta \text{labor}\_p_t}{\text{labor}\_p_{t-1}}+\beta_2\frac{\Delta \text{capital}\_p_t}{\text{capital}\_p_{t-1}}+\beta_3\frac{\Delta \text{carbon}\_p_t}{\text{carbon}\_p_{t-1}} \tag{5.7}$$

模型（5.7）中 ΔM_P_t 表示全要素生产率框架下碳生产率指数的增长量，Δlabor_p_t、$\Delta \text{capital}\_p_t$、$\Delta \text{carbon}\_p_t$ 分别表示劳动力、资本、二氧化碳排放空间等要素配置的变化量。α 为常数项，β_1、β_2、β_3 分别表示弹性系数，表示各要素配置比例变化 1%时，碳生产率指数变化的百分比。

二、中国工业部门资源配置现状

在进行资源配置对碳生产率影响的实证分析之前，首先需要对中国工业部门资源配置的整体情况进行描述，从直观上分析中国工业部门要素流动的趋势，以及由此可能产生的影响。

按照目前国家统计局的行业划分，中国工业部门被划分为采掘业、制造业以及电力、热力及水的生产和供应业三类。本书将按照该行业划分对各要素配置情况进行描述性统计分析。

1. 劳动力要素配置情况

用各行业从业人员数占工业部门全部从业人员数的比重（$L_{i,t}/L_t$）来表示中国工业部门劳动力要素的配置状况（见表 5.1）。

表 5.1 中国工业部门分行业从业人员分布情况及全要素生产率框架下碳生产率指数

年份	从业人员所占比重（%）			全要素生产率框架下碳生产率指数（M_P）		
	采掘业	制造业	电力、热力及水的生产和供应业	采掘业	制造业	电力、热力及水的生产和供应业
1998	13.53	80.27	6.20			
1999	13.33	79.97	6.70	0.91	0.92	0.72
2000	12.93	79.87	7.20	1.07	1.05	1.33
2001	13.02	79.24	7.74	1.30	1.00	1.48
2002	13.35	78.69	7.96	0.65	0.71	0.75
2003	9.99	84.70	5.31	1.23	1.14	1.68
2004	9.66	85.32	5.02	1.29	1.09	1.39
2005	9.56	85.80	4.64	2.25	1.85	1.61
2006	9.59	85.98	4.43	0.99	1.03	1.22
2007	9.12	86.81	4.06	1.02	1.04	0.93
2008	9.04	87.26	3.70	0.87	1.00	0.90
2009	8.88	87.20	3.93	1.08	0.93	1.10
2010	8.51	87.92	3.57	1.04	1.05	1.15
2011	8.77	87.86	3.37	1.02	1.01	1.12
均值	10.66	84.06	5.27	1.13	1.06	1.18

注：根据历年《中国统计年鉴》中的数据计算而得。

从表 5.1 中可以看出，1998 年以来制造业从业人员所占比重整体上呈现上升的趋势，2011 年与 1998 年相比，制造业从业人员人数占比增加了 7.59 个百分点；而采掘业和电力、热力及水的生产和供应业的从业人员所占比重则呈现出相反的趋势，2011 年与 1998 年相比，采掘业和电力、热力及水的生产和供应业的从业人员所占比重分别下降了4.76和2.83个百分点。可见，中国工业部门劳动力要素的配置呈现出逐渐向制造业集中的态势，按照丹尼森对资源配置流动方向的解释，这说明中国工业部门中制造业平均的碳生产率要高于采掘业以及电力、热力及水的生产和供应业，而从碳生产率指数测算结果来看，制造业的平均碳生产率指数却低于其他两个行业。从直观上看，劳动力要素的再配置可能出现了扭曲，这种配置扭曲有可能抑制全要素生产率研究框架下中国工业部门整体碳生产率的提高。

2. 资本要素配置情况

用各行业固定资产净值年平均余额占工业部门全部固定资产净值年平均余额的比重（$K_{i,t}/K_t$）来表示中国工业部门资本要素的配置状况（见表5.2）。

表5.2　**中国工业部门分行业固定资产净值分布情况及全要素生产率框架下碳生产率指数**

年份	固定资产净值所占比重（%）			全要素生产率框架下碳生产率指数（M_P）		
	采掘业	制造业	电力、热力及水的生产和供应业	采掘业	制造业	电力、热力及水的生产和供应业
1998	9.32	69.06	21.61			
1999	12.08	64.74	23.18	0.91	0.92	0.72
2000	13.10	62.13	24.77	1.07	1.05	1.33
2001	12.41	61.35	26.24	1.30	1.00	1.48
2002	10.46	64.10	25.44	0.65	0.71	0.75
2003	10.19	62.98	26.82	1.23	1.14	1.68
2004	9.96	63.95	26.09	1.29	1.09	1.39
2005	9.46	63.57	26.98	2.25	1.85	1.61
2006	9.74	63.09	27.17	0.99	1.03	1.22
2007	9.57	63.15	27.29	1.02	1.04	0.93
2008	9.04	64.23	26.73	0.87	1.00	0.90
2009	10.71	63.36	25.93	1.08	0.93	1.10
2010	10.86	65.49	23.65	1.04	1.05	1.15
2011	11.72	64.11	24.18	1.02	1.01	1.12
2012	10.91	65.59	23.50			
均值	10.64	64.06	25.31	1.13	1.06	1.18

注：根据历年《中国统计年鉴》中的数据计算而得。

从表5.2可以看出，与1998年相比，制造业2012年的固定资产净值所占比重降低了3.47个百分点；采掘业和电力、热力及水的生产和供应业2012年的固定资产净值所占比重分别增加了1.59和1.89个百分点。整体来看，资本要素的配置，有从制造业向其他两个行业流动的趋势，且向电力、热力及水的生产和供应业流动的趋势比较明显。从碳生产率指数的平均值来看，制造业的碳生产率指数平均值明显低于其他两个行业，这说明中国工业部门资本要素的再配置，可能会促进全要素生产率框架下碳生产率指数的提高。

3. 二氧化碳排放空间要素的配置

用二氧化碳排放量作为二氧化碳排放空间的替代变量，用工业部门各行业二氧化碳排放量所占比重（$K_{i,t}/K_t$）来表示中国工业部门二氧化碳排放空间要素的配置情况（见表5.3）。

表5.3　**中国工业部门分行业二氧化碳排放分布情况及全要素生产率框架下碳生产率指数**

年份	二氧化碳排放量所占比重（%）			全要素生产率框架下碳生产率指数（M_P）		
	采掘业	制造业	电力、热力及水的生产和供应业	采掘业	制造业	电力、热力及水的生产和供应业
1998	9.20	82.77	8.02			
1999	9.20	83.85	6.94	0.91	0.92	0.72
2000	9.70	83.75	6.55	1.07	1.05	1.33
2001	10.16	83.66	6.17	1.30	1.00	1.48
2002	10.31	83.51	6.19	0.65	0.71	0.75
2003	10.19	83.66	6.15	1.23	1.14	1.68
2004	10.87	84.32	4.82	1.29	1.09	1.39
2005	10.82	84.13	5.05	2.25	1.85	1.61
2006	10.86	84.11	5.02	0.99	1.03	1.22
2007	11.55	83.80	4.65	1.02	1.04	0.93
2008	11.89	84.35	3.76	0.87	1.00	0.90
2009	11.13	84.92	3.95	1.08	0.93	1.10
2010	15.38	76.92	7.69	1.04	1.05	1.15

续表

年份	二氧化碳排放量所占比重（%）			全要素生产率框架下碳生产率指数（M_P）		
	采掘业	制造业	电力、热力及水的生产和供应业	采掘业	制造业	电力、热力及水的生产和供应业
2011	10.61	86.57	2.81	1.02	1.01	1.12
2012	11.18	86.40	2.43			
均值	10.87	83.78	5.35	1.13	1.06	1.18

注：根据历年《中国统计年鉴》中的数据计算而得。

如表5.3所示，二氧化碳排放空间要素的配置集中在制造业和采掘业，从整体变化趋势来看，从1998年到2010年，采掘业二氧化碳排放所占比重的增幅高达6.18个百分点，2011年开始比重有所下降，制造业二氧化碳排放空间要素配置所占比重（二氧化碳排放量）从1998年到2012年整体上表现出上升的态势，电力、热力及水的生产和供应业的二氧化碳排放空间配置所占比重呈现出现下降的态势。二氧化碳排放空间要素的流动呈现出向采掘业和制造业流动的趋势，同时碳生产率指数平均值也显示出，电力、热力及水的生产和供应业碳生产率指数明显高于其他两个行业。这说明二氧化碳排放空间要素的流动对全要素生产率框架下中国工业部门碳生产率指数的提高有正向的促进作用。

综上，各投入要素的配置主要集中在制造业，然而各投入要素再配置的转移方向呈现出不同的状态，说明不同投入要素的配置效率呈现出不一致性。接下来，本书将对全要素生产率研究框架下资源再配置与中国工业部门碳生产率的关系进行更为详尽的实证研究。

三、资源配置与中国工业部门碳生产率关系的实证研究

（一）中国工业部门碳生产率变化的内部机制识别

1. 经济计量模型、变量及数据说明

使用的数据为中国工业部门1999—2016年36个行业面板数据，以模型（5.7）为基础，将全要素生产率框架下的碳生产率指数作为被解释变量，劳动力要素、资本要素和二氧化碳排放空间要素的配置比例作为解释变量，得到如下面板数据模型：

$$\ln M\_P_{it} = \alpha_0 + \lambda_i + \eta_t + \beta_1 \ln labor\_p_{it} + \beta_2 \ln capital\_p_{it} + \beta_3 \ln carbon\_p_{it} + \varepsilon_{it} \tag{5.8}$$

模型（5.8）中，i 代表各两位数行业，t 代表年份（$t = 1999, 2000, \cdots, 2016$）；$\lambda_i$ 为个体效应，用来控制工业部门各两位数行业的特有性质，不随时间变化，在截面间相互独立；α_0 代表截距项；ε_{it} 为随机误差项，η_t 代表时间效应。

$\ln M\_P_{it}$ 表示第 i 个行业的碳生产率指数的对数；$labor\_p_{it}$、$Capitical\_p_{it}$ 和 $carbon\_p_{it}$ 分别表示第 i 个行业劳动力、资本和二氧化碳排放空间占整个行业的比例，用以反映各投入要素在各行业的配置比例；β_1、β_2 和 β_3 分别表示资源配置比例变动的弹性系数，即当各资源配置比例分别变动 1%时，碳生产率指数变动的百分数。如果有一个参数为负，那么这个变量则成为抑制各两位数行业碳生产率提高的因素，同时也有可能成为解释中国工业部门碳生产率指数差异自动消除的原因。

全要素生产率研究框架下的碳生产率指数（M_P）的数据由本书第三章利用基于方向性距离函数的 DEA 方法测算而得；劳动力要素配置比例数据（各行业从业人员占工业部门全部从业人员的比重）由历年《中国统计年鉴》中的数据计算而得；资本要素配置比例数据（各行业固定资产净值的占工业部门全部固定资产净值的比重）由历年《中国统计年鉴》中的数据计算而得；二氧化碳排放空间要素配置比重（各行业碳排放量占工业部门总体碳排放量的比重）由第三章中的估算数据整理计算而得。

2. 面板单位根检验

为了避免模型由于非平稳数据的采用而造成“伪回归”问题，在进行模型的设定前，需要对面板数据的平稳性进行检验，这就要求我们首先对模型中所涉及的变量进行面板单位根检验。

面板单位根检验理论上不断有新的成果出现，目前仍存在诸多争议。各种检验方法各有优势与不足。面板单位根的检验方法主要有 Sarno 和 Taylor（1998）检验、IPS（Im, Pesaran and Shin, 2003）检验、Fisher-PP 和 Fisher-ADF 法（Maddala and Wu, 1999）检验、LLC（Levin, Lin and Chu, 2002）检验，下面对这几种常用的检验方法进行一个简单的比较。

Sarno 和 Taylor 检验，在估计过程采用“似无相关模型（SURE）”，因此适用于大 T 小 N 型（截面数小于时间序列数）面板数据的单位根检验，而且该检验允许每个截面有不同的滞后阶数，但这些滞后项的系数之和在原假设下等于 1（Taylor, M. P., L. S., 1998）；Im, Pesaran 和 Shin 考虑了截面异质性（heterogeneous panels）和干扰项的序列相关问题，对单个截面执行 ADF 检验后得到了 t 值的平均值，但其局限在于要求面板是平行的（balanced）

（H. Pesaran，2007；K. S. Im，M. H. P.，Y. Shin，2003）；Fisher 检验以个体单位根检验的 p 为基础构造统计量，其优点在于适用于非平行面板（Maddala，G. S.，W. Shaowen，1999）。

上述四个面板单位根检验的原假设 H_0 均为：面板中的所有截面对应的序列都是非平稳的。结果如果拒绝原假设，并不表明所有序列都是平稳的，只能保守地说至少一个序列是平稳的。

与上述检验不同，Levin，Lin 和 Chu（2002）检验假设所有序列均服从 AR（1），且相关系数相同，但允许存在个体固定效应；对单个截面执行 ADF 检验后得到 t 值的平均值，并作相应调整后得到检验统计量。该统计量在 H_0 下服从正态分布，若 H_0 被拒绝，则认为所有序列均平稳，这是与其他几个检验方法的不同之处；同时，该检验估计过程采用固定效应模型，因而适用于大 N 小 T 型面板数据的检验（Levin，A.，Lin，Chien-Fu and Chia-Shang James Chu，2002）。

本书所采用的面板数据为典型的大 N 小 T 型面板（N=36，T=18），故采用 Levin，Lin 和 Chu 检验对模型（5.8）中涉及的变量进行面板单位根检验，应用 STATA12.0 中的 levinlin 命令进行单位根检验，得出了如表 5.4 所示检验结果。从表 5.4 中单位根检验的结果来看，各变量均为平稳变量，因此可以直接进行模型的设定检验。

表 5.4　　　　**面板单位根检验结果**

变量	检验类型（C，T）	LLC 值
ln*M*_*P*	（C，N）	-29.613 （0.0000）
lnlabor_*p*	（C，N）	-11.065 （0.0000）
lncapital_*p*	（C，N）	-24.538 （0.0000）
lncarbon_*p*	（C，N）	-14.094 （0.0000）

注：检验形式（C，T）分别代表截距项、趋势，"N" 为没有相应项，滞后项按照 SIC 信息准则确定。

3. 模型设定检验

模型设定检验的目的是确定模型是固定效应模型还是随机效应模型。固定效应模型包括：个体固定效应模型、时间固定效应模型和个体时间固定效应模型。随机效应模型包括：个体随机效应模型和个体时间随机效应模型。

对于模型是固定效应还是随机效应的检验，通常采用 Hausman 检验来确定。Hausman 检验的基本思想为：如果效应与解释变量不相关（即 Corr（u_i，x_it）= 0），那么随机效应和固定效应得到的估计都是一致的，但随机效应模型更有效；如果效应与解释变量相关（Corr（u_i，x_it）≠0），固定效应模型仍然有效，但随机效应模型估计是有偏的。Hausman（1978）提出了一个检验统计量：

$$H = (\hat{\beta}_{RE} - \hat{\beta}_{FE})' [\text{var}(\hat{\beta}_{RE} - \hat{\beta}_{FE})]^{-1} (\hat{\beta}_{RE} - \hat{\beta}_{FE}) \tag{5.9}$$

在原假设成立的情况下，H 渐进服从$\chi^2(K)$ 分布，K 为模型中解释变量的维度。

如果拒绝原假设，则模型应该为固定效应模型，为此就可以进一步对模型是个体固定效应、时间固定效应还是个体时间固定效应进行显著性检验。如果接受原假设则意味着采用随机效应模型比较有效，继而可以对模型中个体和个体时间随机效应影响的显著性进行检验。

首先，对模型（5.8）是固定效应模型还是随机效应模型进行检验，检验结果（见表5.5）表明，在 $\alpha = 0.05$ 的显著性水平下，接受了原假设，说明采用随机效应模型更有效。为此可以继续对随机效应模型中个体和个体时间随机效应的显著性进行检验。

表 5.5　**Hausman 检验结果**

Hausman 统计量	Prob.
2.78	0.4262

个体随机效应显著性检验采用 Breusch-Pagan 检验，其检验思想为：若约束是有效的，那么最大化拉格朗日函数所得到的有约束的参数估计量应该位于最大化原始样本似然函数的参数估计值附近。因此，该处对数似然函数的斜率应该趋近于 0。Breusch-Pagan 检验就是在有约束的参数估计量处，通过检验对数似然函数的斜率是否趋近于 0 来检验约束是否有效。Breusch 和 Pagan（1980）通过构造 Lagrange 乘数统计量来检验随机效应的显著性。

（1）检验个体随机效应的显著性

原假设和备择假设是：

$H_0: \sigma_u^2 = \sigma_v^2 = 0$

$H_1: \sigma_u^2 \neq 0$

LM 统计量为：

$$LM_1 = \frac{NT}{2(T-1)}\left[\frac{\sum_{i=1}^{N}\left[\sum_{t=1}^{T}\hat{\varepsilon}_{it}\right]}{\sum_{i=1}^{N}\sum_{t=1}^{T}\hat{\varepsilon}_{it}^2} - 1\right]^2 \tag{5.10}$$

在零假设下，统计量 LM 服从 1 个自由度的χ^2 分布，即 $LM \sim \chi^2(1)$。拒绝原假设则应该建立一个个体随机效应模型。

（2）检验个体时间随机效应的显著性

原假设和备择假设是：

$H_0: \sigma_u^2 = \sigma_v^2 = 0$

$H_1: \sigma_u^2 \neq 0$ 或者 $\sigma_v^2 \neq 0$

LM 统计量为：

$$LM_2 = \frac{NT}{2}\left\{\frac{1}{T-1}\left[\frac{\sum_{i=1}^{N}\left[\sum_{t=1}^{T}\hat{\varepsilon}_{it}\right]^2}{\sum_{i=1}^{N}\sum_{t=1}^{T}\hat{\varepsilon}_{it}^2} - 1\right]^2 + \frac{1}{N-1}\left[\frac{\sum_{i=1}^{N}\left[\sum_{t=1}^{T}\hat{\varepsilon}_{it}\right]^2}{\sum_{i=1}^{N}\sum_{t=1}^{T}\hat{\varepsilon}_{it}^2} - 1\right]^2\right\} \tag{5.11}$$

零假设下，统计量 LM 服从 2 个自由度的χ^2 分布，即 $LM \sim \chi^2(2)$。拒绝原假设则应该为个体时间随机效应模型。表 5.6 给出了模型（5.8）的随机效应显著性检验结果，表明模型为个体时间随机效应模型。

表 5.6　**随机效应显著性检验结果**

检验形式	χ^2 统计量	Prob.
个体效应	614.03（1）	0.000
个体时间效应	63.59（2）	0.000

4. 估计结果分析

模型（5.8）的估计结果见表 5.7。结果显示，有两个参数高度不显著，因此需要对模型估计的异方差性、序列相关性和截面相关性进行检验。由于随机效应模型本身已经较大程度地考虑了异方差性问题，因此仅对其序列相关性进行检验。

表 5.7　　**OLS 估计方法结果**

参数	估计值	估计标准误	t 统计量	Prob.
α_0	0.4425991	0.0543033	-8.15	0.000
β_1	-0.0010084	0.0213449	-0.05	0.962
β_2	0.0181393	0.0188956	0.96	0.337
β_3	-0.1105004	0.0306943	-3.60	0.000

表 5.8 的检验结果显示，随机效应模型存在显著的一阶序列相关性，因此我们需要使用广义最小二乘法（GLS）进行估计，估计结果见表 5.9。

表 5.8　　**序列相关检验结果**

χ^2 统计量	Prob.
40.64（1）	0.0000

表 5.9　　**GLS 估计方法结果**

参数	估计值	估计标准误	t 统计量	Prob.
α_0	-0.433972	0.0510403	-8.50	0.000
β_1	-0.0049128	0.0192818	0.25	0.799
β_2	0.023574	0.0159896	1.47	0.140
β_3	-0.0832264	0.0305185	-2.73	0.006

从表 5.9 的估计结果来看，广义最小二乘法估计结果的参数的显著性有明显提高，这里以广义最小二乘法估计结果进行分析。表 5.8 的估计结果显示：劳动力资源配置和资本配置比例变动的弹性系数均不显著，表明在中国工业部门碳生产率指数变化过程中，劳动力要素配置比例和资本要素配置比例的变动不是最重要的因素（注：这并不表明劳动力要素与资本要素配置比例的变化对碳生产率的变化没有影响）；而二氧化碳排放配置比例变动的弹性系数为 -0.08，并且高度显著，表明中国工业部门各两位数行业之间二氧化碳排放空

间配置比例的变动是碳生产率指数变动的重要原因。

具体来讲，二氧化碳排放空间配置比例变动的弹性系数为负，表明各两位数行业 i 的二氧化碳排放空间要素在整个工业部门的二氧化碳排放空间要素配置中所占比例每提高一个百分点，其碳生产率指数就下降 0.08 个百分点。这一结果说明：①二氧化碳排放空间配置比例的增加会抑制碳生产率的增长速度；②二氧化碳排放空间要素的再配置是中国工业部门碳生产率 δ- 收敛和绝对 β- 收敛的一个重要的形成机制。

在各两位数行业之间，由于劳动力、资本以及二氧化碳排放空间要素配置比例的不同，形成了各两位数行业不同的经济增长速度，进而导致了碳生产率指数的差别。从实证结果看，劳动力和资本要素的再配置对碳生产率指数的影响不明显，在此主要分析二氧化碳排放空间要素在各行业之间流动对碳生产率指数变化的影响机制。假设劳动力和资本要素在各行业之间的配置比例不变，那么二氧化碳排放空间要素则从经济产出效率低的部门流向经济产出效率高的部门。二氧化碳排放空间要素配置比例的减少使得经济产出效率低的部门碳生产率指数增加，而二氧化碳排放空间要素配置比例的增加则使得经济产出效率高的部门碳生产率指数降低，因此形成了中国工业部门碳生产率指数的 δ- 收敛和绝对 β- 收敛。

根据以上分析可以得出如下结论：从内部机制来看，各两位数行业降低本部门的二氧化碳排放空间配置比例是提高本部门碳生产率的一条重要途径，而降低二氧化碳排放配置比例的解决方案需要我们进行进一步的探讨。

（二）二氧化碳排放空间配置与煤炭资源配置关系分析

二氧化碳排放空间配置状况，要靠二氧化碳排放量来衡量，而二氧化碳的排放主要来自化石能源的消费。在中国化石能源的消费中，则主要以煤炭的消费为主，其消费占能源消费总量的比例常年维持在 70%左右，① 因此，煤炭资源的配置可能对中国工业部门碳排放空间配置结构具有重要的影响。本小节将对二氧化碳排放空间配置与煤炭资源配置之间的关系进行详细的实证分析。

1. 经济计量模型、变量及数据说明

使用的数据为中国工业部门 1999—2011 年 36 个两位数行业的能源消费面板数据，② 用二氧化碳排放空间配置比例作为被解释变量；用各两位数行业煤

① 根据《中国能源统计年鉴》中的数据整理计算。

② 数据来源于历年《中国能源统计年鉴》。

炭资源消费占整个行业的比例来代表煤炭资源配置状况，并将其作为解释变量。建立如下的面板数据模型：

$$\ln carbon\_p_{it} = \alpha_0 + \lambda_i + \eta_t + \beta \ln coal\_p_{it} + \varepsilon_{it} \tag{5.12}$$

式中，i 代表两位数行业，t 代表年份（1999，2000，…，2011），λ_i 和 η_t 分别代表个体效应和时间效应，α_0 代表截距项。$\ln carbon\_p_{it}$ 和 $\ln coal\_p_{it}$ 分别为某两位数行业二氧化碳排放空间配置比例和煤炭资源配置比例的对数。β 代表二氧化碳排放空间配置比例对煤炭资源配置比例的弹性系数，即煤炭资源配置比例变动 1%时，二氧化碳排放空间配置比例变动的百分比。

2. 面板单位根检验

同模型（5.8）一样，所采用的面板单位根检验方法仍为 LLC 检验，具体结果见表 5.10。从表 5.10 中的单位根检验结果来看，模型（5.12）中各变量均为平稳变量，因此可以直接进行模型的设定检验。

表 5.10　**面板单位根检验结果**

变量	检验类型（C，T）	LLC 值
lncarbon_p	（C，N）	-14.094 （0.0000）
lncoal_p	（C，N）	-7.581 （0.0005）

3. 模型设定检验

从表 5.11 中的 Hausman 检验结果来看，在 $\alpha=0.05$ 的显著性水平下，高度拒绝了原假设，表明模型（5.12）为固定效应模型，为此需要继续对固定效应模型中个体、时间或个体时间固定效应影响的显著性进行检验。

表 5.11　**Hausman 检验结果**

Hausman 统计量	Prob.
11.88	0.0006

对于固定效应影响的显著性检验，本书基于 Hendry 的“一般到特殊”的建模思想，采用无约束模型和有约束模型的回归残差平方和之比构造 F 统计

量，以检验固定效应模型的合理性。以个体固定效应的影响为例：首先，对有约束模型（混合数据回归模型）进行估计，得到残差平方和为 RRSS；其次，对无约束个体效应模型进行估计，得到残差平方和为 URSS，则在零假设 H_0^1：$\lambda_1 = \lambda_2 = \lambda_3 = \cdots = \lambda_{N-1} = 0$ 下，可以构造如下 F 检验统计量：

$$F_1 = \frac{(\text{RRSS} - \text{URSS})/(N - 1)}{\text{URSS}/(NT - N - K + 1)} \sim F(N - 1,\ N(T - 1) - K + 1) \tag{5.13}$$

式中，K 为个体固定效应模型待估参数的个数，N 为个体个数，T 为时期数。在给定的显著性水平下，如果拒绝了零假设，则模型设定为个体固定效应模型是合理的。

类似于个体固定效应模型的设定检验，时间固定效应模型的设定检验本书也采用无约束模型和有约束模型的回归残差平方和之比构造 F 统计量。F 检验的零假设是：

H_0^2：$\gamma_1 = \gamma_2 = \gamma_3 = \cdots = \gamma_{T-1} = 0$

在零假设下 F 统计量为：

$$F_2 = \frac{(\text{RRSS} - \text{URSS})/(T - 1)}{\text{URSS}/(NT - T - K + 1)} \sim F(T - 1,\ T(N - 1) - K + 1) \tag{5.14}$$

在给定显著性水平下，如果拒绝了零假设 H_0^2，则将模型设定为时间固定效应模型是可行的。

对于个体时间固定效应，F 检验的零假设分别是：

H_0^3：$\lambda_1 = \lambda_2 = \lambda_3 = \cdots = \lambda_{N-1} = 0$ 和 $\gamma_1 = \gamma_2 = \gamma_3 = \cdots = \gamma_{T-1} = 0$

H_0^4：$\lambda_1 = \lambda_2 = \lambda_3 = \cdots = \lambda_{N-1} = 0$，当 $\gamma_t \neq 0$，$t = 1, 2, \cdots T - 1$ 时

H_0^5：$\gamma_1 = \gamma_2 = \gamma_3 = \cdots = \gamma_{T-1} = 0$，当 $\lambda_i \neq 0$，$i = 1, 2, \cdots N - 1$ 时

在假设 H_0^3 下，

$$F_3 = \frac{(\text{RRSS}-\text{URSS})/(N+T-2)}{\text{URSS}/((N-1)(T-1)-K+1)} \sim F(N+T-2,(N-1)(T-1)-K+1) \tag{5.15}$$

在给定显著性水平下，如果拒绝了零假设 H_0^3，则将模型设定为个体时间固定效应模型是可行的。

同样，在 H_0^4 下，

$$F_4 = \frac{(\text{RRSS} - \text{URSS})/(N-1)}{\text{URSS}/((N-1)(T-1)-K+1)} \sim F(N-1,\ (N-1)(T-1)-K+1) \tag{5.16}$$

在给定显著性水平下，如果拒绝了零假设 H_0^4，则在存在时间固定效应的情况下，模型也包含个体固定效应，即将模型设定为个体时间固定效应模型是合理的。

同样，在 H_0^5 下，

$$F_5 = \frac{(\text{RRSS} - \text{URSS})/(T-1)}{\text{URSS}/((N-1)(T-1)-K+1)} \sim F(T-1,\ (N-1)(T-1)-K+1) \tag{5.17}$$

同理，在给定显著性水平下，如果拒绝了零假设 H_0^5，则在存在个体固体效应的情况下，模型也包含时间固定效应，即将模型设定为个体时间固定效应模型是合理的。

表 5.12 给出的模型（5.12）的固定效应显著性检验结果表明模型的时间固定效应在给定 $\alpha=0.05$ 的显著性水平下不显著，模型应为个体固定效应模型。

表 5.12　**固定效应显著性检验结果**

检验形式	F 统计量	Prob.
个体效应	213.28（35，431）	0.0000
时间效应	0.80（11，419）	0.6402

4. 估计结果分析

由于本书所采用的数据为大 N 小 T 型面板数据，因此其具有截面数据的特征，需要对其进行组间异方差检验。检验结果显示（见表 5.13），模型存在显著的组间异方差，为了使估计结果可靠，这里采用稳健型估计来考量参数的显著性（见表 5.14）。为了进行比较，这里也列出了 OLS 的估计结果（见表 5.15）。

表 5.13　**组间异方差检验结果**

χ^2 统计量	Prob.
57343.14（36）	0.0000

表 5.14　　稳健型估计结果

参数	估计值	估计标准误	t 统计量	Prob.
α_0	0.0366358	0.0086443	1.10	0.280
β	0.7241963	0.0229009	6.24	0.000
$\overline{R}^2=0.7358$				

表 5.15　　OLS 估计方法结果

参数	估计值	估计标准误	t 统计量	Prob.
α_0	0.0366358	0.0086443	4.24	0.000
β	0.7241963	0.0229009	31.62	0.000
$\overline{R}^2=0.7358$				

从表 5.14 和表 5.15 中的估计结果可以看出，两种估计方法所得的参数估计值并没有差别，只是稳健型估计的模型的标准误有所增加，因而其估计出的参数的显著性更加保守。采用稳健型估计的结果，可以看出煤炭资源配置比例的变化对二氧化碳排放空间配置有显著的影响。具体来讲，煤炭资源配置比例每增加 1%，二氧化碳排放空间配置就会增加 0.72%。因此，如果想要降低本行业的二氧化碳排放空间配置比例以提高碳生产率，降低煤炭资源配置比例（从另一个角度来讲就是降低煤炭资源的消费）显得尤为重要，这个结论与我们的主观感受恰好吻合。

（三）中国工业部门煤炭资源配置对碳生产率的影响

上述研究结论表明，中国工业部门二氧化碳排放空间配置比例的变化对全要素生产率框架下碳生产率的变化具有显著的负向影响，而煤炭资源配置比例的变化又对二氧化碳排放配置有显著的正向影响。因此，本节将劳动、资本等要素从模型（5.8）中剔除，用煤炭资源配置比例代替二氧化碳排放空间配置比例，以全要素生产率研究框架下的碳生产率指数作为被解释变量，煤炭资源配置比例作为解释变量来分析煤炭资源配置比例变动对中国工业部门碳生产率的影响。

1. 经济计量模型、变量及数据说明

使用的数据为中国工业部门 1999—2016 年的 36 个两位数行业面板数据，

以碳生产率指数为被解释变量，煤炭资源配置比例为解释变量，构建如下面板数据模型：

$$\ln M\_P_{it} = \alpha_0 + \lambda_i + \eta_t + \gamma \ln coal\_p_{i,t} + \varepsilon_{i,t} \tag{5.18}$$

式中，i 代表两位数行业，t 代表年份（1999，2000，…，2016），λ_i 和 η_t 分别代表个体效应和时间效应，α_0 代表截距项。

2. 模型设定检验

由上文的面板单位根检验可知，模型（5.18）中各变量均为平稳变量，因此可以直接进行模型的设定检验。

表5.16中的Hausman检验结果表明模型（5.18）为固定效应模型，进而需要进行固定效应显著性检验。表5.17所示的检验结果表明，在 $\alpha=0.05$ 的显著性水平下，模型（5.18）应为个体时间固定效应模型。

表5.16 **Hausman检验结果**

Hausman 统计量	Prob.
8.55	0.0035

表5.17 **固定效应显著性检验结果**

检验形式	F 统计量	Prob.
个体效应	8.51（35，431）	0.0000
时间效应	29.85（11，419）	0.0000
个体时间效应	14.33（46，384）	0.0000

3. 估计结果分析

表5.18的结果显示，模型（5.18）存在显著的组间异方差，因此采用稳健型估计结果进行分析。

表5.18 **组间异方差检验结果**

χ^2 统计量	Prob.
96413.42（36）	0.0000

从表5.19中的估计结果可以看出，煤炭资源配置比例的变化对中国工业

部门全要素生产率框架下的碳生产率具有非常显著的负向影响。因此，各两位数行业提高本行业碳生产率的一个重要途径就是努力降低本行业煤炭消费占整个工业部门煤炭消费的比例。这意味着相对减少煤炭消费量，可行的路径一方面是通过先进技术设备的使用或者是工艺的改进降低单位产出的能耗，另一方面是增加二氧化碳排放系数相对较低的能源的消费或者是清洁能源的消费，如天然气、风能、太阳能等。

表 5.19　**稳健型 OLS 估计结果**

参数	估计值	估计标准误	t 统计量	Prob.
α_0	-0.8939997	0.0443542	-20.16	0.000
γ	-0.3155162	0.1542345	2.05	0.048
$\overline{R}^2=0.4178$				

四、小结

本节基于现代经济增长理论方法，在全要素生产率研究框架下对碳生产率的变化进行了模型化分解，证明了资源配置在碳生产率变化过程中的存在性。基于此通过面板数据模型，对各要素的再配置对全要素生产率框架下的碳生产率的影响进行了定量研究。研究结论如下：

①劳动力和资本要素配置比例变化对全要素生产率框架下的碳生产率变化的影响不显著；②二氧化碳排放空间要素配置比例的变化对全要素生产率框架下碳生产率的变化具有显著的负向影响；③煤炭资源配置比例的变化对二氧化碳排放空间配置比例变化的影响显著，这从定量的角度证实了我们的主观判断。进而定量分析了煤炭资源配置对全要素生产率框架下碳生产率变化的影响，结果显示：煤炭资源配置比例的变动对全要素生产率框架下的碳生产率的变动具有显著的负向影响。

上述结论，一方面解释了中国工业部门存在二氧化碳排放空间要素向碳生产率相对较高行业的再配置是形成中国工业部门碳生产率 δ- 收敛和绝对 β- 收敛的重要原因；另一方面找到了提高中国工业部门各两位数行业碳生产率的一条重要途径——降低煤炭资源配置比例，可行的路径包括通过先进技术设备的使用或者是工艺的改进降低单位产出的能耗和增加二氧化碳排放系数相对较低的能源的消费或者是清洁能源的消费。

第二节　规模经济与中国工业部门碳生产率的关系研究

J. W. Kendrick（1961）、E. H. Denison（1962）等经济学家的研究认为规模节约（规模经济）是全要素生产率增长的另外一个重要因素。规模经济（economies of scale）理论起源于美国，典型代表人物有阿尔弗雷德·马歇尔（Alfred Marshall）、张伯伦（E. H. Chamberin）、罗宾逊（Joan Robinson）和贝恩（J. S. Bain）等。马歇尔在其所著的《经济学原理》中把规模经济归结为两类，即内在规模经济和外在规模经济。他写道："我们可把任何一种商品的生产规模的扩大而发生的经济性分为两类：第一是来自这种商品工业的一般发达的经济性；第二是来自从事这个工业个别企业的资源、组织和经营效率的经济性。我们可以将前者称为外在规模经济，将后者称为内在规模经济"。本节研究的目的在于：一是判断中国工业部门是存在规模经济效应还是规模不经济效应；二是规模（不）经济效应如何对全要素生产率研究框架下的碳生产率产生影响。

一、规模经济对碳生产率影响的理论分析

（一）内部规模经济对碳生产率的影响

内部规模经济主要来源于企业自身生产规模的扩大而导致的产品平均成本的降低。由于产品成本由固定成本和可变成本构成，随着生产规模的扩大和产量的增加，每个产品所分摊的固定成本会越来越少，从而使产品的平均成本下降。马歇尔在其所著的《经济学原理》中重点解释了内在规模经济的形成机理：如果厂商或企业的平均成本曲线是向右下方倾斜的，并且是可逆的（reversible），那么随着规模的扩大或产量的增加，单位产品的平均成本将趋于下降；随着产量的减少，平均成本又会回复到原有水平（也是可逆的）。他将这种规模的扩大或产量的增加所带来的成本节约而产生的经济效率，称为厂商或企业的内在规模经济。

如图 5-1 所示，当企业的总产出量小于 Q_1 时，企业规模的扩大会使得平均成本减少，进而使得企业的经济效益增加；当企业的总产出量大于 Q_1 时，长期平均成本曲线的性质发生了改变，企业的规模扩大反而使得平均成本出现上升，从而使得经济效益降低。

本书所研究的全要素生产率框架下的碳生产率，将二氧化碳排放空间作为

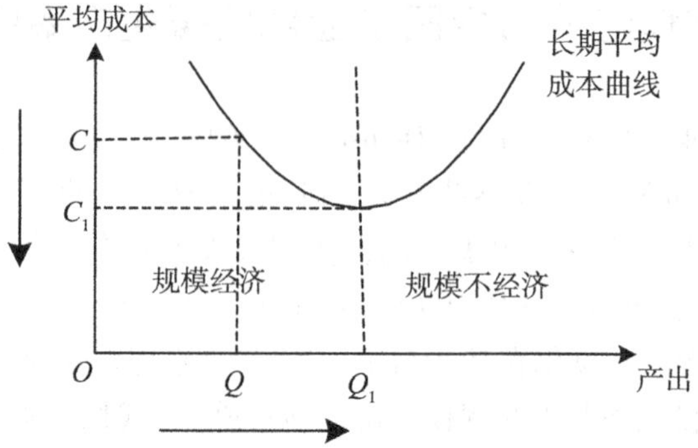

图 5-1　内部规模经济（不经济）示意图

投入要素加入企业的投入成本中，以反映企业在减少温室气体排放方面的成效。假设二氧化碳排放空间要素的价格恒定不变，那么企业的内部规模经济则意味着由于规模扩大和产量增加，分摊到每个产品上的包括二氧化碳排放空间在内的投入会减少。由于全要素生产率框架下的碳生产率本质上就是产出与各投入要素（劳动力、资本、二氧化碳排放空间）的比值，因此，内部规模经济对全要素生产率框架下的碳生产率的提高会起到促进作用。

（二）外部规模经济对碳生产率的影响

克鲁格曼（P. R. Krugman，1991）在马歇尔的基础上，首先明确提出了内部规模经济和外部规模经济的概念，使得外部规模经济理论得到发展。外部规模经济指企业的长期平均成本随着行业规模的扩大而下降的现象，它根源于行业扩张引起的企业外界环境的改善。外部规模经济是一种经济外部性表现，其产生的源泉有很多，具体来讲，包括：由于某商品生产行业地理位置的集中可带来的外部规模经济效应；某商品生产行业内每个企业从整个行业的规模扩大过程中可获得更多的知识积累，即阿罗（Arrow）所说的“干中学”效应（learning by doing）等。对于外部规模不经济，其产生的原因很多，包括市场因素、气候因素、政治因素等等。

如图 5-2 所示，LRAC 表示长期平均成本曲线，规模外部经济表现为 LRAC 曲线的垂直移动。当行业规模的扩大使得 LRAC 曲线下降时，如图下降到 $LRAC_2$的位置，同样的产出消耗的成本会下降；反之，当 LRAC 上升时，如图上升到 $LRAC_1$的位置则出现规模的外部不经济，行业规模的扩大反而使得平均成本上升。成本的下降促进生产率的提高，成本的上升阻碍生产率的提高。对于本书所研究的全要素生产率框架下的碳生产率来说，一方面外部规模经济的“干中学”效应可能使得企业从行业规模扩大中获得更多的知识积累，从而在生产中能以较小的投入获得更大的产出，进而促进碳生产率的提高；另一方面，就中国目前的市场状况来看，行政垄断所导致的市场扭曲等因素所造成的外部规模不经济则有可能阻碍碳生产率的提高。

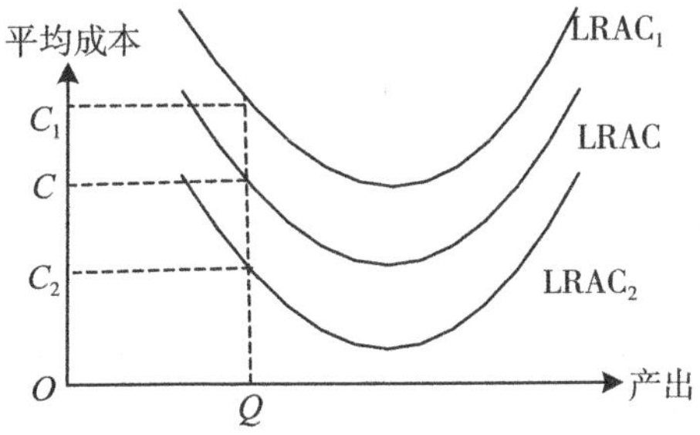

图 5-2 外部规模经济（不经济）示意图

二、中国工业部门规模经济效应测度

要实现本章的两个研究目的，首先就是要根据实际在众多研究方法中选择出合适而科学的研究方法和工具来对中国工业部门规模经济效应的存在性进行测度。

（一）规模经济效应测度方法比较分析

因为规模经济的存在性，所以规模经济效应测度方法研究就成为规模经济理论的一个重要组成部分。规模经济效应的测度方法很多，有学者将诸多方法归类为成本法、投入产出法、规模效率法、工程法、综合评价法、生存法等。这些方法都是在对规模经济效应进行大量经验研究的过程中形成和发展起来的，因而应用条件和对数据的要求也各有不同，但它们各有特点且可以相互检验。掌握这些方法及其应用条件和优缺点对于实证研究具有非常重要的作用，因此本节将对几种重要的测度规模经济效应的方法进行比较分析。

1. 成本法

成本法是可以更直接地用于工厂规模经济研究的一种方法。该方法着重于运用以往的有关生产规模和生产成本的大量统计数据，采用相应的经济计量学方法来确定工厂长期成本曲线的形状。这些数据可以是截面数据（同一时间的不同厂商），也可以是时间数据（同一厂商的不同时间）。具体估计出规模与成本的关系之后，就可以确定最优规模范围。常用的估计函数如下式所示。

$$C = aX^b \tag{5.19}$$

式中，C 为生产成本，X 为生产能力，a 为常数，b 为所要估计的规模系数。事实上 b 为成本的能力弹性。如果 $b<1$，则说明生产能力的相对增加明显大于成本的相对增加，那么该行业就存在规模经济性。

成本法的优势在于：一是计算方法比较简单，具有很强的操作性；二是建立在丰富的历史数据资料基础上的分析具有一定的可信度。然而，其局限性则表现在：一是数据收集上有一定难度，主要是因为成本法的估计需要有丰富的统计数据资料做保证；二是对大量历史数据资料的使用，只是对过去生产经营费用的描述，不能代表现实情况的变化，因此还需要结合实际进行进一步的分析；三是对规模经济其他影响因素的忽略，这是因为成本法仅仅是从成本的角度考虑的一个侧面的分析。

2. 投入产出法

投入产出法本质上来讲就是生产函数法，其基本思路是通过直接建立投入和产出之间的关系函数来衡量测度对象的规模经济效应。在进行实证分析时，首先要对所测度对象的投入和产出做出明确的界定，而后将这些投入和产出变量纳入生产或成本模型中，进而考察测度对象的效率。利用生产函数来衡量规模经济，关键在于寻找出正确的生产函数形式。具体来讲，根据所使用函数形式的不同，主要有以下几种测度模型：

（1）单要素（或多要素）投入的线性效率模型

在只存在一种投入的情况下，评价对象效率的表达式可以为：

$$Y = aX \tag{5.20}$$

在式（5.20）中，X 为单一要素的投入，Y 为投入要素 X 后的产出量，a 为投入产出比，即给定一单位的投入量所引起的产出的变化量。在实际中，评价对象的投入和产出不止一种，因此用该模型衡量效率，往往不可能全面反映测度对象的整体情况。

在生产经营的实际过程中，往往是投入多种要素，并产生不同的产出，由此便引出了多要素的效率表达式为：

$$Y = \alpha + \sum_{i=1}^{M} \beta_i X_i \tag{5.21}$$

在式（5.21）中，X_i 为各种要素投入，M 为投入要素的个数，Y 为单一产出，α 为常数项。相比单要素的效率表达式，多要素情况下考虑了多种投入。

（2）基于柯布-道格拉斯生产函数的效率模型

柯布-道格拉斯生产函数的表达式为：

$$Y = Ax_1^a x_2^b x_3^c e^u \tag{5.22}$$

在计算评价对象效率时，一般运用其对数形式：

$$\ln Y = \ln A + a\ln x_1 + b\ln x_2 + c\ln x_3 + u \tag{5.23}$$

在式（5.23）中，A，a，b，c 为待估参数。x_i为投入要素，$i=1$，2，…

在多投入、单产出的情况下，设企业的生产函数为$f(x)$，$x \in R^N$，则其规模弹性为：

$$\varepsilon(x) = \sum_{n=1}^{N} \frac{\partial f(x)}{\partial x_n} \cdot \frac{x_n}{f(x)} \tag{5.24}$$

由于柯布-道格拉斯生产函数在经济学领域得到了广泛应用，因此基于该函数的效率模型，相比其他评价模型，具有更为坚实的理论基础，且参数可以运用标准的计量方法进行估计。

（3）基于超越对数成本函数（translog cost function，TCF）的效率模型

有不少国外学者在对一些行业效率的研究中采用了超越对数成本函数模型。用超越对数成本函数来近似估计成本函数，其一般形式为：

$$\ln TC = f(y, p) \tag{5.25}$$

其中，TC、y、p 分别为企业的总成本、产出的对数向量、投入要素价格的对数向量。

进一步，利用麦克劳林级数展开式将超越对数成本函数变形为：

$$\ln TC = \alpha_0 + \sum_i \alpha_i \ln Y_i + \sum_m \beta_m \ln P_m + \frac{1}{2}\sum_n \sum_m \ln P_m \ln P_n + \frac{1}{2}\sum_i \sum_j \beta i_j \ln Y_i \ln Y_j + \sum_i \sum_m \gamma_{im} \ln Y_i \ln P_m + \varepsilon \tag{5.26}$$

这里，Y_i表示第 i 种产出，P_m表示第 m 种投入要素的价格，ε 为随机误差项。

同样运用超越对数成本函数来测量规模效率的过程中参数可以通过标准计量方法进行估计且数值较为准确。另外，该方法考虑了多产出的情况，更加符合实际的生产情况，而且函数形式没有太多的限制。但该方法的一个致命缺点是：需要知道各投入要素的价格信息。

3. 规模效率法

为了能够更好地理解规模效率法，在此首先对有关效率的概念及其相互关

系进行梳理。

效率包括技术效率（technical efficiency，TE），配置效率（allocative efficiency，AE）和成本效率（cost efficiency，CE）。其中，成本效率等于技术效率与配置效率的乘积。

技术效率是在规模报酬不变的假设条件下进行测算的，反映的是在给定投入的情况下企业获得最大产出的能力。在决策单元样本选定的情况下，技术和产出水平一定时，耗费资源最少的决策单位称为完全技术有效单位，技术效率数值为1；其他决策单元的技术效率值是以完全有效单元为标杆（benchmark）测算的，其测量值限定在0到1之间。

如果假设规模报酬可变，那么技术效率则可以进一步分解为规模效率（scale efficiency，SE）和纯技术效率（pure technology efficiency，PTE）。规模效率衡量的是规模报酬不变时的生产前沿面与规模报酬可变时的生产前沿面之间的距离。规模效率大于1则表明规模效应递增，小于1则表明规模效应递减。

规模效率法主要有两种，即数据包络分析法（DEA）和无界分析法（free disposal hull，FDH）。这两者具有相似性，区别在于它们所构建的效率前沿面的复杂程度有所不同。

数据包络分析方法，在本书第三章对全要素生产率框架下碳生产率的测度中已经详细介绍，在此不再赘述。FDH方法也是通过构建生产前沿面，比较决策单位与生产前沿面之间的距离来计算规模效率，然而FDH的生产前沿面仅由DEA生产前沿面的顶点和这些顶点内部的自由排列组成，因此它是DEA方法的一个特例，并且由于FDH方法的生产前沿面位于DEA生产前沿面的内部，因此应用该方法计算的规模效率值往往要高于DEA方法所计算的数值，如果想要得到较为保守的测算结果，采用DEA方法更为合适。

4. 工程法

工程法是从技术的角度分析成本与规模的关系。因为生产已被划为单个的工艺和操作，往往不可能按工程生产函数来描述加工过程（以科学规律与实验数据为基础），所以对机器、加工单位和操作方面的规模经济效应的研究建立在相关技术人员或科研人员对成本所做估计的基础上。工程法的主要优点在于，可以得出对规模经济性的额定估计，并且能对工程和生产方面的成本做出准确估计。工程法的缺点在于，它有一定范围的误差且不严格，特别是在讨论某些非技术因素对规模效应的影响时更是如此。

5. 综合评价法

该方法的基本思路是：①先构建能综合反映评价对象经济效益的指标体系，这是综合评价法的基础和依据；②收集数据，并对不同计量单位的指标数据进行同度量处理；③根据各指标对评价对象经济效益影响的重要程度确定指标体系中各指标权重，以保证评价的科学性；④将经过同度量处理的多个指标转化为一个能够反映评价对象经济效益的综合性指标，以此作为评价其综合经济效益好坏的依据；⑤最后，找出综合经济效益与规模之间的关系，据此确定评价对象的最佳经济规模。该方法的科学性取决于评价指标体系设置和权重确定的科学性，以及综合评价模型选择的合理性。

6. 生存法

由施蒂格勒（George J. Stigler）提出的适者生存法（the survival technique），通过生存技术表的计算来确定企业的最佳规模。他认为在某一产业中，如果全部企业拥有相同的资源，处于完全相同的经济环境，则在市场竞争中生存能力最强、发展最快的企业的规模为最佳规模。具体度量过程为：①把某一产业内的所有企业按规模大小分类；② 计算各时期不同规模等级的厂商在该产业产出中所占的比重；③ 对各组企业在某一时期内经营数据的变化进行对比分析，选出经营效率较好的组别作为具有规模经济的企业区间。

生存法直接、简便，一方面可以避免资源估价问题和技术研究的臆测性；另一方面生存法是站在企业经营的角度看待规模经济的变化，解释了大小规模企业共存的合理性。但该方法的主要缺陷在于：一是观察年份跨度大、数据量较多，因此数据的获取难度大；二是要求全部企业拥有相同的资源，处于完全相同的经济环境，这在生产实践中很难得到满足。

7. 方法比较与选择

为了更好地选择一种或几种评价中国工业部门规模经济效应的方法，需要对前述六类评价方法进行比较分析，并结合工业部门自身的特点来提出用于测度中国工业部门规模经济效应的适用模型或模型组合。

在数据收集难易程度方面，成本法和生存法需要大量的样本数据，因此数据的可得性较差。在模型建立难度方面，成本法和投入产出法需要建立函数关系，建立一个高度拟合生产过程的函数难度非常大。在测度指标的全面性方面，规模效率法、投入产出法和综合评价法考虑的影响因素较多，测度指标较为全面。在测度的可操作性方面，投入产出法和规模效率法最强。

由上述分析可知，六类规模经济效应的测度方法各有优劣，只选择某一种方法对中国工业部门的规模经济效率进行测度的局限性较大，因此本书将根据中国工业部门的具体情况运用多种方法对规模效率进行测度，使得测度结果能够科学、全面地反映被测对象的实际规模效率状况。根据上述比较分析结果，综合考虑中国工业部门数据的可得性和测度的可操作性等因素，本书将分别选择基于柯布-道格拉斯生产函数的效率模型法①和 DEA 方法对中国工业部门规模经济效应进行测度，以期得到更加可靠的结论。

（二）基于柯布-道格拉斯生产函数的规模经济效应测度

柯布-道格拉斯生产函数的一般形式是 $Q = AL^{\alpha}K^{\beta}$（其中 Q 为产出量；L 为劳动投入量；K 为资本投入量；α 和 β 为正参数，分别表示产出对劳动和资本的弹性系数），指数型的函数形式比其他函数形式更能描述生产过程边际报酬递减的技术特点。柯布-道格拉斯生产函数的规模收益取决于 $\alpha+\beta$ 的值：当 $\alpha+\beta=1$ 时，行业处于规模收益不变阶段；当 $\alpha+\beta<1$ 时，行业处于规模收益递减阶段，具有规模不经济性；当 $\alpha+\beta>1$ 时，行业处于规模收益递增阶段，具有规模经济性。

本书所要考察的投入要素，除了劳动力和资本外，还包括二氧化碳排放空间要素的投入，因此，将柯布-道格拉斯生产函数进行扩展，得到如下的生产函数形式：

$$Q = AL^{\alpha}K^{\beta}C^{\gamma} \tag{5.27}$$

如果经济体存在规模经济，那么意味着 $\alpha+\beta+\gamma>1$。公式（5.27）两边取对数得：

$$\ln Q = \ln A + \alpha \ln L + \beta \ln K + \lambda \ln C \tag{5.28}$$

1. 经济计量模型、变量及数据说明

使用的数据为中国工业部门 1999—2011 年 36 个两位数行业的面板数据，用各两位数行业的工业总产值、从业人员年平均数和固定资产净值分别代表产出、劳动投入量和资本投入量，二氧化碳排空间投入量由本书第三章估算而得。以模型（5.28）为基础建立如下面板数据模型：

$$\ln Q_{i,t} = d_i + \eta_t + \alpha \ln L_{i,t} + \beta \ln K_{i,t} + \lambda \ln C_{i,t} + \varepsilon_{i,t} \tag{5.29}$$

式中，i 代表行业，t 代表年份（$t=1999$，2000，…，2011）；d_i 代表个体效应；η_t 代表时间效应；$\varepsilon_{i,t}$ 为随机误差项。

2. 面板单位根检验

① 之所以选择基于柯布-道格拉斯生产函数的效率模型而不选择基于超越对数成本函数的效率模型，是因为后者需要投入要素的详细价格信息，而函数中所涉及的各投入要素价格信息的获取难度较大。

采用的数据依然为大 N 小 T 型面板数据（$N=36$，$T=13$），仍使用 STATA12.0 软件中的“levinlin”命令对面板数据进行单位根检验，得到如表 5.20 所示的检验结果。

表 5.20　　**单位根检验结果**

变量	检验类型（C，T）	LLC 值
$\ln Q$	（C，N）	-13.76601 (0.0000)
$\ln K$	（C，N）	-7.24831 (0.0000)
$\ln L$	（C，N）	-11.156 (0.0000)
$\ln C$	（C，N）	-15.216 (0.0000)

由表 5.20 中的检验结果可知，4 个变量均为平稳变量。因此，可以对面板数据模型直接进行设定检验。

3. 模型设定检验

表 5.21、表 5.22 给出了模型（5.30）的设定检验结果，Hausman 检验结果表明模型（5.30）为固定效应模型，固定效应显著性检验结果进一步表明模型为时间固定效应模型。

表 5.21　　**Hausman 检验结果**

Hausman 统计量	Prob.
23.07	0.0000

表 5.22　　**固定效应显著性检验结果**

检验形式	F 统计量	Prob.
时间效应	13.37（11，419）	0.0000

4. 估计结果及分析

如表 5.23 所示，模型存在显著的组间异方差，因此我们采用稳健型估计结果进行分析。

表 5.23　　　　组间异方差检验结果

χ^2 统计量	Prob.
4055.66（36）	0.0000

从表 5.24 中的估计结果来看，稳健型 OLS 估计结果较为理想，根据 $\alpha + \beta + \lambda = 0.813415 < 1$ 的估计结果初步判断，中国工业部门整体上处于规模收益递减阶段，意味着中国工业部门各行业没有实现规模节约，行业规模的进一步扩大不利于全要素生产率框架下碳生产率的提高。为了保证所测算结果的可靠性，本书将继续采用 DEA 方法对中国工业部门规模经济效应进行评价。

表 5.24　　　　稳健型 OLS 估计方法结果

参数	估计值	估计标准误	t 统计量	Prob.
α	0.1547968	0.0346008	4.47	0.000
β	0.5051423	0.0486701	10.38	0.000
λ	0.1534757	0.0501255	3.06	0.002
$\overline{R}^2 = 0.9811$				

（三）基于数据包络分析方法的规模经济效应测度

1. 投入产出指标的选择

投入产出指标的选择，对于正确利用 DEA 方法解决相关问题至关重要。投入产出指标选择的优劣直接关系到评价结果的有效性和科学性。一般来说，投入产出指标的选择应遵循如下原则：① 投入指标与产出指标之间存在一种正向的关系，即投入的增加会使得产出增加而不是减少；② 投入指标与产出指标的测度标准必须一致，即各两位数行业投入产出指标的统计口径要一致；③ 保证投入产出指标的可获得性、真实性和权威性。依据以上指标选择的原则，并考虑到与前述基于柯布-道格拉斯生产函数所测算结果的可比性，本部分选择的投入指标仍为劳动力投入、资本投入、二氧化碳排放空间投入；产出指标为工业总产值。劳动力投入、资本投入、工业总产值的数据来源为历年《中国统计年鉴》和《中国工业经济统计年鉴》，二氧化碳排放空间投入数据为本书第3章测算的数据。

2. 样本的选择

DEA方法是通过建立生产前沿面和确立标杆来衡量技术效率和规模效率的一种效率评价方法。利用DEA方法研究中国工业部门各两位数行业的规模经济效应，是基于对历史数据的经验分析，因而在选取样本时，必须考虑如下两个方面：一是在量的方面，样本的个数应该大于投入产出指标的总个数；二是在质的方面则应保证决策单元（DUM）的同质性。

本书所选取的样本为面板数据（36个工业部门两位数行业1999—2011年的数据），样本容量为468，投入产出指标的个数为4，因而可以保证样本数大于投入产出指标总个数的要求。同时，本书所选取的行业都隶属于工业部门，这从一定意义上保证了决策单元的同质性。

3. 中国工业部门规模经济效应测度

本节分别基于产出导向和投入导向的假设对中国工业部门规模经济效应进行测度。

产出导向型规模效率的变化（SEC）被定义为：

$$\mathrm{SEC}_0^t(x_s,\ x_t,\ q)=\frac{\mathrm{SE}_0^t(x_t,\ q)}{\mathrm{SE}_0^t(x_s,\ q)} \tag{5.30}$$

式中 q 代表产出向量，x_s 代表 s 时期的投入向量，x_t 代表 t 时期的投入向量，如果SEC大于1，表明 t 时期的投入向量比 s 时期的投入向量更接近技术最有效的点所对应的投入向量，那么该决策单元（本书所研究的各两位数行业）在 t 时期就表现出规模经济。公式（5.30）中SEC的测量值取决于产出向量的选择以及相应的距离函数的参照技术。一种自然的选择就是分别选取时期 s 和时期 t 的技术作为参照技术，分别选取产出向量 q_s 和 q_t。这种选择导致规模效率变化的两个不同的测量值，在此取几何平均值作为合适的测量。因此，有如下SEC的测量：

$$\mathrm{SEC}_0^{s,t}(x_s,\ x_t,\ q_s,\ q_t)=\left[\mathrm{SEC}_0^s(x_s,\ x_t,\ q_s)\times\mathrm{SEC}_0^t(x_s,\ x_t,\ q_t)\right]^{0.5} \tag{5.31}$$

同理，可得基于投入导向假设的SEC的测量为：

$$\mathrm{SEC}_0^{s,t}(x_s,\ x_t,\ q_s,\ q_t)=\left[\mathrm{SEC}_0^s(x_s,\ q_s,\ q_t)\times\mathrm{SEC}_0^t(x_t,\ q_s,\ q_t)\right]^{0.5} \tag{5.32}$$

分别根据公式（5.31）和（5.32），运用MAXDEA5.2，得到如表5.25所示的中国工业部门规模效应测算结果（表中 SEC（O）和 SEC（I）分别表示基于产出导向假设和投入导向假设的规模效率）。

表 5.25 中国工业部门两位数行业规模效率变化情况

行业编号	SEC（O）	SEC（I）	行业编号	SEC（O）	SEC（I）
B1	1.002	0.998	C14	1	0.987
B2	0.993	1.001	C15	0.996	0.999
B3	1.021	1.021	C16	0.999	1.003
B4	1	1.004	C17	0.998	1
B5	0.995	1.005	C18	0.997	0.997
C1	0.996	0.995	C19	0.996	0.995
C2	0.997	0.998	C20	1	0.986
C3	0.997	0.999	C21	0.993	0.993
C4	1	1	C22	0.998	0.997
C5	1.003	0.999	C23	0.996	0.995
C6	1.002	1.002	C24	0.999	0.999
C7	1.003	1.003	C25	1	0.991
C8	0.998	1.004	C26	0.996	0.995
C9	1.014	1.014	C27	0.992	0.992
C10	0.994	0.998	C28	1.004	1.005
C11	1	1	D1	0.994	0.981
C12	0.987	0.987	D2	1.022	1.031
C13	0.997	0.997	D3	1	1
平均值	SEC（O）		0.999		
	SEC（I）		0.999		

注：各行业编号对应的行业名称见附录 1。

从表 5.25 中的测算结果可以看出，无论是基于产出导向还是投入导向假设，中国工业部门总体上都表现出规模不经济，但这种规模不经济程度较轻。这与基于柯布-道格拉斯生产函数的实证研究结论基本一致，表明中国工业部门确实存在规模不经济。接下来，本书将对中国工业部门规模不经济对全要素生产率框架下碳生产率的影响进行详尽的分析。

三、内部规模效应与碳生产率

上文的测算结果表明，中国工业部门整体表现出规模不经济。而规模不经济又源于两个层面的不经济，即内部规模不经济和外部规模不经济。内部规模不经济表现为随着企业规模的扩大，企业的长期平均成本上升。那么，中国工业部门的内部规模效应对碳生产率会产生怎样的影响，是本节所要探讨的主要问题。

（一）经济计量模型、变量及数据说明

采用的数据为中国工业部门 1999—2016 年 36 个两位数行业①的面板数据。以第 3 章所测算的全要素生产率框架下的碳生产率作为被解释变量，用规模收益（利润总额/资产总计）作为解释变量，以考察中国工业部门各行业的内部规模经济效应对碳生产率的影响，可以得到如下面板数据模型：

$$M\_P_{i,t} = \mu_i + \eta_t + \alpha + \gamma_1 \text{scale\_}r_{i,t} + \varepsilon_{i,t} \tag{5.33}$$

式中，i 代表行业，t 代表年份（t=1999，2000，…，2016）；μ_i 和 η_t 分别代表个体效应和时间效应；$\varepsilon_{i,t}$ 为随机误差项，α 代表截距项。

$\text{scale\_}r_{i,t}$ 为各两位数行业的规模收益，用以反映内部规模经济效应。γ_1 为待估参数，其值若大于 0 则表明内部规模经济效应对碳生产率具有促进作用。

（二）面板单位根检验

仍然采用 LLC 法对模型（5.33）中的变量进行面板单位根检验，结果如表 5.26 所示。结果显示变量均为平稳变量，可直接进行模型设定检验。

表 5.26　　面板单位根检验结果

变量	检验类型（C，T）	LLC 值
$M\_P_{i,t}$	（C，T）	-27.628 （0.0000）
$\text{scale\_}r$	（C，T）	-11.027 （0.0000）

① 由于部分行业数据的缺失，样本个数为 36 个，没有包括其他采矿业、工艺品及其他制造业和废弃资源和废旧材料回收加工业。

（三）模型设定检验

从表 5.27 中的 Hausman 检验来看，在 5%的显著性水平下，模型（5.33）为随机效应模型，进而需要对随机效应的显著性进行检验。表 5.28 中的检验结果表明，模型（5.33）为个体时间随机效应模型。

表 5.27　　**Hausman 检验结果**

Hausman 统计量	Prob.
1.62	0.2028

表 5.28　　**随机效应显著性检验结果**

检验形式	χ^2 统计量	Prob.
个体效应	379.68（1）	0.0000
个体时间效应	640.24（2）	0.0000

（四）估计结果及分析

表 5.29 中的序列相关检验结果表明，模型（5.33）存在显著的序列相关性，因此我们采用广义最小二乘估计方法（GLS）对结果进行分析（见表 5.30）。

表 5.29　　**序列相关检验结果**

χ^2 统计量	Prob.
39.59（1）	0.0000

从表 5.30 中的估计结果来看，γ_1 的大小为 0.0057，表明内部规模经济效应对全要素生产率框架下的碳生产率具有正向的影响。也就是说当内部规模效应表现出规模经济性时，中国工业部门各两位数行业的碳生产率会上升；当内部规模效应表现出规模不经济性时，中国工业部门各两位数行业的碳生产率则会下降。表 5.31 显示了中国工业部门历年规模收益的平均值。

表 5.30　**GLS 方法估计结果**

参数	估计值	估计标准误	t 统计量	Prob.
α	0.4633815	0.0315718	14.68	0.000
γ_1	0.0057008	0.0021564	2.64	0.008

从表 5.31 可以看出，中国工业部门的规模收益整体上呈上升趋势，说明中国工业部门整体上表现出内部规模经济，表明内部规模不经济并不是中国工业行业整体呈现出规模不经济的原因。结合表 5.30 的实证结果，可以得出如下结论：中国工业部门呈现出内部规模经济，且内部规模经济会正向促进碳生产率的提高。那么是否意味着，外部规模不经济是中国工业部门规模不经济的原因？外部规模不经济是否会抑制中国工业部门碳生产率的提高？这些问题需要进一步进行实证考量。

表 5.31　**我国工业部门历年规模效益**

年份	规模收益（元）	年份	规模收益（元）
1999	0.910941	2008	8.641482
2000	2.011741	2009	8.500229
2001	1.9802	2010	10.58783
2002	4.59232	2011	11.04583
2003	5.088078	2012	10.00787
2004	6.282666	2013	12.9913
2005	7.000346	2014	11.8764
2006	7.644797	2015	13.6392
2007	8.884811	2016	13.7143

四、外部规模效应与碳生产率

本部分要回答三个问题，中国工业行业是否存在外部规模不经济？如果存在外部规模不经济，其对中国工业部门整体规模不经济的影响有多大？进而外部规模不经济对碳生产率是否也会产生负向的影响？

（一）中国工业部门外部规模经济的衡量

外部规模不经济的来源主要有两个方面，一是过度竞争，二是行政垄断。过度竞争产生的规模不经济是指在行业集中度低的产业中，企业盲目进入和难以退出长期存在，引起产业经济效益下降；行政垄断产生的规模不经济是指在我国经济转轨过程中，行政权力进入市场而导致的产业经济效益下降。本书认为，中国工业部门外部规模不经济可能主要来源于行政垄断。这是由于，在样本期间，中国工业企业国有成分占比较高，这从某种意义上来说会使得工业部门各行业出现行政垄断。表 5.32 显示了 1998—2009 年中国工业部门各两位数行业中国有控股企业的工业总产值占比情况。

表 5.32 国有控股企业工业总产值占比

行业编号	国有控股企业工业总产值占比（%）	行业编号	国有控股企业工业总产值占比（%）
B1	68.262	C14	32.565
B2	92.283	C15	28.653
B3	25.610	C16	26.465
B4	36.230	C17	20.399
B5	23.246	C18	6.4987
C1	15.682	C19	16.885
C2	15.724	C20	50.724
C3	30.708	C21	36.060
C4	95.742	C22	8.2510
C5	12.948	C23	25.332
C6	3.022	C24	30.066
C7	1.815	C25	52.496
C8	8.84779	C26	12.218
C9	3.9685	C27	17.795
C10	15.395	C28	13.165
C11	23.482	D1	84.392
C12	3.184	D2	57.066
C13	74.576	D3	73.982

注：各行业编号对应的行业名称见附录 1。

从表5.32可以看出，中国工业部门各两位数行业整体上表现出很强的行政垄断。国有控股企业生产总值占比较高的几个行业（如：煤炭开采和洗选业、石油和天然气开采业、石油加工炼焦及核燃料加工业、电力、热力、燃气及水的生产和供应业等）的共同特征是能源消费量大。这意味着，将二氧化碳排放空间作为投入要素进行规模经济性的分析时，能源消费较高行业的规模经济性对整个行业的规模经济性起着举足轻重的作用。这些行业的行政垄断导致了各自行业的规模不经济，那么中国工业部门整体也将表现出规模不经济，进而对碳生产率产生负向的影响。

（二）行业行政垄断对中国工业部门碳生产率的影响

行政垄断有可能是中国工业部门呈现出规模不经济的重要原因，进而也是影响中国工业部门碳生产率提升的重要原因。本书探讨的是外部规模经济对碳生产率的影响，因此，将直接对中国工业部门外部规模不经济的主要来源（行政垄断）与碳生产率之间的关系进行实证研究。

1. 经济计量模型、变量及数据说明

采用的数据为中国工业部门1999—2016年36个行业①的面板数据。本书用各两位数行业中国有控股企业工业生产总值占比代表行政垄断，来考察中国工业部门各行业的外部规模经济效应，得到如下面板数据模型：

$$\ln M\_P_{i,t} = \mu_i + \eta_t + \gamma_2 \ln scale\_w_{i,t} + \varepsilon_{i,t} \quad (5.34)$$

式中，i代表行业，t代表年份（$t=1999, 2000, \cdots, 2016$）；$\mu_i$和$\eta_t$分别代表个体效应和时间效应；$\varepsilon_{i,t}$为随机误差项。

$scale_w_{i,t}$为各两位数行业中国有控股企业工业生产总值占比，用以反映行业行政垄断程度。γ_2为待估参数，表示全要素生产率框架下的碳生产率对行业行政垄断程度的弹性系数，其值若小于0则表明行业行政垄断所造成的外部规模不经济，使得中国工业部门各两位数行业碳生产率的增长与行业垄断程度的变化呈反方向变动，说明外部规模不经济对中国工业部门碳生产率的增长具有阻碍作用。

2. 模型设定检验

从表5.33中的Hausman检验来看，模型（5.34）为随机效应模型，进而需要对随机效应的显著性进行检验。表5.34中的检验结果表明，模型

① 因部分行业数据的缺失，样本个数为36个，没有包括其他采矿业、工艺品及其他制造业和废弃资源和废旧材料回收加工业。

(5.34) 为个体时间随机效应模型。

表 5.33　**Hausman 检验结果**

Hausman 统计量	Prob.
0.14	0.7091

表 5.34　**随机效应显著性检验结果**

检验形式	χ^2 统计量	Prob.
个体效应	621.56 (1)	0.0000
个体时间效应	73.67 (2)	0.0000

3. 估计结果及分析

表 5.35 中的序列相关性检验结果表明，模型（5.35）存在显著的序列相关，因此采用广义最小二乘（GLS）估计方法的结果进行分析（见表 5.36）。

表 5.35　**序列相关性检验结果**

χ^2 统计量	Prob.
2.0e+05 (01)	0.0000

表 5.36　**GLS 估计方法结果**

参数	估计值	估计标准误	t 统计量	Prob.
γ_2	−0.0472013	0.0232415	−2.03	0.042

从表 5.36 中的估计结果来看，γ_2 的大小为−0.047，表明当各两位数行业行政垄断程度每增加 1%，各行业的碳生产率则会降低 0.047%，说明行政垄断对中国工业部门碳生产率具有负向的影响，进而说明外部规模不经济对中国工业部门各两位数行业碳生产率具有显著的负向影响。为了使中国工业部门各两位数行业的碳生产率得到提升，应该尽量降低国有控股企业在各行业中所占的比例，换言之就是加大中国工业部门各两位数行业的市场化程度，从而尽量降低其行政垄断程度。

五、小结

本节在理论分析的基础上，利用中国工业部门1999—2011年36个两位数行业的面板数据，对中国工业部门的规模经济效应进行了测度，并实证分析了规模经济效应对中国工业部门全要素生产率框架下碳生产率的影响，研究结论表明：

①中国工业部门整体上表现出规模不经济。分别利用生产函数法和DEA方法对中国工业部门的规模经济效应进行了测度，两种方法的测度结果都表明，中国工业部门各两位数行业整体上表现出规模不经济。

②内部规模经济对中国工业部门各两位数行业的碳生产率具有显著的正向影响。选择相关指标对中国工业部门的内部规模经济进行了考量，发现中国工业部门表现出内部规模经济。通过实证分析发现，中国工业部门的内部规模经济促进了全要素生产率框架下碳生产率的提高。

③外部规模不经济对中国工业部门各两位数行业的碳生产率具有显著的负向影响。结合中国经济发展和工业发展实际，本书认为行业行政垄断是中国工业部门外部规模不经济的主要原因。经过实证研究发现，行业行政垄断确实对中国工业部门全要素生产率框架下的碳生产率提升起到了阻碍作用。

第三节 技术进步与中国工业部门碳生产率的关系研究

技术进步、知识进展或技术创新是提高生产率的关键，这已成为一个基本共识。J. W. Kendrick（1961）、Edward H. Denison（1962）等经济学家对全要素生产率增长因素的解释中，就将知识进展（技术进步）作为要素生产率增长的第三个重要因素。本节的研究主要是在对技术进步的内涵进行分析的基础上，进而实证研究技术进步对中国工业部门全要素生产率框架下碳生产率的影响。

一、技术进步理论

（一）技术进步的内涵

在经济学领域，技术进步有广义技术进步和狭义技术进步两种理解。

熊彼特（J. A. Schumpeter）认为技术进步是一个过程，该过程包括技术发明、技术创新和技术扩散三个相互联系的环节。在这里，技术进步既包括新技术、新工艺及新产品开发及应用，又包括市场创新、组织创新和管理创新等，是广义的技术进步。

索洛（Solow，1957）把“技术进步”表述为“生产函数任何一种形式的移动（变化）”，“经济的加速和减速、劳动力受教育状况的改进以及各种各样使得生产函数发生移动（变化）的因素都可以归入技术进步之中”，即用全要素生产率的变化来代表技术进步。

肯德里克（John W. Kendrick）在1961年出版的《美国的生产率增长趋势》一书中，把经济增长中不能被要素投入增长解释的部分（“增长余值”）定义为“要素生产率的增长”；要素生产率增长的主要内容是技术进步水平、技术创新与扩散程度、资源配置的改善、经济规模等。肯德里克将技术进步定义为要素生产率增长的组成部分，因此与索洛的定义相比他的定义所指的内涵更为具体一些。

罗默（Paul M. Romer）从新增长理论视角出发，认为技术是理论知识和实践经验的混合，所谓技术进步就是对现有技术的进一步发展，即知识的发展。他把知识进展看作经济增长的一个内生的独立因素，认为知识可以提高投资效益。

上述学者对技术进步的解释都属于广义技术进步的范畴，即产出增长中扣除劳动力和资本投入增加的作用后，所有其他因素作用的总和，包括各种知识的积累和进展。

技术进步还包括狭义技术进步，即生产领域和生活领域内所取得的技术进步。具体表现为对旧设备的改造、采用新设备、改进旧工艺、采用新工艺以及使用新的原材料和能源、对原有产品进行改进和研究开发新产品、提高工人的劳动技能等。

（二）技术进步的类型

1. 中性技术进步、资本节约型技术进步和劳动节约型技术

学者们根据不同的前提假设和分类标准将技术进步分为三类：中性技术进步、资本节约型技术进步和劳动节约型技术。

希克斯（Hicks，1932）将技术进步分为资本节约型技术进步、劳动节约型技术进步和中性技术进步。中性技术进步，指在资本-劳动比率（K/L）一定时，使资本边际生产力对劳动边际生产力比率保持不变的技术进步，或者说技术进步并没有改变资本的边际产量与劳动的边际产量之间的比率。资本的边际产量提高大于劳动的边际产量提高的技术进步就是劳动节约型技术进步，这

时企业更愿意用更多的资本来替代劳动，所以体现为劳动节约型技术进步。同理，如果劳动的边际产量提高大于资本的边际产量提高，那么企业更愿意用劳动去替代资本，于是就体现为资本节约型技术进步。

哈罗德同样将技术进步分为资本节约型技术进步、劳动节约型技术进步和中性技术进步，但其假设前提发生了变化。他所指的中性技术进步，指资本-产出比不变以及利润率不变的技术进步。如果技术进步使得资本-产出比下降、上升或者不变，那么相应的技术进步分别称为资本节约型技术进步、劳动节约型技术进步或中性技术进步。

索洛假设资本-产出比不断变化和工资率不变，若技术进步使得劳动产出比上升、下降或不变，那么相应的技术进步分别称为劳动使用型技术进步（资本节约型技术进步）、劳动节约型技术进步或中性技术进步。

2. 体现型（embodied）技术进步

体现型技术进步思想最早由 Solow（1960）提出，“正如蒸汽机物化有蒸汽动力这一新概念一样，许多发明是需要物化到新的耐用设备中去才能发挥作用的”，设备资本通常能物化最新的技术进步成果。物化性技术进步引起资本品的异质性（heterogeneity），不同时期投资的资本品不再是同质的，“每一个资本品都物化了它建造之时的最新技术”（Phelps，1962），较新的机器比“旧”机器生产效率更高、质量更好。伴随大量新的设备资本投资，技术进步的速率将加快，技术的力量传导到经济活动中去，并最终影响经济增长和生产率的提高，这实际上也重新肯定了在解释经济增长方面资本积累的相对重要性。

20 世纪 90 年代中后期，国外学者 Gordon（1990、2000、2002），Greenwood 和 Yorukoglu（1997），Greenwood、Hercowitz、Krusell（1997）和 Greenwood、Jovanovic（2001）等发现欧美发达国家出现经济高增长、资本累积加速但全要素生产率代表的技术进步的增长率却持续下降，为了解释新的经济增长现象，体现型技术进步才逐渐成为研究的热点，不少学者对体现型技术进步进行了详细的解释。

A. Szirmai，M. P. Timmer 和 R. Kamp（2002）指出，任何一个产品的生产都离不开机器设备的作用，只有各种机器设备共同作用并实现有效组合，才能实现产品的生产，而生产过程中使用的机器设备质量和技术水平，特别是生产设备的技术含量和组合配置效率，直接决定行业要素生产率和技术效率，技术进步往往无法通过无形形式单独作用于经济增长，通常需要借助于具体的实物形态进入生产过程，机器设备正是技术进步的有效载体。

R. Boucekkine（2005）等认为传统方法度量的技术进步不能正确度量真实的技术进步，这是因为内生经济增长模型假定技术进步与资本积累相互独立，这类假定的技术进步测算方法无法捕获新增设备资本品的质量变化。在这里新增设备资本品的质量变化，就是资本体现型技术进步。

我国学者宋冬林、王林辉和董直庆（2011）等认为现实经济中的技术进步并非完全以独立方式提高要素质量和配置效率，无偏中性技术进步只是同比例提高生产要素投入效率，若要素发展和经济增长仅来自中性技术进步，利用索洛剩余法度量全要素生产率就可以有效测算技术进步和经济增长质量。但技术进步通常依附于资本或劳动投入，并非均等地提高资本和劳动的质量及其生产率。

（三）技术进步的源泉

1. 自主创新

自主创新是技术进步和技术改善的一个重要来源，强调的是创新主体获得知识产权的自主性，即创新主体通过独立的开发活动攻破技术难关，产生技术突破，完成技术的商品化转化，从而获得商业利润。

自主创新包括三个方面：一是加强原始性自主创新，努力获得更多的科学发现和技术发明；二是加强集成自主创新，使各种相关技术有机融合，形成具有市场竞争力的产品和产业；三是在引进国外先进技术的基础上，积极促进消化吸收和再创新。上述三个方面，分别代表自主创新的三个层次，“引进消化再创新”为第一个层次，属于初级阶段；“集成创新”是第二个层次，属于中级阶段；“原始创新”是第三个层次，属于高级阶段。

2. 技术溢出

在内生经济增长理论中，技术溢出是技术进步的重要源泉。

（1）干中学（learning by doing）与知识溢出

由于对新古典增长理论将技术看成外生变量不满意，Arrow（1962）将干中学和知识溢出结合起来解释技术进步的原因。他假定技术进步或生产率提高是资本积累的副产品，即投资产生溢出效应，不仅进行投资的厂商可以通过积累生产经验而提高其生产率，其他厂商也可以通过“学习”而提高生产率。据此，阿罗将技术进步看成由经济系统决定的内生变量。在 Arrow 模型中，总量生产函数可以写成：

$$Y = F(K,\ AL) \tag{5.35}$$

式中知识存量 $A = K^{\alpha}$，$\alpha < 1$，代表知识是投资的副产品，即投资产生的

溢出效应。在 Arrow 模型中，A>1 即全要素生产率的变化随着资本的增加而增加。

罗默（Romer，1986）的技术外溢模型继承了阿罗的思想，在罗默的技术溢出模型中，α 可以大于 1，内生的技术进步是经济增长的唯一源泉。罗默假定：知识是追逐利润的厂商进行投资决策的产物，因此知识是经济系统决定的内生变量；知识具有溢出效应，任何厂商生产的知识都能提高全社会的生产率。罗默认为，知识溢出对于解释经济增长是不可缺少的。

卢卡斯（1988）则认为全经济范围内的外部性是人力资本的溢出造成的。卢卡斯认为，人力资本既具有内部效应，又具有外部效应。人力资本的内部效应是指个人拥有的人力资本可以给他自己带来收益；人力资本的外部效应是指个人的人力资本有助于提高所有生产要素的生产率，但个人并不因此而获益，所以人力资本的外部效应就是指人力资本所产生的正的外部性。

（2）国际技术溢出

关于国际技术溢出的定义本书主要是借鉴傅东平（2009）的研究。他对国际技术溢出做了如下定义：所谓国际技术溢出，是指通过技术在国际范围内的非自觉扩散，促进东道国技术水平和生产力水平的提高，它是技术扩散的外部效应，是在国与国之间发生的技术溢出。他还认为国际技术溢出主要有外商直接投资（foreign direct investment，FDI）和国际贸易两个途径。

关于 FDI 的技术溢出效应：MacDougall（1960）首次分析了 FDI 的技术溢出现象，他认为 FDI 的一个重要现象就是国际技术溢出效应，该效应是外商直接投资所产生的一种外部性现象，具有重要的福利效应。Kokko（1994）认为通过模仿、竞争、关联和人力资本流动四种途径 FDI 可以引发技术溢出效应，从而对东道国的生产率产生影响，其作用的机制非常复杂，而且作用的方向不确定，可以是“正向溢出”“负向溢出”或者是“无溢出”。Balasubramanyam（1998）和 Borenztein（1998）认为东道国必须具备一定的技术基础和人力资本条件（“门槛条件”），FDI 的技术溢出才能成为现实。国内学者基于中国样本也做了大量的经验研究，沈坤荣和耿强（2001）的研究得出了 FDI 占 GDP 的比重增长 1%，TFP（total factor productivity）可以提高 0.37%的结论，认为 FDI 可以通过技术外溢效应使东道国的技术水平、组织效率不断提高，从而提高国民经济的综合要素生产率。何洁（2000）的研究认为我国工业部门的 FDI 溢出效应存在经济发展门槛效应，即在经济发展达到某一个水平以后，FDI 外溢效应的作用水平将发生显著的跳跃，进入另外一个更高的层次。蒋殿春和张宇（2008）对技术溢出的门槛水平进行了测度。易行健和李良生

(2007) 的研究表明 FDI 对广东省内资工业部门有正向的技术外溢效应，但效应有限，而负向的竞争效应和人力资本流动效应却大大超过了正向的技术外溢效应，并且改制后的国有企业是外资外溢效应的最大受益者。

国际贸易的技术溢出：新贸易理论认为，贸易通过技术溢出对生产率增长产生重要的影响（Grossman and Helpman，1991），技术溢出的效果与贸易品的技术密集度相关（Coe and Helpman，1995；Worz，2004），并且需要与一定的人力资本存量相结合（Benhabib and Spiegel，2003；Yanling，2007）。Fu (2005) 对中国制造业的研究发现，出口并没有显著促进各行业生产率增长，而 Wei 和 Liu (2006) 却得出了中国制造业间存在显著的 R&D 技术溢出和国际贸易技术溢出的结论。李小平等（2006，2008）利用国际 R&D 溢出回归法进行的研究也发现国际 R&D 通过进口贸易渠道促进了中国工业部门的全要素生产率增长。许培源和高伟生（2009）利用 1994—2007 年我国东、中、西部三个地区的面板数据，结合贸易结构和人力资本水平分析国际贸易对中国技术创新能力的溢出效应，发现东部地区的进口贸易显著提高了其技术创新能力，中西部地区由于贸易结构和人力资本水平的制约，贸易仅仅对技术含量较低的技术创新产生了影响。

二、中国工业部门技术进步路径选择

中国作为一个发展中国家，其技术进步路径有其特殊性。易纲等（2003）认为中国作为新兴经济体有其特殊性，技术进步主要靠引进技术，从发达国家购买设备。黄先海等（2006）利用中国工业数据进行的分析也发现，中国的技术进步完全可能融合于物化型设备投资中，通过设备更新换代提升技术进步和要素生产率，他们还利用设备投资和发明专利数衡量体现型技术进步，发现设备投资在 GDP 中的比重每提高 1%，人均 GDP 增长率就增长近 0.40%，设备资本对 TFP 增长的平均贡献接近 36%（黄先海等，2008）。林毅夫（2007）也指出一个国家“处于发展中阶段时，技术创新主要是靠从发达国家引进技术设备，只有到了发达阶段各个产业的技术大多已经处于世界的最前沿时才转而以不表现为资本的研发来取得技术创新”。赵志耘等（2007）构建出一个区分设备资本投资和建筑资本投资的内生经济增长模型，通过界定设备资本投资和建筑资本投资的相对价格和边际收益与技术进步的关系，依据中国经济改革过程中高投资收益率和设备相对价格下降的经验事实，发现中国设备资本积累速度远高于建筑资本积累速度，进而肯定了中国资本体现型技术进步的存在。王玺和张勇（2010）认为，中国存在技术进步，但是这种技术进步主要是以引进技术和设备为主的体现型技术进步，相对而言以研发为主的一般技术进步对增长的贡献不足，尽管这种技术进步方式可以充分发挥发展中国家的后发优势，但是要实现经济赶超，中国必须重视自主创新能力的提高。

可见，大部分学者的研究表明，中国的技术进步主要表现为资本体现型技术进步，而资本体现型技术进步主要体现在先进设备的引进。那么，中国工业部门的技术进步是否也表现为资本体现型技术进步呢？本小节将对中国工业部门技术进步路径的选择进行详尽的分析。

（一）中国工业部门技术进步存在性的总体判断

目前学术界关于技术进步水平的估算方法主要为指数法和经济计量法。指数法的代表是 Fare 等于 1994 年提出的 Malmquist 指数，该方法仅需要数量方面的信息避开了因价格因素产生的估计误差，同时也摆脱了诸多严格假设（比如产业均衡规模、报酬不变、技术稳定性变化等），因此 Malmquist 指数法灵活性较大，得到了广泛的应用。经济计量法主要是通过生产函数对技术进步进行估算，随之而来的问题就是模型的制约，而且如果采用的数据存在价格数据，就会受到价格的干扰。由于中国工业部门数据的有限性，尤其是价格数据获取难度较大，且考虑到 Malmquist 指数的灵活性，故本书选择指数法对中国工业部门的技术进步率进行估算。

同本书第 3 章一样，本节所选择的样本年份为 1998—2016 年，选取的截面为中国工业部门 36 个两位数行业（不包括其他采矿业、工艺品及其他制造业和废弃资源和废旧材料回收加工业）。以 1998 年不变价工业总产出来代表产出，投入分为劳动力、资本和二氧化碳排放空间投入。数据主要来源于历年《中国统计年鉴》《中国工业经济统计年鉴》。与第 3 章所不同的是本小节所采用的距离函数不对劳动力、资本和二氧化碳排放空间投入进行区别对待。技术进步率的测量值可表示为：

$$TC_0^{s,t}(x_s, q_s, x_t, q_t) = \left[\frac{d_0^t(x_s, q_s)}{d_0^s(x_s, q_s)} \times \frac{d_0^t(x_t, q_t)}{d_0^s(x_t, q_t)}\right]^{0.5} \qquad (5.36)$$

TC 表示技术进步率，其测量数值大于 1 就表示存在技术进步。利用 MAX-DEA5.2 软件，可以得到中国工业部门技术进步的估算值。由于篇幅限制，本书只列出各两位数行业技术进步历年估算值的平均值（见表 5.37），从估算结果看，中国工业部门各两位数行业 TC 的历年平均值均大于 1，表明各两位数行业均存在技术进步。

表 5.37　　中国工业部门各两位数行业技术进步率的估算值

行业编号	TC	行业编号	TC
B1	1.046	C14	1.022
B2	1.056	C15	1.033
B3	1.031	C16	1.041
B4	1.041	C17	1.046
B5	1.010	C18	1.014
C1	1.016	C19	1.014
C2	1.033	C20	1.030
C3	1.032	C21	1.016
C4	1.063	C22	1.015
C5	1.050	C23	1.030
C6	1.057	C24	1.042
C7	1.056	C25	1.046
C8	1.004	C26	1.050
C9	1.058	C27	1.092
C10	1.023	C28	1.070
C11	1.025	D1	1.044
C12	1.053	D2	1.014
C13	1.063	D3	1.012
平均值		1.037	

注：各行业编号对应的行业名称见附录 1。

（二）中国工业部门技术进步路径选择的实证分析

表 5.37 中的估算结果表明，中国工业部门在样本期间存在技术进步，而且诸多文献研究表明中国的技术进步主要来自资本体现型技术进步，接下来将通过详尽的实证分析对中国工业部门技术进步是否也是源于资本体现型技术进步进行判断。

1. 经济计量模型、数据及变量选择

如前所述，技术进步可分为非体现型中性技术进步和体现型技术进步。

非体现型中性技术进步主要通过技术创新实现，能直接反映技术创新水平的是科学研究与试验发展（R&D）投入情况，包括：R&D 人员投入量、R&D 经费支出，这两个指标通常具有高度的相关性，因此本书用 R&D 经费支出来表示 R&D 投入情况。然而 R&D 经费支出是一个流量指标，表示当年用于研究开发的新增支出，而各行业所拥有的技术知识是以往研究所产生的知识和经验的积累，为此，本书需要对 R&D 存量进行估算，然后将 R&D 存量作为非体现型的中性技术进步的代理变量，去分析非体现型技术进步对各两位数行业技术进步的作用。在国内外学者的相关研究中，R&D 存量的估算一般采用戈登史密斯（Goldsmith）于 1951 年提出的永续盘存法。因此，本书也用这一方法对中国工业部门各两位数行业的 R&D 存量进行估算。

采用永续盘存法对 R&D 存量进行估算的基本公式为（Griliches，1980a，1986，1998；Gotoand Suzuki，1989）[148-151]：

$$R_t = \sum_{i=0}^{n} \mu_i E_{t-i} + (1-\delta) R_{t-1} \tag{5.37}$$

公式（5.37）中 R 表示 R&D 存量，i 表示滞后期，μ 为 R&D 经费支出的滞后贴现系数，E 代表 R&D 经费支出流量，δ 为 R&D 存量的折旧率。由于 R&D 经费支出滞后结构信息的获取难度非常大，因此本书假定平均滞后期为 1，则公式（5.37）可以转化为公式（5.38）的形式：

$$R_t = E_t + (1-\delta) R_{t-1} \tag{5.38}$$

由公式（5.38）可知，对 R&D 存量进行估算需要获取四个变量的信息：①基期 R&D 存量 R_0；②折旧率 δ；③当期 R&D 经费支出流量；④R&D 价格指数。

对于基期 R&D 存量 R_0 的确定，一般是采用 Goto 和 Suzuki（1989）以及 Coe 和 Helpman（1995）的方法。具体计算公式见公式（5.39），其中 g 为 R&D 经费支出流量的平均增长率。

$$R_0 = \frac{E_0}{g+\delta} \tag{5.39}$$

对于 R&D 的折旧率 δ 的确定，现有大多数文献在对 R&D 存量进行估算的过程中通常采用 15%的折旧率，因此，本书也选择 15%的折旧率对中国工业部门各两位数行业的 R&D 存量进行估算。对于 R&D 经费支出流量数据，由于我国从 2003 年开始才有正式的关于工业部门各细分行业的 R&D 经费支出数据，因此，本书选择的样本始于 2003 年。对于 R&D 价格指数，参照朱平芳和徐伟民（2003）的研究，本书采用居民消费价格指数和固定资产投资价格指数的加权平均值来代替。①

体现型技术进步主要借助于其他要素的投入来实现，相关文献的研究表明中国的体现型技术进步表现为资本体现型技术进步。在资本体现型技术进步的研究中，通常用投资的相对价格来反映，如陈师和赵磊（2009）就以消费价格指数与设备价格指数比例的变化来衡量投资专有技术进步；董直庆和王林辉（2011）利用设备工业品与建筑工业品的相对价格的倒数来表征资本体现型技术进步的增长。对于中国工业部门来说，资本体现型技术进步可以用工业品出厂价格指数与投资价格指数比例的变化来衡量，具体来说用工业品出厂价格指数与投资价格指数之比来计算投资的相对价格。

本书采用面板数据模型对中国工业部门技术路径选择进行实证分析，使用的数据为中国工业部门2003—2016年36个两位数行业的面板数据，得到如下面板数据模型：

$$\ln TC_{i,t} = \mu_i + \eta_t + \alpha_1 \ln ETC_{i,t} + \alpha_2 \ln DTC + \varepsilon_{i,t} \tag{5.40}$$

式中，i 代表行业，t 代表年份（t=2003，2000，…，2016）；μ_i 和 η_t 分别代表个体效应和时间效应；$\varepsilon_{i,t}$ 为随机误差项。

$TC_{i,t}$ 为前文估算的技术进步率，$ETC_{i,t}$ 为各两位数行业的投资相对价格（工业品出厂价格指数与投资价格指数之比），用以反映中国工业部门各两位数行业的资本体现型技术进步；$DTC_{i,t}$ 为各两位数行业的R&D存量，用以反映中国工业部门各两位数行业的非体现型的中性技术进步。α_1 和 α_2 为待估参数，分别表示技术进步率对资本体现型技术进步和非体现型的中性技术进步的弹性。

2. 模型设定检验

本节所采用的面板数据为大 N 小 T 型面板数据，同样利用LLC法进行面板单位根检验。检验结果显示模型（5.40）中各变量均为平稳变量，因此可以直接进行模型设定的检验。

从表5.38中的Hausman检验结果来看，在 α =0.05的显著性水平下，接受了原假设，模型（5.40）应为随机效应模型，进而需要对随机效应的显著性进行检验。表5.39的检验结果表明，模型（5.40）应为个体时间随机效应模型。

---

① 居民消费价格指数的权重为0.55，固定资产投资价格指数的权重为0.45。

表 5.38 **Hausman 检验结果**

Hausman 统计量	Prob.
1.92	0.1662

表 5.39 **随机效应显著性检验结果**

检验形式	χ^2 统计量	Prob.
个体效应	21.12（1）	0.0000
个体时间效应	22.11（2）	0.0000

3. 估计结果及分析

表 5.40 中的序列相关性检验结果表明，模型（5.40）存在显著的序列相关，因此本书采用广义最小二乘（GLS）估计方法结果进行分析（见表 5.41）。

表 5.40 **序列相关性检验结果**

χ^2 统计量	Prob.
10.87	0.0010

表 5.41 **GLS 估计方法结果**

参数	估计值	估计标准误	t 统计量	Prob.
α_1	0.4163872	0.1556007	2.68	0.007
α_2	0.0153412	0.0076675	2.00	0.045

从表 5.41 的估计结果可以看出，资本体现型技术进步与非体现型的中性技术进步对中国工业部门的技术进步都有显著的影响。弹性系数估计值均大于 0，说明中国工业部门的技术进步源于资本体现型技术进步与中性技术进步的共同作用。从弹性系数的绝对值来看，α_1 明显大于 α_2，表明中国工业部门的技术进步主要依靠资本体现型技术进步推动，非体现型的中性技术进步的推动作用比较微小，而且从显著性检验结果来看，资本体现型技术进步的推动作用

更为稳健。

三、技术进步对碳生产率影响的实证研究

前文的研究结论认为，中国工业部门的技术进步主要来源于资本体现型技术进步，但以 R&D 存量表示的非体现型的中性技术进步也对行业技术进步产生了显著影响，因此本小节将通过构建计量经济模型，对资本体现型技术进步和非体现型技术进步对碳生产率的影响进行进一步分析。

1. 经济计量模型、数据及变量说明

本书采用面板数据模型对资本体现型技术进步与中国工业部门碳生产率之间的关系进行实证分析，使用的数据为中国工业部门 2003—2011 年 36 个两位数行业的面板数据，得到如下面板数据模型：

$$\ln M\_P_{i,t} = \mu_i + \eta_t + \gamma_1 \ln \mathrm{ETC}_{i,t} + \gamma_2 \ln \mathrm{DTC}_{i,t} + \varepsilon_{i,t} \tag{5.41}$$

式中，i 代表行业，t 代表年份（t=2003，2000，…，2011）；μ_i 和 η_t 分别代表个体效应和时间效应；$\varepsilon_{i,t}$ 为随机误差项。

$\mathrm{ETC}_{i,t}$ 为各两位数行业的投资相对价格，用以反映中国工业部门各两位数行业的资本体现型技术进步。$\mathrm{DTC}_{i,t}$ 为各两位数行业的 R&D 经费支出，用以反映中国工业部门各两位数行业的非体现型的中性技术进步。γ_1、γ_2 为待估参数，表示碳生产率对资本体现型技术进步和非体现型的中性技术进步的弹性系数，其值若大于 0，则表明资本体现型技术进步（或中性技术进步）对中国工业部门全要素生产率框架下的碳生产率具有促进作用。

2. 模型设定检验

本节所采用的面板数据为大 N 小 T 型面板数据，同样利用 LLC 法进行面板单位根检验。检验结果显示模型（5.41）中各变量均为平稳变量，因此可以直接进行模型设定的检验。

从表 5.42 中的 Hausman 检验来看，在 10% 的显著性水平下，模型（5.41）为固定效应模型，进而需要对固定效应的显著性进行检验。表 5.43 中的检验结果表明，模型（5.41）应为时间固定效应模型。

表 5.42　**Hausman 检验结果**

Hausman 统计量	Prob.
5.43	0.0663

表 5.43　　固定效应显著性检验结果

检验形式	F 统计量	Prob.
个体效应	0.75（35286）	0.8474
时间效应	11.01（7274）	0.0000

3. 估计结果及分析

表 5.44 中的组间异方差检验结果表明，模型（5.41）存在显著的组间异方差，因此用稳健型最小二乘估计方法结果进行分析（见表 5.45 和表 5.46）。

表 5.44　　组间异方差检验结果

χ^2 统计量	Prob.
2174.31（36）	0.0000

表 5.45　　OLS 估计结果

参数	估计值	估计标准误	t 统计量	Prob.
γ_1	1.090521	0.1982869	5.50	0.000
γ_2	0.0851113	0.033544	2.54	0.012
$R^2=0.1323$				

表 5.46　　稳健型 OLS 估计结果

参数	估计值	估计标准误	t 统计量	Prob.
γ_1	1.090521	0.1982869	5.33	0.000
γ_2	0.0851113	0.033544	1.59	0.120
$R^2=0.1323$				

从表 5.45 和表 5.46 的估计结果来看，γ_1 的大小为 1.09，显示当各两位数行业的资本体现型技术进步每增加 1%时，各行业的碳生产率则会增加 1.09%。表明资本体现型技术进步确实对中国工业行业碳生产率有显著的正向促进作用，而中性技术进步对碳生产率指数的影响显得非常微弱；而且从显著性看，参数 γ_1 的估计结果更为稳健。因此，从实证结果来看，提高中国工业

部门各行业碳生产率的关键是提高体现型技术进步水平。

四、小结

本节对技术进步对碳生产率的影响进行了详尽研究。对技术进步理论进行了回顾。利用指数法对技术进步率进行了测算，结果显示我国工业部门各两位数行业的技术进步率均大于 1，表明存在技术进步。在技术进步测算的基础上，运用面板数据模型对我国工业部门技术进步的类型进行了判断，结果显示我国工业部门的技术进步主要表现为资本体现型技术进步。对技术进步对碳生产率的影响进行了实证研究，结果表明资本体现型技术进步每提高 1 个百分点，碳生产率就会提高 1.09 个百分点。这说明，资本体现型技术进步对中国工业部门碳生产率的影响显著，这为中国工业部门提高碳生产率提供了一条解决途径，为此提出如下几点建议：

①进一步加大国外先进设备的引进力度。本书实证分析的结论认为资本体现型技术进步是促进中国工业部门碳生产率提高的一个主要因素，并且根据国内文献对资本体现型技术进步的研究中国资本体现型技术进步主要表现为先进设备的引进，因此，需要继续重点加大对国外高技术含量设备的引进力度，使得发达国家的技术溢出成为我国工业部门技术进步的一个重要驱动力。

②提高中国装备制造业水平。根据本书的研究结论，物化于机器设备的技术进步对中国工业部门碳生产率的提高具有显著的影响，显而易见，问题的核心在于先进技术与机器设备的结合。所以，从我国自身的角度来看，应大力提高本国装备制造业水平，通过自主创新实现技术进步。各方应加大科技投入，强化成套和集成能力，加强企业、高等院校、科研院所的产学研合作，运用信息技术，从而从整体上提升装备制造业的产品设计、制造及管理水平。

第六章 基于碳生产率的工业转型升级路径

在全球气候变化问题谈判的进程中，各国都在不遗余力地争夺碳排放权，争得更多的排放权，对于发展中国家来说就是争得了更多的发展机会。碳生产率是碳排放领域中的效率概念，碳生产率的提高会增加我国在全球气候变化等国际事务中的谈判砝码。

上文的研究结论认为工业碳生产率的提升对于工业部门转型升级具有积极的促进作用，因此，基于工业碳生产率提升的路径，我们提出优化能源消费结构、优化部门产权结构、加大技术引进力度、提高装备制造水平等促进工业转型升级的重要路径。

一、优化能源消费结构

优化能源消费结构应该多措并举。一是要降低煤炭资源的消费比例；二是要积极发展替代能源。

1. 降低煤炭资源消费比例

降低煤炭资源消费比例，逐步减轻对煤炭能源的高依赖度。中华人民共和国成立70多年来，能源对于提高我国的综合国力水平起着至关重要的作用。煤炭是我国的主要能源，在我国的国民经济中占有非常重要的战略地位，由于我国存在“富煤、少气、贫油”的能源结构，因此，在相当一段时间内，煤炭仍然是中国能源消费中的主要能源。从1990年至2016年煤炭消费在能源消费总量所占比例处于65%~80%，中国经济增长对煤炭资源的依赖程度可见一斑。能源活动是我国最主要的二氧化碳排放源，而在各类能源消费中，煤炭的二氧化碳排放系数最高，因此我国以煤为主的能源消费结构是我国高碳经济的主要原因。

全球气候恶化程度不断加剧，全球气候谈判日趋白炽化，降低温室气体的排放量是当务之急。作为一个负责任的大国，应对全球气候变化、谋求人类可持续发展我国负有义不容辞的责任。我国煤炭消费占能源消费的比重长期维持在70%左右，在世界主要国家中居于前茅。因此，要想改变我国高碳经济的现状，就必须降低煤炭消费占能源消费的比例，逐步减轻对煤炭能源的高依赖度，以期改变我国当前的能源消费结构。

2. 大力开发利用新能源

大力开发利用新能源以替代煤炭等碳基能源的消费。新能源主要包括太阳能、风能、水能、生物质能、核能、地热能、海洋能以及由可再生能源衍生出来的生物燃料和氢所产生的能量。这些能源含碳量少，对其进行利用不会产生温室气体的排放，因此将这些新能源作为替代能源去代替煤炭、石油等传统碳基能源的消费将会大大减少二氧化碳排放量，从而一定程度上达到缓解全球气候变化的目的。

① 进一步完善我国新能源开发的法律保障体系，积极促进新能源的开发利用。强有力的法律或者具有法律约束力的行动计划等，可以依法引导和保障新能源的市场、技术和产业发展。例如：2005 年第十届全国人民代表大会常务委员会第十四次会议通过的《中华人民共和国可再生能源法》（以下简称《可再生能源法》），① 从法律上明确了我国实行可再生能源发电全额保障性收购制度，建立了电网企业收购可再生能源电量费用补偿机制，设立了国家可再生能源发展基金，要求电网企业提高吸纳可再生能源电力的能力等，这从一定程度上保障了可再生能源产业的发展。因此，需要进一步完善包括可再生能源在内的新能源开发利用的法律体系，强有力地保障我国新能源产业的有序、快速发展，从而推动能源结构的调整，加快环境友好型和资源节约型社会的建设步伐。

② 加大对新能源产业发展的政策支持力度。新能源产业的发展还处于起步阶段，产品的市场竞争力较弱，相关政策的支持对其发展具有举足轻重的作用。根据《可再生能源法》的要求，近几年国家发展和改革委员会、财政部等部门研究制定了多项相关配套政策，初步形成了较为完善的支持新能源和可再生能源发展的政策体系，为我国新能源和可再生能源产业加速发展奠定了重要基础。然而我国目前对新能源的开发利用还处于起步阶段，存在很多薄弱环节，因此政策支持力度需要在现有基础上进一步加大。

③ 以政府为主体，积极采取市场化手段来引导新能源的有序发展。从提高自主化国产化水平、规范产业发展、促进技术创新等方面加以支持、引导，

① 2009 年，第十一届全国人大环资委组织对《可再生能源法》进行了修订，重点明确了三项制度：一是统筹规划制度；二是可再生能源发电全额保障性收购制度；三是可再生能源发展基金制度。

以提升新能源产业的核心竞争力。政府既要制订新能源项目建设规划，也要制订与之相应的产业发展规划，政府应利用财税政策、价格政策来培育发展新能源市场，从而培育出一个以技术创新为核心能力的新兴产业。

④ 通过多种途径或模式发展新能源。美国和欧洲等发达国家和地区主要走分布式利用的道路，例如，美国在发展大型风电的同时，鼓励小型风电和家庭太阳能等分布式能源的发展。我国处于工业化和城市化快速发展的阶段，需要走大规模和分散式发展相结合的道路，不能只把注意力放在大风电、大核电、大光电和大电网上。既要大规模集中利用，也要重视分散利用。

⑤ 建立有效的激励约束机制，积极鼓励社会投资。可以通过利用价格政策、财税政策激励新能源的加快利用和成本降低。新能源的价格补贴政策应该同时发挥如下两方面的作用：一是要通过价格补贴政策提高新能源的经济性，从而促进新能源加快和扩大利用，实现产业的规模经济；二是要激励投资者注重效率，促进成本降低和技术革新。根据新能源产业的不同环节，采用税收激励和财政补贴政策以帮助新能源的开发利用。在采用相关政策进行激励的同时，还应该扩大新能源开发利用的融资渠道，积极鼓励社会投资，使新能源产业的产权比例得到优化，这一方面可以促进新能源产业的快速发展，另一方面可以使新能源产业的投资风险得到分散。

3. 加大对煤层气和天然气的开发

在开采煤炭的过程中，煤层气的开发利用往往被忽视，这无形中增大了对煤炭消费的依赖。事实上煤层气作为一种高效、洁净的气体能源和优质的基础化工原料，其二氧化碳排放系数显著低于煤炭的二氧化碳排放系数，在油气资源短缺的我国有着非常广阔的市场前景。天然气是除了煤炭、石油之外当今世界主要的化石能源，其二氧化碳排放系数相对较低，但在我国，天然气开发和发电成本较高，应积极引进吸收国外先进的天然气开发运输技术，促进天然气工业的发展。

4. 大力开展基础研究和新技术开发

大力开展基础研究和新技术开发，引导终端能源供求。采取以终端消费为基础的能源战略，大力发展能源科学的基础研究和新技术开发，改变目前大量直接消费能源的现状，使用物理、化学方法和新技术将一次能源转化为二次能源或终端消费的能源①。例如：电力作为终端消费的二次能源，其二氧化碳排

① 参见赵国浩，裴卫东，张东明．中国煤炭工业与可持续发展．北京：中国物价出版社，2000.

放量为0。

二、优化部门产权结构

本书第五章的研究结论认为行政垄断对中国工业部门碳生产率具有负向的影响，要想使中国工业部门的碳生产率得到提升，就必须削弱行政垄断，即完善国有控股企业在各行业所占的比例。

1. 引入市场主体

通过引入外部的市场主体如机构投资者或者是有实力的个人来持有国有公司的股份，从而实现国有公司股权结构的多元化。私营企业或个人的入股可以使本来单一的由国家作为持股主体的结构予以改变，这不仅可以控制国有企业的管理风险，而且可以使企业的运作更具有市场效率。

2. 国有资产权属多元化

通过推进国有企业改革，使得国有资产的权属多元化。例如对质量较好的国有资产和质量稍差的国有资产进行兼并重组，进一步剥离质量较差的资产，进而引入民间资本对质量较差的那部分国有资产进行投资，这可以通过国有资产转让、拍卖的方式来进行。这样可以使得民间优秀的管理人才和管理经验进入国有企业，一方面能增强国有企业的竞争力，另一方面可以使国有企业和民营企业在同一个平台上进行竞争，从而创造更有效率的竞争环境。

3. 国有企业股权比例分散化

通过在资本市场上进行融资以增加国有企业的注册资本，而这部分被认购的股票被定向发行到民营企业或者有管理实力的职业经理人手中，就可以通过正常的资本市场融资渠道来实现国有企业股权比例的分散化，同时可以吸引到外来的投资者，这不仅可以解决国有企业的融资难题，而且可以利用民营企业无可比拟的人才和管理优势。

4. 职工持股

职工是企业的劳动者，企业的经营效益和劳动者的利益息息相关。让职工持有国有企业的股份，一方面可以增强职工的主人翁意识，更好地为企业价值的提升服务；另一方面可以使得国有企业在经营管理上有更大的灵活性，在选择职工董事和职工监事时也使职工有了更大的话语权，从而更多地让持股职工来参与国有企业的经营管理。

5. 管理层持股

管理层持股，又称管理层收购，指公司的经理层利用借贷所融资本或股权交易收购本公司的一种行为，该概念由英国经济学家莱特1980年最先提出。

管理层持股可以引起公司所有权、控制权、剩余索取权、资产所有权等的变化，从而改变公司所有制结构。管理层持股相当于通过收购使企业的经营者变成了企业的所有者。由于股权结构变化前后公司管理层变化小，采用这种国有股退出方式，对公司的震动相对较小。

三、加大技术引进力度

本书第五章的研究表明，资本体现型技术进步是促进我国工业部门碳生产率提高的主要因素。而且根据国内文献对资本体现型技术进步的研究，我国资本体现型技术进步主要表现为先进设备的引进。因此，需要继续重点加大对国外高技术含量设备的引进力度，使得发达国家的技术溢出成为我国工业部门技术进步的一个重要驱动力，从而促进我国碳生产率的提高。

1. 重点加大高技术设备的引进力度

高技术设备的特点是具有较高的技术含量，对其进行引进可以将物化于国外先进设备的技术进步，通过技术外溢转化为我国的技术进步。因此，应综合运用财税、产业、贸易等政策，重点引进高技术含量设备，优化进口结构，从而推动我国工业部门技术创新和产业升级，进而达到产量增长和能耗降低两个目标，最终实现碳生产率的提高。

2. 适度加大软件技术的引进力度

虽然相比体现型技术进步，非体现型的中性技术进步对我国工业部门碳生产率的影响相对较弱，但它的影响也非常显著，因此在加大对高技术含量设备引进的同时，也应该加大软件技术的引进。软件技术属于纯技术，包括技术知识、经验和技艺等，软件技术被引进后，经过引进企业或部门的自我消化吸收，可以提高其管理水平、制造水平和技术水平。

四、提高装备制造水平

第五章的研究表明，对于我国工业部门来说，物化于机器设备的技术进步对碳生产率的提高具有显著的影响，显而易见，问题的核心在于先进技术与机器设备的结合。所以，从我国自身的角度来看，应大力提高本国装备制造业水平，通过自主创新实现技术进步。

1. 加大科技投入，强化成套和集成能力，提升传统装备制造业技术创新能力和制造工艺水平

科技投入的主体主要是国家和企业，把两方努力结合起来将更能体现技术进步的规模效益。一方面，由国家相应部门按年提供给企业一定比例或者数额

的补贴；另一方面，企业每年从所得收入中拿出一定比例的资金投入科技创新。在提高企业技术创新能力和制造工艺水平的同时，我国工业部门的整体碳生产率水平将能得到提升。

2. 加强企业、高等院校、科研院所的产学研合作，优化装备制造业产业链

政府应该发挥其引导作用，用企业运行模式来运作科研项目，引导企业、高等院校、科研院所等在开发的开始就引入最终用户，以增强研究开发的有效性和针对性。此外，应成立专门机构，在企业与高等院校、科研院所之间进行协调，促进先进技术向企业转移，从而增强科技成果的转化率。

3. 运用信息技术改造提升传统装备制造业水平

无论是在国内还是国外，装备制造业都是最早引进信息技术的行业。制造业的产品丰富，且制造过程复杂，相应的生产及物资管理也较为复杂，因此，在产品创新设计以及经营管理方面，单纯用手工难以完成，装备制造业的计算机应用技术也就应运而生。各企业或部门应积极推进以信息技术为代表的高新技术融入装备制造业，对于大型重点企业应积极推进甩图纸、甩账表示范工程，对于中小企业政府等相关部门应为它们搭建企业网络服务平台，努力推进ERP（Enterprise Resource Planning，企业资源计划）的实施，建设“数字化工厂”，从而整体上提升装备制造业的产品设计、制造及管理水平。

五、其他措施

1. 加大对煤炭资源低碳化利用技术和项目的支持力度

中国已步入工业化中期，煤炭资源在近期、中期和长期内仍将在经济发展中发挥重要作用。因此必须改造传统高碳产业，积极发展煤炭资源低碳化利用的各种技术，找到大幅减少二氧化碳排放的有效方法。如：效仿英国、德国、美国等发达国家，发展清洁煤计划，建设低碳发电站；加大包括清洁煤技术、碳封存技术等研究项目的支持力度等。

① 发展洁净煤计划。我国煤炭资源星罗棋布，分布广泛，矿区污染严重，洁净煤技术要覆盖煤炭开发和利用的全过程，针对多终端用户优先选用实用的先进技术。应以提高煤炭利用效率，减轻污染为目标，以煤炭洗选为源头，以煤炭气化为先导，以煤炭高效洁净燃烧和洁净煤发电为核心，建立全方位的洁净煤计划。

② 加大对碳捕捉和碳封存技术项目研究的支持力度。碳捕捉和碳封存技术可以有效控制温室气体的排放，被认为是当前最具发展潜力的减排技术之

一。但该技术的实施存在两方面的障碍：一是该技术应用成本很高，阻碍了其商业化利用进程；二是政策体系和法律框架方面尚未成型，实施过程的安全性得不到保障。因此，政府应在基础研究方面给予该技术更大的支持力度（包括科研人员和科研经费等方面），积极促进该技术应用成本的降低及其商业化推广。同时，应系统地制定碳捕捉和碳封存技术实施过程的相关法律和政策。

2. 建立各利益相关方的合作机制，积极促进政府与企业互动

高碳企业主要集中于工业部门，所以加大对工业部门企业的整顿对我国实现2020年的碳排放量在2005年的基础上减排40%~45%这一目标至关重要。对于企业来讲，其长期目标都是以实现利润为目标，因此，政府应该在其主导作用下，引导高碳企业向低碳企业努力、低碳企业努力保持其低碳优势，从而实现低碳、经济双重目标。全球气候恶化程度不断加剧，降低温室气体排放是当务之急。我国是一个负责任的大国，必然会有所作为，促使高碳企业向低碳企业转变是目前的主要任务。

3. 实施与能源效率有关的税收政策

借鉴国外经验，特别是国际能源机构成员国的做法，对企业节能投资提供税收优惠；对节能型产品和设备减税，从而促进节能型产品和设备的推广和使用；继续实行能源消费税，通过价格手段鼓励节能，从而达到二氧化碳减排的目的。

4. 在煤炭工业领域积极推进循环经济模式

微观层面上实现企业内部的清洁生产和废弃物的循环利用。中观层面上建立生态工业园，即以煤炭开采为基础，在推行清洁生产，发展生态企业的基础上，积极引进建设与现有企业配套互补的企业和项目。宏观层面上在整个区域（或社会）层面建立全面的废物回收和再利用体系，以实现消费过程中和过程后物质与能量的循环，如全社会调整产业结构、改善消费方式，以降低对煤炭资源的需求，真正实现减量化；全民节约煤炭资源，减缓循环内煤炭的流速，提高煤炭资源的使用效率，减少污染处置的压力等。

第七章　总结与下一步研究方向

一、总结

本书在全要素生产率的研究框架下，对工业碳生产率进行了测算，然后对工业碳生产率与工业转型升级之间的关系进行了模型化研究，继而对中国工业部门碳生产率变化及影响机制进行了系统的研究，最后提出了基于碳生产率的工业转型升级路径。主要研究结论如下：

（1）在全要素生产率的研究框架下，基于方向性距离函数和数据包络分析方法所测度的碳生产率指数相比传统意义下的单要素的碳生产率指数要低。这意味着单要素的碳生产率高估了二氧化碳排放空间投入要素的效率，而全要素生产率框架下的碳生产率指数，更能真实反映中国工业部门碳生产率的增长情况。进一步的分析表明，中国工业部门各两位数行业的碳生产率指数同时呈现出 δ- 收敛和绝对 β- 收敛。这说明各两位数行业之间碳生产率的差距在逐渐缩小。

（2）对资源配置与碳生产率关系的研究表明，二氧化碳排放空间要素配置比例的变化对全要素生产率框架下碳生产率变化具有显著的负向影响；煤炭资源配置比例的变动对全要素生产率框架下的碳生产率变动具有显著的负向影响。这意味着中国工业部门存在二氧化碳排放空间要素向碳生产率相对较高行业的再配置是形成中国工业部门碳生产率 δ- 收敛和绝对 β- 收敛的重要原因，降低煤炭资源消费比例是提高中国工业部门碳生产率的一条重要途径。

（3）测算结果表明，中国工业部门整体上表现出规模不经济。对规模经济与碳生产率关系的研究表明，行政垄断造成的外部规模不经济对全要素生产率框架下的碳生产率具有负向影响，行业内规模效益的提高所反映的内部规模经济对全要素生产率框架下的碳生产率具有正向影响。

（4）中国工业部门整体上存在技术进步，且技术进步是非体现型的中性技术进步和资本体现型技术进步共同作用的结果。对技术进步与碳生产率关系的研究表明，资本体现型技术进步对中国工业部门碳生产率具有正向的、稳定的显著影响。

(4) 本书基于碳生产率影响机制的研究提出了工业转型升级的路径，包括优化能源消费结构、优化部门产权结构、加大技术引进力度、提高装备制造水平、加大对煤炭资源低碳化利用技术和项目的支持力度等。

二、有待进一步探讨的问题

本书基于熵值法对工业转型度进行了测算，但所测算结果是否比传统的测算方法更符合实际情况，还需进一步做对比分析，这也是下一步研究的一个方向。

本书只是从传统经济增长、生产率增长的角度，对如何提高中国工业部门碳生产率进行了一些有益的探讨。研究取得了一定的成果，这些成果对现有低碳经济问题的研究以及国家节能减排政策的制定具有一定的借鉴意义，但由于所研究问题的复杂性，本书必然会存在一些不足之处，这些不足之处也为作者下一步的研究指明了方向。影响碳生产率的因素很多，除了本研究所涉及的资源配置、规模经济、技术进步外还有诸多因素会影响到碳生产率的提高，比如：政策因素、灾变因素等。然而这些因素的指标选取难度相对较大，在本书的研究中没有涉及。

本书所使用数据为中国工业部门 36 个两位数行业的面板数据，由于 1998 年前后统计口径不一致，因此本书所选取样本的时间序列较短，在进行面板数据的协整检验时受到了限制。在大样本的情况下计量模型估计会变得更加合理，估计结果也会更加可靠，所以在以后的研究中，需要对中国工业部门 1998 年前后的统计口径进行调整，以期获得更加丰富的历史数据。

参考文献

[1] Ahn, S. C. , P. S. Efficient estimation of models for dynamic panel data [J]. Journal of Econometrics, 1995 (68): 5-27.

[2] Aigner, D. , C. A. K. Lovell, and P. Schmidt. Formulation and estimation of stochastic frontier productionfunction models [J]. Journal of Econometrics, 1977 (6): 21-37.

[3] Alliance, G. , Building a bright green economy an agenda fou action on resource productivity. 2002: Green Alliance.

[4] Ambec S. , Cohen M. A. , Elgie S. , et al. The porter hypothesis at 20: can environmental regulation enhance innovation and competitiveness? [J]. Review of Environmental Economics and Policy, 2013 (1): 1-22.

[5] Anderson, T. W. , C. H. , Estimation of dynamic models with error components [J]. Journal of the American Statistical Association, 1981 (76): 598-606.

[6] Annik Magerholm Fet, O. M. Industrial ecology and eco-efficiency-an introduction to the concepts [R]. Vilnius, 2002: 3.

[7] Anusua Datta, H. M. Endogenous imitation and technology absorption in a model of north-south trade [J]. International Economic Journal, 2006 (20): 431-459.

[8] Arellano M. , S. B. Some tests of specification for panel data: Monte Carlo Evidence and an application to employment equations [J]. Review of Economic Studies, 1991 (58): 277-279.

[9] Banker. R. D. Estimating most productive scale size using data envelopment analysis [J]. European Journal of Operational Research, 1984. 17 (1): 35-44.

[10] Barro, R. J. , Sala-i-Martin, X. Convergence across states and regions [J]. Brookings Papers on Economic Activity, 1991. 22 (1): 107-182.

[11] Battese, G. E. , and T. J. Coelli. frontier production functions, technical

efficiency and panel data: with application to paddy farmers in India [J]. Journal of Productivity Analysis, 1992 (3): 153-169.

[12] Baumol, W. Productivity growth, convergence and welfare: the long-run data show [J]. American Economic Reviews, 1986: 1072-1085.

[13] Blundell R., S. B. Initial conditions and moment restrictions in dynamic panel data models [J]. Journal of Econometrics, 1998 (87): 115-143.

[14] Bruce E. Hansen. Sample splitting and threshold estimation. [J] Econometrica, 2010, 68 (3): 575-603.

[15] Cambell N. Does trade liberalization make the Porter hypothesis less relevant [J]. International Journal of Business and Economics, 2003, 2 (2): 129-140.

[16] Caves D. W., Christensen L. R., Diewert W. E. The economic theory of index numbers and the measurement of input, output and productivity [J]. Econometrica: Journal of Econometric Society, 1982, 50 (6): 1393-1414.

[17] Chambers R. G, C. Y., Fare R. Benefit and distance functions [J]. Journal of Economic Theory, 1996, 70 (2): 407-419.

[18] Chames. A, C. W. W., Huang. Z. M, Sun D. B. Polyhedral cone-ratio DEA models with an illustrative application to large commercial banks [J]. Journal of Econometrics, 1990 (46): 73-91.

[19] Chames A., C. W. W., Wei Q. L, Huang. Z. M. Cone ratio data envelopment analysis and multi-objective programming [J]. Intenational Journal of Systems Science, 1989 (20): 1099-1118.

[20] Charnes A., C. W. W., Wei Q. L. A Semi-infinite multicriteria progamming approach to data envelopment analysis with infinitely many decision making units [R]. Austin: The University of Texas at Austin, Center for Cybernetic Studies Report, 1986 (CCS551).

[21] Charnes A., Cooper W. W., Rhodes E. Measuring the efficiency of decision making units [J]. European Journal of Operational Research, 1978, 2 (6): 429-444.

[22] Charnes A., C. W., Huang Z. M, Sun D. B. Polyhedral cone-ratio DEA models with an illustrative application to large commercial banks [J]. Journal of Econometrics, 1990 (46): 73-91.

[23] Charnes A., C. W. W., L. M. Seiford, etc. Invariant multiplicative efficiency

and piecewise Cobb-Douglas envelopment [J]. Operations Research Letters, 1983, 2 (3): 101-103.

[24] Chung Y. H., Fare R., Grosskopf S. Productivity and undesirable outputs: a directional distance function approzch [J]. Journal of Environmental Management, 1997, 51 (3): 229-240.

[25] Coe, D. S., E. H. International R&D spillover [J]. European Economic Review, 1995, 39 (5): 859-887.

[26] Dai H., Xie X., Xie Y., et al. Green growth: the economic impacts of large-scale renewable energy development in China [J]. Applied Energy, 2016 (162): 435-449.

[27] Daron Acemoglu, J. A. How large are human-capital externalities? Evidence from compulsory schooling laws [R]. NBER Macroeconomics Annual, 2000 (15): 9-59.

[28] Denison, E. F. The sources of economic growth in the United States and the alternatives before us [M]. New York: Committee for Economic Development, 1962.

[29] DETR. Achieving a borer quality of life-review of progress towards a sustainable development [R]. Government Annual Report, 2000.

[30] Douglas W. Caves, L. R. C. a. W. E. D. The economic theory of index numbers and the measurement of input, output and productivity [J]. Econometricia, 1982, 50 (6): 1393-1414.

[31] E. Borensztein, J. D. G., J-W. Lee, How does foreign direct investment affect economic growth? [J]. Journal of International Economics, 1998 (45): 115-135.

[32] Eric Beinhocker, E. A., Achieving a borer quality of life-review of progress towards a sustainable development [R]. The McKinsey Climate Change Special Initiative, 2008.

[33] Färe R., Grosskopf S., Norris M., Zhang Z. Productivity growth, technical progress and efficiency change in industrialized countries [J]. American Economic Review, 1994, 84 (1): 66-83.

[34] Färe, R., & Grosskopf, S. Intertemporal production frontiers: with dynamic DEA [M]. Boston: Kluwer Academic Publishers, 1997, 48 (6): 656.

[35] Färe, R., and S. Grosskopf. Malmquist indexes and fisher ideal indexes

[J]. The Economic Journal, 1992, 102 (410): 158-160.

[36] Färe, R., Grosskopf, S., & Norris, M. Productivity growth, technical progress, and efficiency change in industrialized countries [J]. American Economic Review, 1997, 87 (5): 1040-1043.

[37] Färe, R., S. Grosskopf and C. A. Lovell. Production frontiers [M]. Cambridge: Cambridge University Press, 1994.

[38] Griliches, Z. Productivity R&D and basic research at the firm level in the 1970 [J]. American Eeonomic Review, 1986, 76 (6): 141-154.

[39] Griliches, Z. R&D and productivity slowdown [J]. American Economic Review, 1980, 70 (1): 343-348.

[40] Griliches, Z. R&D and productivity [M]. Chicago: University of Chicago Press, 1998.

[41] J. D. W, Grillches, Z. The explanation of productivity change [J]. Review of Economic Studies, 1967, 34 (3): 249-283.

[42] Grossman, G. M., E. H. Innovation and growth in the global economy [M]. Cambridge: MIT Press, 1991, 1 (2): 323-324.

[43] Guifang Yang, K. E. M. Intellectual property rights, licensing, and Innovation [R]. World Bank Policy Research Working Paper, 2010, 53 (1): 169-187.

[44] Hallegatte S., Heal G., Fay M., et al. From growth to green growth: a framework [R]. National Burcau of Economic Rescarch, 2012.

[45] Hendrik A. Verfaillie, R. B. Measuring eco-efficiency: a guide to reporting company performance [R]. World Business Council Sustainable Development, 2000 (6): 7.

[46] Hicks, J. The theory of wages [M]. London: Macmillan., 1932 (2): 1963.

[47] Hoh, H., Scoer, K., Seibel, S. Eco-efficiency indicators in German environmental-economic accounting [J]. Statistical Journal of the United Nations Economic Commission for Europe, 2002 (9): 41-52.

[48] T. Doan, Im K. S., M. H. P., Y. Shin. Testing for unit roots in heterogeneous panels [J]. Journal of Econometrics, 2003 (115): 53-74.

[49] Jaffe A. B., Palmer K. Environmental regulation and innovation: a panel data study [J]. Review of economics and statistics, 1997, 79 (4): 610-619.

[50] Janicke M. "Greengrowth": from a growing eco-industry to economic sustainability [J]. Energy Policy, 2012, 48 (9): 13-21.

[51] Jess Benhabib, M. M. S. Human capital and technology diffusion [M] // A. P. Aghion S. N. Durlanf. Handbook of Economic Growth. Amsterdam: North Holland, 2005.

[52] Jess Benhabib, M. M. S., The role of human capital in economic development: evidence from aggregate cross-country data [J]. Journal of Monetary Economics, 1994 (34): 143-173.

[53] Jones R. S., Yoo B. Korea's green growth strategy: mitigating climate change and developing new growth engines [R]. OECD Publishing, 2010 (12): 117-143.

[54] R. S. Kaplan, R. Cooper. Cost and effect: using integrated cost system to drive profitability and performance [M]. Boston: Harvard business School Press, 1998: 315-317.

[55] Keller W. International technology diffusion [R]. NBERWorking Papers, 2002, 92 (1): 120-142.

[56] Kendrick, J. W. Productivity Trends in the United State [M]. Princeton: Princeton University Press, 1961.

[57] Kokko, A. Foreign direct investment, host country characteristics, and Spillovers [M]. Stockholm: The Economics Research Institute, 1992.

[58] Kumar S. Environmentally sensitive productivity growth: a global analysis using Malmquist-Luenberger index [J]. Ecological Economics, 2006, 56 (2): 280-293.

[59] Kuosmanen T., Bijsterbosch N., Dellink R. Environmental cost-benefit analysis of alternative timing strategies in greenhouse gas abatement: a data envelopment analysis approach [J]. Ecological Economics, 2009, 68 (6): 1633-1642.

[60] Lanoie P., Patry M., Lajeunesse R. Environmental regulation and productivity: testing the porter hypothesis [J]. Journal of Productivity Analysis, 2008, 30 (2): 121-128.

[61] Laura Alfaroa, A. C., Sebnem Kalemli-Ozcanc, Selin Sayekd. FDI and economic growth: the role of local financial markets [J]. Journal of International Economics, 2004 (64): 89-112.

[62] Levin, A., Lin, Chien-Fu and Chia-Shang James Chu. Unit root tests in panel data: asymptotic and finite sample properties [J]. Journal of Econometrics, 2002, 108 (1): 1-24.

[63] Lohmann L. What is the "green" in "green growth" [M]. Green Growth: Ideology, Political Economy and the Alternatives, 2016.

[64] Lorek S., Spangenberg J. H. Sustainable consumption within a sustainable economy-beyond green growth and green economies [J]. Journal of Cleaner Production, 2014, 63 (1): 33-44.

[65] Lynn Price, E. W., Nathan Martin, et al, China's industrial sector in an international context [J]. Lawrence Berkeley National Laboratory, 2000, 58 (3): 209-211.

[66] MacDougall, G. D. A. The benefits and costs of private investment from abroad: a theoretical approach [J]. Economic Record, 1962, 36 (73): 13-15.

[67] Maddala, G. S., W. Shaowen. A comparative study of unit root tests with panel data and a new simple test [J]. Oxford Bulletin of Economics and Statistics, 1999 (61): 631-652.

[68] Mahamat H. H. Greenhouse gas emissions, energy consumption and economic growth: A panel cointegration analysis from Canadian industrial sector perspective [J]. Energy Econamics, 2011, 34 (1): 358-1364.

[69] Malmquist S. Index numbers and indifference surfaces [J]. Trabajos de Estadisticay, 1953, 4 (2): 209-242.

[70] Meeusen, W., and J. van den Broeck, Efficiency estimation from Cobb-Douglas production functions with composed error [J]. International Economic Review, 1977 (18): 435-444.

[71] Menyah K., Wolde-Rufael Y. Energy consumption, pollutant emissions and economic growth in South Africa [J]. Energy Economics, 2010, 32 (6): 1374-1382.

[72] Michael E. Porter, Claas van der Linde. Green and competitiveness: ending the stalemate [J]. Harvard Business Review, 1995-09-10.

[73] Miller, S. M., Upadhyay, P. Mukti。The effects of openness, trade orientation and human capital on total factor productivity [J]. Journal of Development Economics, 2000 (63): 399-423.

[74] Moseng B, R. A. Success factor in the productivity process: Proceedings of 10th World Productivity Congress [C]. Hong kong and Beijing: The world Productivity Congress, 2001.

[75] Nanere M., Fraser I., Quazi A., et al. Environmentally adjusted productivity measurement: an Australian case study [J]. Journal of Environmental Management, 2007, 85 (2): 350-360.

[76] Northam R. M. Urban geography [M]. 2nd edition. New York: Johnn Wiley & Sons, 1979.

[77] Oh D., Heshmati A. A sequential malmquist-luenberger productivity index: environmentally sensitive productivity growth considering the progressive nature of technology [J]. Energy Economics, 2010, 32 (6): 1345-1355.

[78] Pesaran, H. A simple panel unit root test in the presence of cross-section dependence [J]. Journal of Applied Econometrics, 2007, 22 (2): 265-312.

[79] Phelps, E. The new view of investment [J]. Quarterly Journal of Economics, 1962, 76 (4): 548-567.

[80] Pearce, D. Resource productivity: outsider view of the state of play and what might need to be done [R]. London: University of London, 2001.

[81] Porter M. E. Towards a dynamic theory of strategy [J]. Strategic Management Journal, 1991, 12 (S2): 95-117.

[82] R. Boucekkine, D. F. Obsolescence and modernization in the growth process [J]. Journal of Development Economics, 2005 (77): 153-17.

[83] Robert J. Barro, R. M. M. Religion and economic growth [R]. NBER Working Papers, 2003, 68 (5): 9682.

[84] Romer, P. M., Endogenous technological change [J]. The Journal of Political Economy, 1990, 98 (98): 71-102.

[85] Sharpe, A. Productivity concepts, trends and prospects: an overview [J]. The Review of Economic Performance and Social Progress, 2002 (11): 31-50.

[86] Shephard R. W. Theory of cost and production functions [M]. Princeton: Princeton University Press, 2015.

[87] Solow, R. M. Technical change and the aggregate production function [J]. Review of Economics and Statistics, 1957, 39 (8): 312-320.

[88] Solow, R. M. Investment and technical progress [M] // S. K. Kenneth, J. Arrow, and Patrick Suppes. Stanford: Stanford University, 1960.

[89] Stephen L. Parente, E. C. P. Barriers to technology adoption and development [J]. The Journal of Political Economy, 1994, 102 (2): 298-321.

[90] K. Suzuki, G. A. R&D Capital, rate of return on R&D investment and spillover of R&D in Japanese manufacturing industries [J]. Review of Economics and Statistics, 1989 (71): 555-564.

[91] Szirmai, A. M. P. T., R. V. D. K., Measuring embodied technological change in Indonesian textiles: the core machinery approach [J]. Journal of Development Studies, 2002, 39 (2): 155-177.

[92] Taylor, M. P., L. S. The behavior of real exchange rates during the post-Bretton Woods period [J]. Journal of International Economics, 1998 (48): 281-312.

[93] Timothy J. Coelli, 等. 效率与生产率分析引论 [M]. 2 版. 王忠玉, 译. 北京: 中国人民大学出版社, 2008.

[94] Vuuren D., Stehfest E., Gernaat D., et al. Energy, land-use and greenhouse gas emissions trajectories under a green growth paradigm [J]. Global Environment Change, 2016 (6): 1-14.

[95] Won-kyu, K. Current issues and implications of Korea's carbon productivity [N]. http://kiet.re.kr/UpFile/newsbrief/1266304157908.pdf, 2010.

[96] Yokobori. K., K. Y., Environment, energy and economy: strategies for sustainability [M]. Delhi: Bookwell Publications, 1999.

[97] Yun. Y. B., Nakayama H., T. T. A generalized model for data envelopment analysis [J]. European Journal of operational Research, 2004 (157): 87-105.

[98] Zhou P., Ang B. W., Han J. Y. Total factor carbon emission performance: a malmquist index analysis [J]. Energy Economics, 2010, 32 (1): 194-201.

[99] Zibin Zhang, Jianliang Ye, Decomposition of environmental total factor productivity growth using hyperbolic distance functions: a panel data analysis for China [J]. Energy Economics, 2015, 47: 87-97.

[100] 曹泽, 李东, 朱达荣. 中国区域全要素生产率增长的 R&D 贡献分析 [J]. 系统工程, 2011, 29 (1): 57-62.

[101] 陈师，赵磊. 中国经济周期特征与技术变迁——中性、偏向性抑或投资专有技术变迁［J］. 数量经济技术经济研究，2009（4）：19-32.
[102] 陈诗一. 能源消耗、二氧化碳排放与中国工业的可持续发展［J］. 经济研究，2009（4）：41-55.
[103] 陈诗一. 中国的绿色工业革命：基于环境全要素生产率视角的解释（1980—2008）［J］. 经济研究，2010（11）：21-34.
[104] 陈涛涛. 影响中国外商直接投资溢出效应的行业特征［J］. 中国社会科学，2003（4）：33-43.
[105] 谌伟，诸大建，白竹岚. 上海市工业碳排放总量和碳生产率关系［J］. 中国人口·资源与环境，2010，20（9）：24-29.
[106] 楚序平. 中国钢铁产业规模经济研究［D］. 天津：南开大学博士学位论文，2009.
[107] 董直庆，王林辉. 资本体现式技术进步与经济增长周期波动关联效应［J］. 求是学刊，2011，38（2）：63-68.
[108] 段禄峰，张沛. 我国城镇化与工业化协调发展问题研究［J］. 城市发展研究，2009，16（7）：12-17.
[109] 傅东平. 中国生产率的变化及其影响因素研究［D］. 武汉：华中科技大学博士学位论文，2009.
[110] 傅永东. 我国农村新型合作经济组织发展模式研究［D］. 长沙：国防科技大学博士学位论文，2006.
[111] 高凌云，王洛林. 进口贸易与工业行业全要素生产率［J］. 经济学（季刊），2010，9（2）：391-414.
[112] 高蓉蓉，廖小静. 我国全要素生产率的分解及变动趋势——基于DEA-Malmquist指数的区域差异分析［J］. 商业时代，2013（36）：14-45.
[113] 顾乾屏，张棋，彭淑华，等. 商业银行分支机构效率评价的参数与非参数方法比较研究［J］. 数理统计与管理，2007，26（4）：676-684.
[114] 关兵. 出口地理方向与我国全要素生产率增长［J］. 国际贸易问题，2010（11）：13-21.
[115] 关兵. 出口商品结构与我国全要素生产率增长［J］. 山西财经大学学报，2010，32（7）：1-9.
[116] 关海玲，陈建成，曹文. 碳排放与城市化关系的实证［J］. 中国人口·资源与环境，2013，23（4）：113-118.
[117] 郭郡郡，刘成玉. 城市化对碳排放量及强度的影响［J］. 城市问题，

2012（5）：21-28.
[118] 郭庆旺，贾俊雪．中国全要素生产率的估算：1979—2004［J］．经济研究，2005（6）：51-60.
[119] 韩晶，陈超凡，冯科．环境规制促进产业升级了吗？——基于产业技术复杂度的视角［J］．北京师范大学学报（社会科学版），2014（1）：148-160.
[120] 何建坤，苏明山．应对全球气候变化下的碳生产率分析［J］．中国软科学，2009（10）：42-47，147.
[121] 何洁．外商直接投资对中国工业部门外溢效应的进一步精确量化［J］．世界经济，2000（12）：29-36.
[122] 何小钢，王自力．能源偏向型技术进步与绿色增长转型——基于中国33个行业的实证考察［J］．中国工业经济，2015（2）：50-62.
[123] 胡鞍钢，郑云峰，高宇宁．中国高耗能行业真实全要素生产率研究（1995—2010）——基于投入产出的视角［J］．中国工业经济，2015，（5）：44-56.
[124] 胡晓珍，杨龙．中国区域绿色全要素生产率增长差异及收敛分析［J］．财经研究，2011，37（4）：123-134.
[125] 黄先海，刘毅群．设备投资、体现型技术进步与生产率增长：跨国经验分析［J］．世界经济，2008（4）：47-61.
[126] 黄先海，刘毅群．物化性技术进步与我国工业生产率增长［J］．数量经济技术经济研究，2006（4）：52-60.
[127] 蒋殿春，张宇．经济转型与外商直接投资技术溢出效应［J］．经济研究，2008（7）：26-38.
[128] 蒋伏心，王竹君，白俊红．环境规制对技术创新影响的双重效应——基于江苏制造业动态面板数据的实证研究［J］．中国工业经济，2013（7）：44-55.
[129] 景维民，张璐．环境管制、对外开放与中国工业的绿色技术进步［J］．经济研究，2014（9）：34-37.
[130] 康绍大，王健．科技进步与城市低碳经济发展的互动效应研究［J］．宏观经济研究，2016（8）：116-122.
[131] 匡远凤，彭代彦．中国环境生产效率与环境全要素生产率分析［J］．经济研究，2012（7）：62-74.
[132] 赖明勇，包群，彭水军，张新．外商直接投资与技术外溢：基于吸收

能力的研究［J］. 经济研究，2005（8）：95-105.
［133］雷明，赵欣娜，张明玺. 基于环境负产出的能效动态 Malmquist 模型研究［J］. 数量经济技术经济研究，2012（4）：33-48.
［134］李斌，彭星，欧阳铭珂. 环境规制、绿色全要素生产率与中国工业发展方式转变——基于 36 个工业行业数据的实证研究［J］. 产业经济，2013（4）：56-68.
［135］李影. 能源消耗、污染排放与行业增加值——基于工业行业数据研究［J］. 产业经济评论，2014（5）：65-71.
［136］李国璋，刘津汝. 产权制度、金融发展和对外开放对全要素生产率增长贡献的经验研究［J］. 经济问题，2011（2）：4-9.
［137］李健，邓传霞. 基于 SDDF 的中国省区二氧化碳排放效率及减排潜力测度［J］. 软科学，2015（3）：70-73.
［138］李京文，钟学义. 中国生产率分析前沿［M］. 北京：社会科学文献出版社，1998.
［139］李静，倪冬雪. 中国工业绿色生产率与治理效率研究——基于两阶段 SBM 网络模型和全局 Malmquist 方法［J］. 产业经济研究，2015（3）：42-53.
［140］李廉水，程中华，刘军. 中国制造业"新型化"及其评价研究［J］. 中国工业经济，2015（2）：63-75.
［141］李玲，陶锋. 污染密集型产业的绿色全要素生产率及影响因素——基于 SBM 方向性距离函数的实证分析［J］. 经济学家，2011（12）：32-39.
［142］李玲，陶锋. 中国制造业最优环境规制强度的选择——基于绿色全要素生产率的视角［J］. 中国工业经济，2012（5）：70-82.
［143］李松，王宝海，丁慧媛. 我国城镇化、工业化与碳排放的关系研究——基于 VAR 模型的分析［J］. 安徽农业科学，2015（16）：230-234.
［144］李小平，卢现祥，朱钟棣. 国际贸易、技术进步和中国工业行业的生产率增长［J］. 经济学（季刊），2008，7（2）：549-564.
［145］李小平，朱钟棣. 国际贸易、R&D 溢出和生产力增长［J］. 经济研究，2006（2）：31-43.
［146］李玉红，王皓，郑玉歆. 企业演化：中国工业生产率增长的重要途径［J］. 经济研究，2008（6）：12-24.

[147] 林毅夫，任若恩．东亚经济增长模式相关争论的再探讨［J］. 经济研究，2007（8）：4-11.

[148] 刘国平，曹莉萍．基于福利绩效的碳生产率研究［J］. 中国软科学，2011，25（1）：71-74.

[149] 刘明．基于新竞争（力）视角的企业规模经济性研究［D］. 天津：天津大学博士学位论文，2007.

[150] 刘强．中国经济增长的收敛性分析［J］. 经济研究，2001（6）.

[151] 刘瑞翔，安同良．资源环境约束下中国经济增长绩效变化趋势与因素分析——基于一种新型生产率指数构建与分解方法的研究［J］. 经济研究，2012（11）：34-47.

[152] 路江涌．外商直接投资对内资企业效率的影响和渠道［J］. 经济研究，2008（6）：95-106.

[153] 罗四维．基于DEA模型的商业银行规模经济研究［D］. 长沙：湖南大学硕士学位论文，2003.

[154] 马歇尔．经济学原理（上册）［M］. 北京：商务印书馆，1981：279-291.

[155] 迈克尔·波特．竞争论［M］. 高登第，李明轩，译．北京：中信出版社，2003.

[156] 聂普焱，黄利．环境规制对全要素能源生产率的影响是否存在产业异质性［J］. 产业经济研究院，2013（4）：50-58.

[157] 约翰·伊特韦尔，等．新帕尔格雷夫经济学大辞典（中译本）［M］. 陈岱孙，等，译．北京：经济科学出版社，1996，84.

[158] 潘家华，张丽峰．我国碳生产率区域差异性研究［J］. 中国工业经济，2011（5）：47-57.

[159] 彭国华．中国地区收入差距、全要素生产率及其收敛分析［J］. 经济研究，2005（9）：19-29.

[160] 乔治.J. 施蒂格勒．产业组织和政府管制［M］. 上海：上海三联书店，1989.

[161] 邱寿丰，诸大建．我国生态效率指标设计和应用［J］. 科学管理研究，2007（1）：20-24.

[162] 沈坤荣，耿强．外国直接投资、技术外溢与内生经济增长［J］. 中国社会科学，2001（5）：82-93.

[163] 沈坤荣，李剑．企业间技术外溢的测度［J］. 经济研究，2009（4）：

77-89.

[164] 沈能，刘凤朝．高强度的环境规制真能促进技术创新吗？——基于“波特假说”的再检验［J］. 中国软科学，2012（4）：49-59.

[165] 施蔚．江苏木材加工产业的规模经济问题研究［D］. 南京：南京林业大学博士学位论文，2007.

[166] 舒元，才国伟．我国省际技术进步及其空间扩散分析［J］. 经济研究，2007（6）：106-118.

[167] 宋冬林，王林辉，董直庆．资本体现式技术进步及其对经济增长的贡献率［J］. 中国社会科，2011（2）：91-106.

[168] 孙昌龙，靳诺，张小雷，杜宏茹．城市化不同演化阶段对碳排放的影响差异［J］. 地理科学，2013，3.

[169] 孙瑾，刘文革，周钰迪．中国对外开放、产业结构与绿色经济增长——基于省际面板数据的实证检验［J］. 管理世界，2014（6）：172-173.

[170] 唐·埃思里奇．应用经济学研究方法论［M］. 朱钢，译．北京：经济科学出版社，1998.

[171] 陶长琪，齐亚伟．中国全要素生产率的空间差异及其成因分析［J］. 数量经济技术经济研究，2010（1）：19-32.

[172] 田立新，孙梅．能源供需系统分析［M］. 北京：科学出版社，2011.

[173] 田银华，贺胜兵，胡石其．环境约束下地区全要素生产率增长的再估算：1998—2008［J］. 中国工业经济，2011（1）：47-57.

[174] 涂正革，肖耿．转轨时期大中型工业企业全要素生产率增长的行业特征［J］. 统计与决策，2005（12）：64-65.

[175] 王兵，吴延瑞，颜鹏飞．环境管制与全要素生产率增长：APEC 的实证研究［J］. 经济研究，2008（5）：19-32.

[176] 王亮．经济增长收敛假说的存在性检验与形成机制研究［D］. 长春：吉林大学博士学位论文，2010.

[177] 王玲，陈仲常，马大来．节能减排、全要素能源生产率及行业异质性研究［J］. 当代财经，2013（10）：5-15.

[178] 王文静，刘彤，李盛基．人力资本对我国全要素生产率增长作用的空间计量研究［J］. 经济与管理，2014.，28（2）：22-28.

[179] 王玺，张勇．关于中国技术进步水平的估算——从中性技术进步到体现式技术进步［J］. 中国软科学，2010（4）：155-163.

[180] 王兆华，丰超．中国区域全要素能源效率及其影响因素分析——基于2003—2010年的省际面板数据［J］．系统工程理论与实践，2015，35（6）：1361-1372.

[181] 王志刚，龚六堂，陈玉宇．地区间生产效率与全要素生产率增长率分解（1978—2003）［J］．中国社会科学，2006（2）：55-66.

[182] 魏梅．区域全要素生产率影响因素及效率收敛分析［J］．统计与决策，2008（12）：77-79.

[183] 魏梅，曹明福，江金荣．生产中碳排放效率长期决定及其收敛性分析［J］．数量经济技术经济研究，2010（9）：43-52.

[184] 魏下海．贸易开放、人力资本与中国全要素生产率——基于分位数回归方法的经验研究［J］．数量经济技术经济研究，2009（7）：61-72.

[185] 吴斐丹，张草纫．魁奈经济著作选集［M］．北京：商务印书馆，1979.

[186] 吴晓华，李磊．中国碳生产率与能源效率省际差异及提升潜力［J］．经济地理，2014（5）：105-108.

[187] 吴英资，闻岳春．中国工业绿色生产率、减排绩效与减排成本［J］．科研管理，2013，34（2）：105-111.

[188] 肖挺，刘华．产业结构调整与节能减排问题的实证研究［J］．经济学家，2014（9）：58-68.

[189] 谢千里，罗斯基，张轶凡．中国工业生产率的增长与收敛［J］．经济学（季刊），2008，7（3）：209-826.

[190] 徐丽杰．中国城市化对碳排放的影响关系研究［J］．宏观经济研究，2014（6）：63-70.

[191] 徐丽娜，赵涛．城镇化与碳排放量的关系研究——基于省会城市和直辖市的实证分析［J］．西北人口，2014（1）：18-22.

[192] 许和连，亓朋，祝树金．贸易开放度、人力资本与全要素生产率［J］．世界经济，2006（12）：3-10.

[193] 许培源，高伟生．国际贸易对中国技术创新能力的溢出效应［J］．财经研究，2009，35（9）：70-79.

[194] 许泱、周少甫．我国城市化与碳排放的实证研究［J］．长江流域资源与环境，2012，20（11）：1304.

[195] 颜鹏飞，王兵．技术效率、技术进步与生产率增长：基于DEA的实证分析［J］．经济研究，2004（12）：55-65.

[196] 杨文举．基于DEA的绿色经济增长核算：以中国地区工业为例［J］．

数量经济技术经济研究，2011（1）：19-34.
[197] 杨永华，钱斌华，王明兰．经济增长中的资源生产率分析［J］．中共青岛市委党校青岛行政学院学报，2005（3）：16-18.
[198] 杨永华，诸大建，胡冬洁．资源生产率视角的经济增长模型分析［J］．广东行政学院学报，2007，19（2）：59-62.
[199] 姚洋．非国有经济成分对我国工业企业技术效率的影响［J］．经济研究，1998（12）：29-35.
[200] 易纲，樊纲，李岩．关于中国经济增长与全要素生产率的理论思考［J］．经济研究，2003（8）：13-20.
[201] 易行健，李良生．市场是否可以换来技术进步？——来自广东省工业部门面板数据的实证分析［J］．南方经济，2007（7）：71-82.
[202] 易先忠，张亚斌．技术差距、知识产权保护与后发国技术进步［J］．数量经济技术经济研究，2006（10）：111-121.
[203] 于惊涛，王珊珊．基于低碳的绿色增长级绿色创新——中、美、英、德、日、韩实证与比较研究［J］．科学学研究，2016，35（4）：528-538.
[204] 袁富华．低碳经济约束下的中国潜在经济增长［J］．经济研究，2010（8）：79-89，154.
[205] 原毅军，谢荣辉．FDI、环境规制与中国工业绿色全要素生产率增长——基于Luenberger指数的实证研究［J］．国际贸易问题，2015（8）：84-93.
[206] 翟燕妮，赵国浩．基于循环经济的煤炭工业发展模式研究［C］//和谐发展与系统工程——中国系统工程学会第十五届年会论文集．南昌：中国系统工程学会，2008：57-61.
[207] 张成，陆旸，郭路，于同申．环境管制强度和生产技术进步［J］．经济研究，2011（2）：113-124.
[208] 张成，史丹，王俊杰．中国碳生产率的潜在改进空间——基于外部环境和内部管理视角［J］．资源科学，2015，37（6）：1218-1229.
[209] 张纯洪，刘海英．地区发展不平衡对工业绿色全要素生产率的影响——基于三阶段DEA调整测度效率的新视角［J］．当代经济研究，2014（9）：39-45.
[210] 张国宝．中国能源发展报告［M］．北京：经济科学出版社，2010.
[211] 张江雪，朱磊．基于绿色增长的我国各地区工业企业技术创新效率研

究 [J]. 数量经济技术经济研究, 2012 (2): 113-125.
[212] 张军, 施少华. 中国经济全要素生产率变动: 1952—1998 [J]. 世界经济文汇, 2003 (2): 17-24.
[213] 张丽峰. 碳排放约束下中国全要素生产率测算与分解研究——基于随机前沿分析 (SFA) 方法 [J]. 干旱区资源与环境, 2013, 27 (12): 20-24.
[214] 张丽峰. 碳生产率的经济学背景及其内涵分析 [J]. 经济问题探索, 2013 (5): 37-41.
[215] 张倩. 市场激励型环境规制对不同类型技术创新的影响及区域异质性 [J]. 产经评论, 2015 (3): 36-48.
[216] 张如海. 规模经济: 理论辨析和现实思考 [J]. 经济问题, 2001 (1): 8-11.
[217] 张少华. 中国全要素生产率的再测度与分解 [J]. 统计研究, 2014, 31 (3): 54-60.
[218] 张少华, 蒋伟杰. 基于 ISP 指数的中国能源生产率再测度与分解研究 [J]. 数量经济技术经济研究, 2014 (6): 55-73.
[219] 张少军, 李东方. 生产非一体化与能源利用效率——来自中国行业面板数据的经验研究 [J]. 中国工业经济, 2009 (2): 66-75.
[220] 张为付, 周长富, 马野青. 资本积累和劳动力转移驱动下开放型经济发展的环境效应 [J]. 南开经济研究, 2011 (4): 108-122.
[221] 张雄辉. 技术进步、技术效率对经济增长贡献的研究 [D]. 济南: 山东大学博士论文, 2010: 20.
[222] 赵国浩, 高文静. 山西省煤炭工业和装备制造业转型发展将迎来新机遇 [J]. 现代工业经济和信息化, 2011 (1): 43-45.
[223] 赵玉林. 创新经济学 [M]. 北京: 中国经济出版社, 2006.
[224] 赵志耘, 吕冰洋, 郭庆旺, 贾俊雪. 资本积累与技术进步的动态融合: 中国经济增长的一个典型事实 [J]. 经济研究, 2007 (11): 18-31.
[225] 郑兵云, 陈圻. 转型期中国工业全要素生产率与效率 [J]. 数理统计与管理, 2010, 29 (3): 480-489.
[226] 周燕, 蔡宏波. 中国工业行业全要素生产率增长的决定因素: 1996—2007 [J]. 北京师范大学学报 (社会科学版), 2011 (1): 133-141.
[227] 朱平芳, 徐伟民. 政府的科技激励政策对大中型工业企业 R&D 投入及其专利产出的影响 [J]. 经济研究, 2003 (6): 45-53.

[228] 诸大建，周建亮．循环经济理论与全面小康社会 [J]. 同济大学学报（社会科学版），2003. 14（3）：107-112.

[229] 诸大建，朱远．生态效率与循环经济 [J]. 复旦大学学报（社科版），2005（2）：60-66.

[230] 邹明．我国对外直接投资对国内全要素生产率的影响 [J]. 北京工业大学学报（社会科学版），2008，8（6）：30-35.

[231] 邹薇，代谦．技术模仿、人力资本积累与经济赶超 [J]. 中国社会科学，2003（5）：26-38，123.

附　　录

附录 1　　　　中国工业部门行业编号

行业名称	行业编号	行业名称	行业编号
（一）采掘业	B	化学原料及化学制品制造业	C14
煤炭开采和洗选业	B1	医药制造业	C15
石油和天然气开采业	B2	化学纤维制造业	C16
黑色金属矿采选业	B3	橡胶制品业	C17
有色金属矿采选业	B4	塑料制品业	C18
非金属矿采选业	B5	非金属矿物制品业	C19
其他采矿业	B6	黑色金属冶炼及压延加工业	C20
（二）制造业	C	有色金属冶炼及压延加工业	C21
农副食品加工业	C1	金属制品业	C22
食品制造业	C2	通用设备制造业	C23
饮料制造业	C3	专用设备制造业	C24
烟草制品业	C4	交通运输设备制造业	C25
纺织业	C5	电气机械及器材制造业	C26
纺织服装、鞋、帽制造业	C6	通信设备、计算机及其他电子设备制造业	C27
皮革、毛皮、羽毛（绒）及其制品业	C7	仪器仪表及文化、办公用机械制造业	C28
木材加工及木、竹、藤、棕、草制品业	C8	工艺品及其他制造业	C29
家具制造业	C9	废弃资源和废旧材料回收加工业	C30

续表

行业名称	行业编号	行业名称	行业编号
造纸及纸制品业	C10	(三) 电力、煤气及水生产和供应业	D
印刷业和记录媒介的复制业	C11	电力、热力的生产和供应业	D1
文教体育用品制造业	C12	燃气生产和供应业	D2
石油加工、炼焦及核燃料加工业	C13	水的生产和供应业	D3

附录 2　　**工业分行业终端能源消费量原始数据**　　单位：万吨标准煤

年度	行业编号	煤合计	油品合计	天然气
1998	B1	2037.44	103.49	0.12
1998	B2	149.96	962.07	471.62
1998	B3	57.11	18.25	1.44
1998	B4	78.72	20.4	
1998	B5	212.15	41.18	
1998	B6	118.75	37.15	
1998	C1	959.43	94.38	3.35
1998	C2	540.98	47.57	1.32
1998	C3	557.57	37.76	0.48
1998	C4	117.9	33.8	0.72
1998	C5	1165.54	160.32	8.98
1998	C6	108.71	38.86	
1998	C7	71.81	27.27	
1998	C8	205.78	16.77	
1998	C9	35.9	8.01	
1998	C10	1024.61	65.71	0.96
1998	C11	47.68	22.84	0.48
1998	C12	15.84	48.9	
1998	C13	619.78	3893.34	135.72
1998	C14	4872.11	1964.52	930.17

续表

年度	行业编号	煤合计	油品合计	天然气
1998	C15	395. 17	29. 88	1. 44
1998	C16	324	380. 93	37. 73
1998	C17	282. 4	37. 42	
1998	C18	142. 24	83	
1998	C19	8711. 1	896. 21	42. 17
1998	C20	3135. 17	533. 7	33. 78
1998	C21	692. 89	161. 1	8. 51
1998	C22	257. 43	84. 73	2. 87
1998	C23	450. 21	92. 46	2. 64
1998	C24	293. 33	86. 05	10. 06
1998	C25	428. 92	105. 89	17. 01
1998	C26	188. 98	72. 4	10. 06
1998	C27	72. 89	63. 07	18. 33
1998	C28	33. 18	18. 48	0. 24
1998	C29	365. 7	86. 11	17. 97
1998	C30			
1998	D1	2543. 06	233. 12	9. 1
1998	D2	100. 74	22. 62	7. 43
1998	D3	22. 1	5. 94	
1999	B1	1886. 67	141. 82	1. 43
1999	B2	128. 34	1112. 75	606. 32
1999	B3	56. 03	26. 06	
1999	B4	55. 92	26. 29	
1999	B5	213. 11	51. 65	0. 52
1999	B6	74. 09	40. 29	
1999	C1	828. 64	118. 6	1. 83
1999	C2	577. 32	58. 26	0. 78

续表

年度	行业编号	煤合计	油品合计	天然气
1999	C3	545.98	43.27	0.26
1999	C4	154.87	59.21	0.91
1999	C5	1148.54	243.71	12.13
1999	C6	114.84	53.02	
1999	C7	75.44	36.99	
1999	C8	204.98	17.08	
1999	C9	45.75	10.13	
1999	C10	1022.79	78.96	3.39
1999	C11	47.09	32.81	0.91
1999	C12	17.93	22.95	
1999	C13	626	3881.26	122.62
1999	C14	4113.72	1874.73	1094.58
1999	C15	455.34	34.49	7.44
1999	C16	278.24	499.55	0.52
1999	C17	302.51	43.27	
1999	C18	145.92	90.81	1.17
1999	C19	9429.67	1025.9	28.83
1999	C20	3280.41	567.85	14.87
1999	C21	732.54	182.81	5.87
1999	C22	255.36	104.94	7.44
1999	C23	404.22	104.23	2.48
1999	C24	319.12	94.2	15.91
1999	C25	507.94	136.43	15.65
1999	C26	191.02	89.37	10.17
1999	C27	69.33	88.65	37.96
1999	C28	37.73	21.41	0.26
1999	C29	313.82	137.75	22.44

续表

年度	行业编号	煤合计	油品合计	天然气
1999	C30			
1999	D1	2310.73	297.64	2.35
1999	D2	220.1	26.94	19.05
2000	B1	1798.48	155.17	1.31
2000	B2	135.38	1287.01	669.12
2000	B3	50.99	28.36	
2000	B4	62.22	30.67	
2000	B5	220.47	58.36	0.52
2000	B6	75.57	44.18	
2000	C1	781.95	122.41	1.96
2000	C2	503.25	63.63	0.91
2000	C3	472.77	45.05	0.39
2000	C4	103.68	60.99	1.05
2000	C5	1028.53	227.84	14.5
2000	C6	93.18	55.15	
2000	C7	56.28	36.74	
2000	C8	172.68	19.61	
2000	C9	34.11	11.16	
2000	C10	1029.94	92.46	3.92
2000	C11	39.78	36.09	1.05
2000	C12	14.09	25.57	
2000	C13	661.66	4188.6	133.8
2000	C14	4102.88	2104.54	1180.14
2000	C15	378.64	35.84	7.84
2000	C16	256.75	566.18	0.65
2000	C17	217.54	48.71	
2000	C18	109.45	107.65	1.31

续表

年度	行业编号	煤合计	油品合计	天然气
2000	C19	9248. 85	1135. 14	32. 67
2000	C20	3189. 86	597. 67	22. 34
2000	C21	632. 13	200. 2	6. 53
2000	C22	187. 29	125. 66	7. 84
2000	C23	278. 03	101. 45	2. 61
2000	C24	241. 95	96. 9	17. 12
2000	C25	401. 83	142. 42	19. 73
2000	C26	146. 67	95. 19	10. 45
2000	C27	54. 61	92. 84	44. 56
2000	C28	25. 82	21. 63	0. 26
2000	C29	259. 63	137. 42	22. 47
2000	C30			
2000	D1	2108. 69	312. 57	2. 61
2000	D2	194. 33	38. 73	22. 34
2000	D3	24. 57	8. 34	0. 26
2001	B1	1773. 66	149. 42	
2001	B2	117. 48	1326. 68	777. 08
2001	B3	49. 5	28. 48	
2001	B4	62. 01	29. 87	
2001	B5	217. 5	66. 45	0. 39
2001	B6	68. 84	43. 16	
2001	C1	763. 74	129. 98	2. 09
2001	C2	497. 88	65. 75	1. 05
2001	C3	449. 31	47. 61	0. 26
2001	C4	111. 02	60. 38	1. 18
2001	C5	1007. 53	237. 3	14
2001	C6	91. 53	61. 27	

续表

年度	行业编号	煤合计	油品合计	天然气
2001	C7	56.48	34.93	
2001	C8	176.21	22.28	
2001	C9	36.52	11.98	
2001	C10	1005.23	93.82	3.4
2001	C11	41.21	37.14	1.18
2001	C12	15.07	26.53	
2001	C13	650.63	4189.19	152.85
2001	C14	4004.13	2031.99	1249.77
2001	C15	374.16	39.05	8.77
2001	C16	228.94	550.66	
2001	C17	224.98	48.42	
2001	C18	105.72	107.29	1.18
2001	C19	8509.52	1184.76	36.64
2001	C20	3011.4	582.39	21.85
2001	C21	567.66	209.86	6.94
2001	C22	181.02	143.73	9.81
2001	C23	280.98	102.68	2.22
2001	C24	226.89	90.46	20.94
2001	C25	394.23	147.7	24.86
2001	C26	123.1	101.89	9.16
2001	C27	48.17	107.34	52.08
2001	C28	22.22	23.32	0.39
2001	C29	223.22	139.68	19.5
2001	C30			
2001	D1	1870.83	304.15	3.27
2001	D2	200.8	41.08	25.13
2001	D3	21.74	8.84	0.39

续表

年度	行业编号	煤合计	油品合计	天然气
2002	B1	1836. 14	154. 01	
2002	B2	117. 46	1404. 12	788. 86
2002	B3	71. 64	35. 18	
2002	B4	66. 52	32. 59	
2002	B5	226. 34	70. 59	0. 13
2002	B6	65. 34	43. 99	
2002	C1	819. 66	134. 58	1. 94
2002	C2	505. 2	72. 71	1. 3
2002	C3	482. 21	46. 07	0. 26
2002	C4	120. 61	60. 86	1. 56
2002	C5	1093. 7	238. 86	10. 5
2002	C6	99. 47	64. 55	
2002	C7	61. 36	34. 33	
2002	C8	190. 97	19. 1	
2002	C9	37. 5	13. 76	
2002	C10	1130. 51	114. 69	3. 5
2002	C11	44. 52	39. 12	1. 3
2002	C12	14. 98	29. 26	
2002	C13	636. 57	4558. 33	149. 61
2002	C14	4453. 26	2407. 05	1322. 59
2002	C15	406. 43	38. 53	12. 7
2002	C16	248. 81	616. 11	
2002	C17	241. 81	48. 87	
2002	C18	98. 74	101. 86	1. 3
2002	C19	7640. 05	1250. 04	45. 37
2002	C20	2891. 49	554. 62	29. 82
2002	C21	719. 93	225. 83	8. 56

续表

年度	行业编号	煤合计	油品合计	天然气
2002	C22	196.15	150.31	10.63
2002	C23	300.23	115.06	2.85
2002	C24	220.46	90.05	28.78
2002	C25	476.22	136.5	23.21
2002	C26	132.91	112.86	13.22
2002	C27	52.01	139.62	62.62
2002	C28	24.12	25.04	0.39
2002	C29	218.22	153.32	16.98
2002	C30			
2002	D1	1975.65	305.91	2.85
2002	D2	166.24	52.62	25.02
2002	D3	21.1	8.74	0.26
2003	B1	2373.98	139.37	
2003	B2	134.06	1445.11	822.26
2003	B3	93.01	38.57	
2003	B4	71.55	33.76	
2003	B5	308.39	81.16	
2003	B6	74.26	38.94	
2003	C1	841.18	109.22	
2003	C2	491.48	63.9	
2003	C3	525.8	36.52	
2003	C4	133.93	50.51	
2003	C5	1295.02	194.29	12
2003	C6	119.27	61.79	
2003	C7	66.3	37.9	
2003	C8	247.09	19.87	
2003	C9	46.69	14.14	

续表

年度	行业编号	煤合计	油品合计	天然气
2003	C10	1179. 63	123. 03	
2003	C11	59. 69	32. 02	
2003	C12	17. 38	29. 72	
2003	C13	804. 75	5259. 19	206. 57
2003	C14	5427. 65	2871. 7	1704. 16
2003	C15	447. 08	37. 73	12. 7
2003	C16	278. 98	202. 9	
2003	C17	269. 02	49. 92	
2003	C18	133. 77	101. 51	
2003	C19	10028. 93	1257. 08	49. 8
2003	C20	4026. 72	584. 53	42. 06
2003	C21	912. 69	257. 89	10. 64
2003	C22	190. 03	139. 98	12. 91
2003	C23	294. 82	128. 06	
2003	C24	325. 32	87. 39	31. 38
2003	C25	397. 84	142. 47	24. 46
2003	C26	125. 5	126. 42	16. 38
2003	C27	60. 94	128. 83	72. 58
2003	C28	30. 68	37. 82	
2003	C29	218. 15	130. 96	12. 91
2003	C30	3. 07		
2003	D1	2355. 02	342. 84	3. 58
2003	D2	179. 89	57. 94	51. 2
2003	D3	22. 76	9. 1	
2004	B1	4093. 32	139. 38	14. 3
2004	B2	134. 04	1174. 13	645. 35
2004	B3	92. 05	62. 35	0. 48

续表

年度	行业编号	煤合计	油品合计	天然气
2004	B4	85.53	31.99	0.31
2004	B5	302.37	96.81	0.37
2004	B6	1.65	1.89	
2004	C1	964.43	136.82	2.5
2004	C2	541.91	72.23	18.61
2004	C3	605.24	48.39	7.04
2004	C4	123.03	12.73	3.53
2004	C5	1570.16	207.44	6.21
2004	C6	154.11	63.92	1.25
2004	C7	80.14	49.43	0.25
2004	C8	336.4	25.31	1.03
2004	C9	25.54	14.61	0.34
2004	C10	1612.9	104.67	4.67
2004	C11	35.51	25.24	2.5
2004	C12	16.47	32.36	
2004	C13	954.35	6609.87	190.4
2004	C14	6386.61	3381.88	1629.5
2004	C15	438.89	36.01	8.8
2004	C16	200.66	67.59	2.68
2004	C17	307.43	60.99	4.72
2004	C18	216.96	123.69	5
2004	C19	14256.82	1299.42	244.7
2004	C20	4740.64	467.18	95.58
2004	C21	1006.35	306.47	35.31
2004	C22	249.76	147.49	10.01
2004	C23	278.86	178.37	16.51
2004	C24	391.66	105.57	24.64

续表

年度	行业编号	煤合计	油品合计	天然气
2004	C25	519. 06	197. 43	44. 05
2004	C26	134. 93	148. 44	11. 26
2004	C27	87. 76	133. 94	58. 49
2004	C28	19. 54	23. 65	0. 75
2004	C29	276. 33	50. 22	0. 37
2004	C30	5. 25	5. 1	
2004	D1	2344. 15	191. 44	5. 5
2004	D2	76. 62	170. 58	62. 53
2004	D3	29. 47	8. 74	0. 51
2005	B1	4104. 29	125. 32	20. 84
2005	B2	131. 27	1158. 64	648. 88
2005	B3	107. 91	58. 28	0. 26
2005	B4	84. 77	26. 12	0. 23
2005	B5	358. 25	96. 57	0. 33
2005	B6	1. 62	1. 48	
2005	C1	920. 95	142. 38	3. 65
2005	C2	595. 34	72. 85	17. 02
2005	C3	593. 19	50. 52	6. 69
2005	C4	103. 1	11. 34	3. 44
2005	C5	1536. 76	151. 05	7. 4
2005	C6	171. 21	66. 48	1. 19
2005	C7	78. 31	44. 06	0. 36
2005	C8	329. 23	28. 88	1. 45
2005	C9	24. 98	18. 78	0. 49
2005	C10	1567. 96	101. 04	6. 61
2005	C11	34. 8	24. 98	2. 58
2005	C12	16. 11	27. 88	

续表

年度	行业编号	煤合计	油品合计	天然气
2005	C13	1070.03	6490.07	179.53
2005	C14	6665.27	3165.69	1843.38
2005	C15	429.31	32.74	12.84
2005	C16	196.53	77.46	3.9
2005	C17	299.61	56.22	4.59
2005	C18	211.64	114.74	7.3
2005	C19	14285.48	1317.83	316.66
2005	C20	5108.71	447.96	129.87
2005	C21	1007.42	315.1	51.48
2005	C22	245.45	147.67	9.13
2005	C23	272.89	154.26	24.08
2005	C24	384.38	78.63	35.93
2005	C25	505.07	200.19	64.23
2005	C26	132.07	145.29	16.42
2005	C27	85.91	139.12	63.47
2005	C28	18.75	20.2	1.09
2005	C29	253.28	39.51	0.54
2005	C30	4.97	3.63	
2005	D1	2553.15	158.39	5.47
2005	D2	75.07	168.73	55.82
2005	D3	28.85	7.9	0.75
2006	B1	4166.5	129.54	22.9
2006	B2	133.86	1268.94	725.9
2006	B3	109.37	59.29	0.26
2006	B4	85.4	26.8	0.23
2006	B5	364.32	97.81	0.33
2006	B6	1.65	1.49	

续表

年度	行业编号	煤合计	油品合计	天然气
2006	C1	937.11	140.24	3.64
2006	C2	606.14	72.51	17
2006	C3	603.47	53.61	7.68
2006	C4	104.33	11.62	3.43
2006	C5	1566.33	155.58	7.39
2006	C6	174.35	69.66	1.19
2006	C7	79.82	46.51	0.4
2006	C8	335.45	30.03	1.71
2006	C9	25.45	19.4	0.58
2006	C10	1594.42	102.29	7.8
2006	C11	35.48	26.37	3.04
2006	C12	16.41	28.88	
2006	C13	1039.69	6588.04	212.53
2006	C14	6752.4	3686.5	2307.43
2006	C15	435.62	34.26	15.13
2006	C16	200.18	83.44	4.6
2006	C17	304.93	59.54	4.59
2006	C18	215.67	115.87	8.6
2006	C19	14533.96	1432.03	316.29
2006	C20	5100.69	423.75	149.18
2006	C21	1019.01	352.56	60.68
2006	C22	249.23	152.54	10.77
2006	C23	277.79	159.37	31.26
2006	C24	387.79	80.97	39.48
2006	C25	514.14	207.16	73.78
2006	C26	134.18	154.52	18.86
2006	C27	87.38	141.66	69.73

续表

年度	行业编号	煤合计	油品合计	天然气
2006	C28	19.11	20.67	1.29
2006	C29	256.7	39.96	0.64
2006	C30	5.06	3.55	
2006	D1	2603.18	169.08	5.19
2006	D2	76.53	169.64	65.79
2006	D3	29.42	8.54	0.82
2007	B1	4646.53	136.82	26.74
2007	B2	127.58	1279.14	851.12
2007	B3	112.28	62.28	0.37
2007	B4	81.67	28.36	0.33
2007	B5	375.1	105.93	0.49
2007	B6	1.78	1.57	
2007	C1	982.43	141.23	4.43
2007	C2	612.09	71.68	18.45
2007	C3	570.66	53.38	8.99
2007	C4	89.65	12	3.94
2007	C5	1603.08	155.94	9.19
2007	C6	174.63	71.77	1.23
2007	C7	75.31	47.04	0.5
2007	C8	318.4	32.22	1.99
2007	C9	24.02	20.08	0.71
2007	C10	1513.33	100.66	9.12
2007	C11	33.46	26.07	3.56
2007	C12	15.49	28.95	
2007	C13	994.36	7252.29	249.24
2007	C14	7020.2	3952.56	2689.75
2007	C15	414.36	38.02	17.8

续表

年度	行业编号	煤合计	油品合计	天然气
2007	C16	188. 98	104. 71	5. 41
2007	C17	288. 2	60. 38	5. 41
2007	C18	203. 5	112. 25	10. 11
2007	C19	14269. 1	1424. 28	384. 45
2007	C20	5285. 52	419. 75	174. 9
2007	C21	994. 45	379. 33	71. 21
2007	C22	236. 38	163. 39	12. 68
2007	C23	265. 52	167. 94	39. 84
2007	C24	372. 59	88. 52	46. 29
2007	C25	490. 62	211. 71	86. 45
2007	C26	127. 12	159. 49	22. 08
2007	C27	82. 63	141. 75	81. 92
2007	C28	18. 08	22. 62	1. 57
2007	C29	244. 06	39. 62	0. 71
2007	C30	4. 88	3. 63	
2007	D1	2463. 16	167. 81	5. 54
2007	D2	73. 11	146. 4	77. 19
2007	D3	27. 74	8. 83	1
2008	B1	4957. 47	180. 69	26. 02
2008	B2	109. 44	1584. 47	1150. 09
2008	B3	137. 01	90. 91	0. 48
2008	B4	73. 86	36. 75	0. 53
2008	B5	324. 26	132. 35	0. 67
2008	B6	1. 06	2. 83	
2008	C1	1066. 95	151. 71	7. 18
2008	C2	630. 2	88. 52	27. 93
2008	C3	583. 38	62. 3	12. 64

续表

年度	行业编号	煤合计	油品合计	天然气
2008	C4	70. 3	12. 52	5. 11
2008	C5	1478. 25	170. 28	19. 88
2008	C6	164. 36	87. 47	2. 66
2008	C7	65. 42	54. 54	0. 76
2008	C8	323. 63	40. 37	2. 91
2008	C9	25. 54	29. 43	5. 19
2008	C10	1737. 33	110. 67	14. 78
2008	C11	31. 44	43. 54	6. 12
2008	C12	13. 94	39. 84	
2008	C13	909. 99	7171. 21	219. 58
2008	C14	7799. 33	3913. 6	2584. 99
2008	C15	455. 31	50. 71	24. 06
2008	C16	192. 95	109. 41	6. 44
2008	C17	315. 48	60. 45	7. 02
2008	C18	232. 43	133. 99	14. 5
2008	C19	16220. 12	1541. 95	581. 84
2008	C20	5847. 05	413. 4	226. 88
2008	C21	1092. 8	448. 21	80. 83
2008	C22	255. 1	208. 97	27. 41
2008	C23	304. 92	205. 27	73. 22
2008	C24	366. 05	112. 53	67. 56
2008	C25	462. 18	296. 37	144. 97
2008	C26	135. 06	200. 42	31. 02
2008	C27	108. 79	193. 94	83. 26
2008	C28	19. 98	30. 6	3. 33
2008	C29	274. 82	47. 69	0. 69
2008	C30	6. 66	7. 37	

续表

年度	行业编号	煤合计	油品合计	天然气
2008	D1	2053. 61	238. 95	4. 79
2008	D2	56. 78	145. 72	76. 21
2008	D3	26. 03	11. 35	1. 33
2009	B1	4989. 77	203. 42	24. 72
2009	B2	110. 96	1204. 28	1184. 59
2009	B3	129. 32	86. 42	0. 38
2009	B4	74. 68	40. 29	0. 53
2009	B5	354. 06	136. 83	2. 39
2009	B6	1. 77	1. 7	0. 13
2009	C1	1049. 31	159. 94	8. 62
2009	C2	665. 11	90. 12	30. 72
2009	C3	586. 28	56. 46	18. 95
2009	C4	65. 18	9. 27	6. 64
2009	C5	1442. 08	145. 56	17. 9
2009	C6	160. 62	86. 63	3. 19
2009	C7	67. 15	50. 05	0. 99
2009	C8	332. 96	35. 86	4. 52
2009	C9	23. 26	32. 21	5. 85
2009	C10	1791. 83	97. 46	14. 04
2009	C11	30. 71	38. 09	6. 92
2009	C12	13. 78	36. 14	1. 46
2009	C13	1146. 47	7906. 06	273. 58
2009	C14	7957. 58	3848. 3	2272. 2
2009	C15	429. 04	54. 5	31. 27
2009	C16	206. 23	78. 82	3. 86
2009	C17	319. 27	47. 75	9. 13
2009	C18	228. 64	123. 82	18. 09

续表

年度	行业编号	煤合计	油品合计	天然气
2009	C19	17245. 51	1391. 04	593. 47
2009	C20	6918. 73	331. 14	249. 56
2009	C21	1109. 18	422. 36	88. 91
2009	C22	255. 67	204. 17	32. 89
2009	C23	308. 3	217. 01	80. 54
2009	C24	387. 36	122. 85	60. 65
2009	C25	475. 06	274. 59	161. 2
2009	C26	133. 67	208. 06	40. 33
2009	C27	109. 91	177. 38	64. 9
2009	C28	19. 38	30. 55	4. 79
2009	C29	237. 89	50. 5	0. 76
2009	C30	7. 47	8. 1	
2009	D1	2395. 36	202. 07	6. 22
2009	D2	62. 8	73. 42	29. 53
2009	D3	21. 35	14. 29	1. 6
2010	B1	4753. 87	246. 09	21. 26
2010	B2	112. 47	1135. 1	1362. 28
2010	B3	163. 53	103. 77	0. 46
2010	B4	67. 96	42. 63	1. 2
2010	B5	292. 89	140. 47	2. 99
2010	B6	1. 77	2. 17	0. 13
2010	C1	910. 9	172. 65	9. 39
2010	C2	593. 9	94. 42	32. 57
2010	C3	498. 18	51. 08	22. 36
2010	C4	54. 62	9. 15	7. 7
2010	C5	1197. 07	144. 92	20. 93
2010	C6	146. 96	85. 85	3. 83

续表

年度	行业编号	煤合计	油品合计	天然气
2010	C7	52.9	41.96	0.25
2010	C8	288.73	41.9	3.99
2010	C9	20.94	36.14	4.52
2010	C10	1571.59	88.74	16.85
2010	C11	27.62	37.43	9.58
2010	C12	12.57	35.4	1.61
2010	C13	1006.55	7863.11	77.54
2010	C14	7692.79	4759.97	1838.06
2010	C15	423.99	56.03	37.53
2010	C16	191.68	59.37	5.79
2010	C17	293.26	46.47	11.86
2010	C18	206.94	145.85	19.82
2010	C19	15922.17	2695.09	446.17
2010	C20	7692.49	268.86	259.58
2010	C21	985.58	564.2	102.25
2010	C22	217.72	192.02	39.46
2010	C23	286.85	226.98	82.95
2010	C24	399.2	132.69	76.08
2010	C25	454.94	304.1	123.42
2010	C26	130.62	211.79	48.4
2010	C27	96.45	162.8	80.86
2010	C28	17.5	34.29	6.92
2010	C29	180.26	46.65	0.92
2010	C30	9.97	10.58	
2010	D1	2272.11	122.08	6.84
2010	D2	49.99	54.39	26.6
2010	D3	18.94	13.47	2.53

续表

年度	行业编号	煤合计	油品合计	天然气
2011	B1	4837.6	351.07	24.27
2011	B2	107.87	969.23	1280.54
2011	B3	138.11	177.71	0.62
2011	B4	74.91	67.35	1.33
2011	B5	274.85	97.62	1.8
2011	B6		0.35	
2011	C1	867.51	137.1	11.37
2011	C2	570.36	70.68	48.85
2011	C3	508.95	44.83	31.31
2011	C4	76.52	8.86	9.08
2011	C5	1036.54	109.61	23.39
2011	C6	133.31	70.66	4.61
2011	C7	49.47	29.36	0.93
2011	C8	287.46	34.69	5.45
2011	C9	19.19	24.26	6.78
2011	C10	1506.72	65.52	24.43
2011	C11	23.5	23.88	10.24
2011	C12	10.57	18.39	2.13
2011	C13	931.91	8113.95	326.65
2011	C14	8300.69	6553.06	2315
2011	C15	444.47	45.68	46.91
2011	C16	207.85	37.54	6.57
2011	C17	275.03	33.27	15.66
2011	C18	196.74	90.51	23.01
2011	C19	16902.34	2442.14	659.82
2011	C20	8121.99	262.87	356.38
2011	C21	1028.4	491.52	132.92

续表

年度	行业编号	煤合计	油品合计	天然气
2011	C22	196.45	139.02	46.87
2011	C23	270.32	191.65	98.54
2011	C24	374.73	109.09	92.17
2011	C25	417.22	294.31	171.17
2011	C26	120.99	141.01	54.76
2011	C27	81.14	78.69	81.26
2011	C28	15.45	20.71	6.38
2011	C29	158.27	38.35	1.47
2011	C30	10.65	904	1.33
2011	D1	1778.86	132.08	5.82
2011	D2	40.16	27.76	40.57
2011	D3	15.87	8.19	2.39
2012	B1	5172.41	344.04	49.92
2012	B2	92.14	869.28	1275.9
2012	B3	144.92	174.22	0.4
2012	B4	74.18	64.5	
2012	B5	245.61	104.01	0.65
2012	B6	1.32	0.15	
2012	C1	833.93	134.07	12.8
2012	C2	554.82	60.87	63.5
2012	C3	456.92	38.99	42.85
2012	C4	43.43	7.67	10.02
2012	C5	842.18	75.39	25.03
2012	C6	135.14	61.04	6.31
2012	C7	55.9	30.78	1.03
2012	C8	269.44	33.75	4.42
2012	C9	18.12	20.91	8.06

续表

年度	行业编号	煤合计	油品合计	天然气
2012	C10	1302.01	55.61	16.72
2012	C11	22.42	21.1	11.44
2012	C12	19.25	32.3	9.36
2012	C13	868.93	7903.39	378.43
2012	C14	8543.57	6526.42	2499.51
2012	C15	443.66	44.35	55.02
2012	C16	217.76	18.97	9
2012	C17	425.38	104.48	43.5
2012	C18	16121.33	2376.95	744.48
2012	C19	8404.05	230.81	407.56
2012	C20	926	459.68	188.39
2012	C21	232.19	119.4	68.73
2012	C22	181.32	139.95	79.3
2012	C23	274.69	100.55	76.44
2012	C24	236.57	142.38	149.11
2012	C25	142.21	103.98	65
2012	C26	107.93	120.72	54.71
2012	C27	69.37	62.54	79.43
2012	C28	15.21	17.84	6.5
2012	C29	93.89	17.54	0.86
2012	C30	10.76	8.44	2.6
2012	D1	1474.97	123.09	8.45
2012	D2	49.41	8.88	28.73
2012	D3	21.74	7.66	1.95
2013	B1	7393.46	230.8	4.25
2013	B2	140.33	628.4	116.56
2013	B3	440.47	115.73	0.02

续表

年度	行业编号	煤合计	油品合计	天然气
2013	B4	200. 84	44. 71	0. 01
2013	B5	760. 91	77. 38	0. 04
2013	B6	31. 11	121. 1	2. 57
2013	C1	2792. 31	93. 3	1. 21
2013	C2	1390. 35	40. 22	5. 58
2013	C3	1454. 54	22. 73	3. 98
2013	C4	61. 48	4. 72	0. 8
2013	C5	2136. 43	44. 23	2. 5
2013	C6	279. 88	33. 3	0. 58
2013	C7	183. 57	17. 92	0. 07
2013	C8	594. 44	23. 08	0. 37
2013	C9	65. 21	13. 84	0. 65
2013	C10	2403. 13	36. 83	1. 33
2013	C11	69. 38	14. 73	1. 42
2013	C12	105. 09	20. 08	1. 01
2013	C13	4156. 09	5272. 7	29. 14
2013	C14	18637. 52	4882. 49	240. 89
2013	C15	1197. 68	27. 1	4. 92
2013	C16	684. 86	11. 45	0. 59
2013	C17			
2013	C18			
2013	C19	30822. 08	2230. 08	61. 97
2013	C20	14265. 36	167. 8	35. 74
2013	C21	2347. 3	337. 6	17. 53
2013	C22	619. 42	78. 41	6. 34
2013	C23	406. 03	88. 29	7. 65
2013	C24	360. 83	92. 99	6. 8

续表

年度	行业编号	煤合计	油品合计	天然气
2013	C25	593.35	146.31	18.51
2013	C26	354.91	75.47	4.02
2013	C27	95.9	38.22	6.24
2013	C28	33.24	12.67	0.53
2013	C29	93.86	19.54	0.35
2013	C30	62.83	6.55	0.26
2013	D1	2038.66	86.62	0.99
2013	D2	18.19	6.08	4.03
2013	D3	21.95	5.38	0.15
2014	B1	5686.07	212.72	5.95
2014	B2	141.75	607.61	124.13
2014	B3	406.15	110.75	0.02
2014	B4	184.61	41.14	0.64
2014	B5	736.81	72.90	0.03
2014	B6	30.76	131.91	2.30
2014	C1	2354.63	86.42	1.31
2014	C2	1165.99	34.09	6.11
2014	C3	1280.62	21.09	4.62
2014	C4	50.20	3.37	0.87
2014	C5	1655.73	40.83	3.49
2014	C6	261.52	28.29	0.59
2014	C7	160.83	15.57	0.08
2014	C8	637.77	21.01	0.47
2014	C9	54.11	13.09	0.72
2014	C10	1895.82	31.94	1.42
2014	C11	82.11	15.05	1.89
2014	C12	123.76	19.67	1.34

续表

年度	行业编号	煤合计	油品合计	天然气
2014	C13	4267. 35	5385. 91	36. 65
2014	C14	18702. 92	5464. 08	229. 85
2014	C15	1172. 92	24. 02	5. 69
2014	C16	612. 71	6. 84	0. 70
2014	C17			
2014	C18	809. 79	60. 90	4. 15
2014	C19	32301. 15	2077. 78	70. 77
2014	C20	14511. 23	161. 72	37. 42
2014	C21	2323. 60	301. 42	18. 32
2014	C22	510. 09	68. 95	6. 69
2014	C23	346. 67	81. 01	7. 60
2014	C24	312. 97	88. 24	7. 70
2014	C25	443. 49	128. 17	23. 31
2014	C26	267. 93		3. 66
2014	C27	84. 33	66. 67	6. 85
2014	C28	25. 03		0. 58
2014	C29	69. 47	18. 49	0. 26
2014	C30	65. 03	11. 56	0. 63
2014	D1	1165. 74	90. 96	1. 04
2014	D2	12. 21	80. 12	1. 77
2014	D3	13. 89	5. 70	0. 24
2015	B1	4383. 14	1049. 73	133. 72
2015	B2	137. 45	179. 13	7. 14
2015	B3	341. 86	569. 87	123. 39
2015	B4	149. 88	86. 88	0. 01
2015	B5	615. 24	39. 65	1. 05
2015	B6	32. 33	74. 98	0. 08

续表

年度	行业编号	煤合计	油品合计	天然气
2015	C1	2121. 36	99. 22	2. 04
2015	C2	1126. 87	81. 78	1. 52
2015	C3	1135. 36	30. 94	7. 56
2015	C4	41. 05	20. 33	5. 17
2015	C5	1543. 47	2. 92	0. 93
2015	C6	228. 35	52. 87	4. 7
2015	C7	153. 92	27. 64	0. 67
2015	C8	489. 77	14. 23	0. 06
2015	C9	50. 53	19. 78	0. 64
2015	C10	1641. 28	17. 92	0. 91
2015	C11	81. 18	30. 23	1. 56
2015	C12	116. 22	15. 04	1. 83
2015	C13	3850. 17	18. 39	1. 32
2015	C14	20939. 19	5787. 08	36. 47
2015	C15	1146. 72	5786. 01	185. 69
2015	C16	647. 88	24. 72	5. 94
2015	C17	755. 35	6. 48	0. 67
2015	C18		60. 6	4. 65
2015	C19	30458. 98	2136. 24	54. 69
2015	C20	13553. 37	151. 9	35. 14
2015	C21	2178. 03	310. 19	18. 23
2015	C22	449. 66	69. 84	7. 26
2015	C23	288. 1	77. 73	8. 81
2015	C24	272. 72	82. 9	14. 22
2015	C25	163. 57	35. 49	5. 48
2015	C26	237. 16	65. 8	3. 17
2015	C27	86. 59	34. 67	7. 06

续表

年度	行业编号	煤合计	油品合计	天然气
2015	C28	20. 39	11. 65	0. 6
2015	C29	67. 03	18. 82	0. 26
2015	C30	66. 48	5. 99	0. 83
2015	D1	1006. 71	80. 54	1. 08
2015	D2	9. 16	6. 77	3. 71
2015	D3	13. 28	6. 32	0. 22
2016	B1	3307. 53	165. 37	8. 62
2016	B2	135. 36	445. 26	112. 99
2016	B3	238. 37	66. 24	0. 01
2016	B4	120. 35	40. 82	0. 08
2016	B5	524. 77	68. 74	0. 15
2016	B6	29. 42	78. 86	2. 08
2016	C1	2019. 94	71. 29	2. 02
2016	C2	1163. 67	28. 4	9. 06
2016	C3	1007. 48	19. 65	6. 29
2016	C4	26. 24	2. 27	1. 03
2016	C5	1260. 47	46. 02	7. 11
2016	C6	183. 16	24. 73	0. 96
2016	C7	133. 56	12. 38	0. 06
2016	C8	308. 73	17. 98	1. 04
2016	C9	39. 82	11. 35	0. 99
2016	C10	1494. 17	29. 34	2. 07
2016	C11	84. 16	13. 93	2. 18
2016	C12	106. 77	17. 45	1. 9
2016	C13	2388. 28	6218. 7	26. 53
2016	C14	16399. 68	6241. 66	168. 95
2016	C15	1065. 86	22. 92	6. 3

续表

年度	行业编号	煤合计	油品合计	天然气
2016	C16	613.95	7.19	1.01
2016	C17	629.57	57.5	5.54
2016	C18	28452.47	1962.27	32.31
2016	C19	10340.7	137.12	35.17
2016	C20	1958	310.83	19.95
2016	C21	375.86	62.95	8.33
2016	C22	243.66	67.4	9.28
2016	C23	176.78	71.32	4.59
2016	C24	165.77	86.97	7.26
2016	C25	91.58	31.6	5.57
2016	C26	173.1	59.46	3.08
2016	C27	71.77	31.8	7.58
2016	C28	20.36	9.14	0.58
2016	C29	33.17	16.11	1.18
2016	C30	67.86	5.74	0.79
2016	D1	3.79	5.84	0.2
2016	D2	3.05	5.45	5.16
2016	D3	11.06	6.5	0.29

附录 3　　**按行业分规模以上工业企业主要经济指标原始数据**

年度	行业编号	工业总产值（亿元）	固定资产净值（亿元）	全部从业人员年平均数（万人）	资产总计（亿元）	利润总额（亿元）
1998	B1	1299.65	2633.06	405	3505.57	-4.26
1998	B2	1796.32	3516.73	109	3348.73	138.51
1998	B3	150.89	176.04	16	352.19	3.69
1998	B4	339.02	339.78	40	498.46	16.5
1998	B5	328.26	336.02	43	535.71	7.29

续表

年度	行业编号	工业总产值（亿元）	固定资产净值（亿元）	全部从业人员年平均数（万人）	资产总计（亿元）	利润总额（亿元）
1998	B6	161.27	259.72		425.34	0.21
1998	C1	3516	1652.58	141	3206.2	-28.7
1998	C2	1213.97	845.04	77	1566.31	9.22
1998	C3	1579.86	1269.6	94	2495.11	69.2
1998	C4	1374.73	739.86	30	1715.6	118.64
1998	C5	4376.27	3348.54	393	5891.74	-32.33
1998	C6	2018.07	663.38	127	1581.18	41.76
1998	C7	1191.93	360	62	928.51	21.21
1998	C8	492.13	345.05	39	615.09	1.9
1998	C9	294.71	132.52	19	298.08	9.9
1998	C10	1243.97	1071.91	84	1969.82	19.88
1998	C11	544.19	506.78	69	827	29.1
1998	C12	552.47	199.22	30	505.76	18.78
1998	C13	2329.44	2407	67	3329.07	6.4
1998	C14	4627.83	4647.11	304	7781.64	40.51
1998	C15	1372.73	869.24	86	2177.96	77.44
1998	C16	826.52	1195.51	40	1765.52	1.69
1998	C17	765.58	506.5	52	1089.21	14.45
1998	C18	1497.83	933.59	73	1722.87	37.64
1998	C19	3204.48	3690.55	284	5885.01	-11.89
1998	C20	3883.19	5417.52	256	8226.36	30.24
1998	C21	1628.73	1610.86	84	2534.08	-11.89
1998	C22	2150.68	1105.59	119	2364.19	33.97
1998	C23	2579.8	2060.14	275	4436.8	36.75
1998	C24	1920.27	1453.97	197	3083.44	19.95
1998	C25	4212.01	3062.94	279	6908.06	89.78

续表

年度	行业编号	工业总产值（亿元）	固定资产净值（亿元）	全部从业人员年平均数（万人）	资产总计（亿元）	利润总额（亿元）
1998	C26	3628. 58	1844. 23	170	4625. 13	85. 08
1998	C27	4893. 56	1893. 34	134	5283. 57	216. 89
1998	C28	692. 75	398. 39	53	885. 15	8. 97
1998	C29					
1998	C30					
1998	D1	3616. 81	11250. 48	218	13399. 53	328. 38
1998	D2	103. 25	373. 85	19	496. 77	-6. 29
1998	D3	269. 69	1001. 54	44	1173. 94	17. 38
1999	B1	906. 52	1635. 14	372	3609. 5	-25. 55
1999	B2	2031. 79	2046. 477	100	4075. 98	296. 9
1999	B3	52. 87	59. 85651	16	258. 93	0. 04
1999	B4	137. 19	141. 2347	37	403. 82	5. 06
1999	B5	107. 7	168. 0521	38	429. 71	-2. 19
1999	B6	0	147. 6931	1	410. 22	0. 74
1999	C1	1322. 41	587. 9296	128	1790. 9	-40. 7
1999	C2	546. 24	311. 9999	72	714. 82	10. 82
1999	C3	1163. 68	744. 6276	89	1629. 24	66. 5
1999	C4	1257. 02	508. 4613	29	1810	125. 88
1999	C5	2185. 18	1406. 181	353	2961. 95	-21. 53
1999	C6	452. 58	143. 9579	122	216. 2	1. 73
1999	C7	271. 44	82. 16293	57		
1999	C8	146. 62	119. 8394	35	141. 8	-2
1999	C9	45. 41	30. 91309	18	271. 43	-2. 63
1999	C10	559. 33	476. 8475	75		
1999	C11	215. 82	178. 0792	64	57. 46	-0. 14
1999	C12	135. 76	42. 24556	29	1033. 55	5. 02

续表

年度	行业编号	工业总产值（亿元）	固定资产净值（亿元）	全部从业人员年平均数（万人）	资产总计（亿元）	利润总额（亿元）
1999	C13	2367.73	1566.784	63	501.94	14.07
1999	C14	2906.16	2572.164	282	105.95	1.76
1999	C15	936.96	449.7298	83		
1999	C16	724.44	719.8906	34	3252.93	13.54
1999	C17	441.47	238.3186	48	5888.07	-0.38
1999	C18	461.93	297.2954	67	1580.29	54.52
1999	C19	1267.03	1347.063	263	1356.37	17.13
1999	C20	3166.36	3307.941	242	602.95	-5.08
1999	C21	1096.49	912.8576	83	458.83	4.02
1999	C22	612.26	314.9671	106	3165.49	-8
1999	C23	1436.34	949.2612	249	7623.55	17.55
1999	C24	1122.76	616.3457	179	1945.55	9.17
1999	C25	3443.52	1826.401	269	664.32	0.04
1999	C26	2200.66	834.7326	158	2940.33	2.29
1999	C27	3629.87	967.0061	133	2097.57	-10.1
1999	C28	310.72	151.5338	48	5961.06	76.77
1999	C29	0			1987.29	17.36
1999	C30	0			3357.37	120.56
1999	D1	2979.24	6878.54	219		
1999	D2	76.29	192.0403	19	471.48	-1.94
1999	D3	208.02	702.9328	45		
2000	B1	952.321	1707.185	343		
2000	B2	3090.447	2658.691	80		
2000	B3	59.22492	64.40943	15	14010.38	263.19
2000	B4	153.7714	151.3025	35	526.66	-6.87
2000	B5	108.9243	236.2709	33	1281.31	21.35

续表

年度	行业编号	工业总产值（亿元）	固定资产净值（亿元）	全部从业人员年平均数（万人）	资产总计（亿元）	利润总额（亿元）
2000	B6	0	156.5424	1		
2000	C1	1399.59	600.5338	113	3587.53	-7.33
2000	C2	647.0918	320.2516	67	4041.55	1106.57
2000	C3	1218.589	749.1292	84	254.46	0.47
2000	C4	1311.313	545.3896	27	407.54	11.25
2000	C5	2437.495	1335.758	327	514.99	-0.02
2000	C6	507.6882	153.6956	120	400.16	1.14
2000	C7	309.8915	92.11641	58	1564.53	0.87
2000	C8	175.0219	138.6975	31	692.28	15.38
2000	C9	55.22618	33.24105	16	1608.13	70.8
2000	C10	660.6433	565.0322	66	1937.53	142.44
2000	C11	229.6372	185.7976	58	2734.83	31.94
2000	C12	135.3291	40.92903	28	219.57	2.27
2000	C13	3793.807	1726.85	61		
2000	C14	3429.64	2759.942	254	112.78	-2.47
2000	C15	1096.963	503.8694	83	266.78	-1.39
2000	C16	938.7972	732.4301	33		
2000	C17	440.7898	245.715	43	54.15	0.46
2000	C18	545.7169	314.1928	61	1125.72	14.95
2000	C19	1326.72	1382.583	240	498.72	17.15
2000	C20	3689.571	3617.367	222	89.99	1.33
2000	C21	1342.835	943.3291	80		
2000	C22	647.3575	291.6201	96	3418.05	-10.44
2000	C23	1556.153	956.2628	222	6034	49.53
2000	C24	1200.214	632.3825	163	1702.68	67.83
2000	C25	3934.024	1914.482	244	1259.01	33.1

续表

年度	行业编号	工业总产值（亿元）	固定资产净值（亿元）	全部从业人员年平均数（万人）	资产总计（亿元）	利润总额（亿元）
2000	C26	2539. 612	861. 8707	145	567. 79	-6. 68
2000	C27	4400. 09	1060. 876	138	462. 85	7. 61
2000	C28	393. 9469	149. 0913	46	2976. 44	8. 27
2000	C29	0			7970. 32	117. 44
2000	C30	0			2057. 49	35. 3
2000	D1	3463. 081	8268. 751	218	611. 87	2. 23
2000	D2	124. 1613	240. 4203	19	2906. 69	8. 96
2000	D3	200. 9852	599. 9823	45	2061. 48	-3. 47
2001	B1	1152. 99	1728. 33	330	6358. 66	125. 87
2001	B2	2717. 77	2877. 86	73	1871. 52	24. 6
2001	B3	61. 95999	64. 84	14	3832. 99	173. 32
2001	B4	158. 71	154. 16	32		
2001	B5	116. 49	251. 17	29	480. 5	2. 8
2001	B6	0	153. 39	1		
2001	C1	1703. 3	619. 72	98		
2001	C2	812. 2499	376. 33	62		
2001	C3	1292. 59	779. 85	75	16588. 56	378. 69
2001	C4	1572. 21	561. 64	25	572. 43	-5. 21
2001	C5	2579. 62	1385. 97	301	1375. 47	4. 93
2001	C6	656. 2399	181. 43	121		
2001	C7	408. 5099	95. 08	55	3980. 49	29. 43
2001	C8	201. 44	161. 42	28	4106. 51	927. 54
2001	C9	72. 13999	38. 48	15	257. 98	2. 13
2001	C10	885. 0798	860. 45	61	401. 83	9. 43
2001	C11	311. 0599	221. 89	51	539. 25	1. 92
2001	C12	169. 05	47. 1	26	396. 77	1. 24

续表

年度	行业编号	工业总产值（亿元）	固定资产净值（亿元）	全部从业人员年平均数（万人）	资产总计（亿元）	利润总额（亿元）
2001	C13	3984. 189	1909. 2	56	1385. 23	13. 73
2001	C14	3773. 489	3024. 97	230	678. 94	14. 39
2001	C15	1300. 66	588. 01	82	1660. 22	65. 66
2001	C16	768. 5199	640. 17	30	2425. 76	176
2001	C17	531. 4899	315. 42	40	2523. 4	2. 76
2001	C18	691. 5699	383. 19	56	202. 59	−0. 36
2001	C19	1558. 4	1511. 08	219		
2001	C20	4501. 739	3666. 03	204	108. 8	0. 3
2001	C21	1462. 41	1005. 27	79	274. 94	1. 44
2001	C22	813. 7699	384. 72	89		
2001	C23	1780. 45	957. 73	203	52. 46	0. 14
2001	C24	1236. 25	616	145	1182. 98	12. 57
2001	C25	4982. 509	2108. 94	232	520. 51	18. 97
2001	C26	3088. 079	940. 82	137	84. 36	2. 04
2001	C27	6722. 509	1537. 47	143		
2001	C28	506. 6399	177. 81	44	3527. 1	−20. 37
2001	C29	0			6041. 78	11. 73
2001	C30	0			1858. 46	73. 89
2001	D1	3906. 309	9825. 05	219	968. 46	3. 17
2001	D2	124. 24	238	19	550. 28	0. 99
2001	D3	213. 33	671. 74	46	499. 49	10. 39
2002	B1	1473. 66	2318. 53	326	2814. 16	5. 61
2002	B2	2712. 38	3101. 73	77	8602. 3	153. 84
2002	B3	68. 83001	132. 91	16	2230. 79	40. 24
2002	B4	169. 79	255. 21	32	643. 4	5. 67
2002	B5	130. 36	338. 08	27	2878. 3	11. 4

续表

年度	行业编号	工业总产值（亿元）	固定资产净值（亿元）	全部从业人员年平均数（万人）	资产总计（亿元）	利润总额（亿元）
2002	B6	0		1	1931.32	-0.26
2002	C1	1918.27	1257.55	95	6847.34	196.18
2002	C2	988.1201	763.74	60	1915.97	21.22
2002	C3	1405.38	1106.58	73	3921.27	131.41
2002	C4	1910.92	608.34	23		
2002	C5	2744.4	2530.02	280	504.53	4.66
2002	C6	697.5701	578.14	130		
2002	C7	432.1101	307.76	57		
2002	C8	220.07	352.36	26		
2002	C9	79.59001	147.28	17	18536.45	465.05
2002	C10	1008.79	1267.96	58	587.4	-1.43
2002	C11	330.25	458.5	48	1496.37	3.59
2002	C12	193.24	186.96	29		
2002	C13	4094.911	2113.7	56	4815.33	84.81
2002	C14	4193.861	4133.07	217	4402.47	912.58
2002	C15	1529.69	978.86	82	392.12	10.57
2002	C16	800.9101	763.5	26	561.21	31.98
2002	C17	591.7601	455.6	37	727.56	15.8
2002	C18	794.8301	907.07	59	407.31	2.74
2002	C19	1674.64	2873.72	207	3414.49	115.31
2002	C20	5048.451	4290.09	189	2081.65	82.6
2002	C21	1514.27	1361.32	74	2975.06	120.24
2002	C22	928.4001	934.89	87	2567.04	212.71
2002	C23	2155.31	1527.88	187	6680.47	184.71
2002	C24	1458.41	965.34	136	2078.57	111.19
2002	C25	6464.611	2679.11	226		

续表

年度	行业编号	工业总产值（亿元）	固定资产净值（亿元）	全部从业人员年平均数（万人）	资产总计（亿元）	利润总额（亿元）
2002	C26	3303. 07	1543. 89	140	1136. 16	57. 5
2002	C27	8210. 501	2290. 75	155	809. 15	24. 08
2002	C28	575. 2601	287. 54	44	448. 59	19. 66
2002	C29	0			2940. 17	98. 25
2002	C30	0			1162. 35	58. 95
2002	D1	4554. 591	13509. 54	220	629. 9	31. 34
2002	D2	146	341. 47	18	3874. 89	50. 94
2002	D3	231. 52	1098. 49	47		
2003	B1	1984. 3	2599. 44	376. 6	9723. 29	279. 05
2003	B2	3190. 309	3361. 56	72. 68	3693. 61	201. 42
2003	B3	181. 94	161. 92	27. 39	1563. 1	29. 14
2003	B4	298. 7899	260. 86	41. 37	1249. 93	40. 37
2003	B5	157. 3	325. 08	45. 61	2538	112. 37
2003	B6	5. 91	10. 11	1. 74	6679. 6	154. 97
2003	C1	2605. 429	1411. 75	181. 66	9597. 56	294. 77
2003	C2	1357. 84	801. 9	101. 07	3383. 36	81. 67
2003	C3	1591. 63	1149. 8	89	2991. 51	123. 3
2003	C4	2177. 15	602. 45	21. 22	5399. 01	191. 46
2003	C5	4437. 919	2850. 02	499. 16	3662. 62	124. 24
2003	C6	1414. 11	637. 29	289. 19	9879. 16	490. 75
2003	C7	1169. 44	360. 07	165. 37	6238. 42	85. 04
2003	C8	333. 9999	379. 14	63. 83		
2003	C9	327. 8899	186. 45	43. 39	9779. 98	468. 97
2003	C10	1352. 41	1416. 13	113. 95		
2003	C11	415. 4099	527. 63	59. 41	1194. 17	52. 69
2003	C12	463. 6199	204. 47	87. 14		

续表

年度	行业编号	工业总产值（亿元）	固定资产净值（亿元）	全部从业人员年平均数（万人）	资产总计（亿元）	利润总额（亿元）
2003	C13	5638.189	2123.7	59.66		
2003	C14	5519.749	4414.44	311.33		
2003	C15	1920.63	1156.56	115.4	2304.42	576.29
2003	C16	1130.34	762.39	34.22	712.14	-1.05
2003	C17	927.2598	473.44	62.24	1901.4	4.74
2003	C18	1210.08	1020.96	140.91		
2003	C19	2522.379	3102.84	396.22	5433.01	140.07
2003	C20	8509.958	4807.42	255.91	4944.97	1221.46
2003	C21	2318.25	1508.39	106.6	472.65	26.2
2003	C22	1545.99	936.59	171.24	614.19	52.58
2003	C23	3143.019	1687.59	283.49	712.43	23.56
2003	C24	2418.099	1256.86	205.31	44.76	1.04
2003	C25	9368.938	2935.98	311.77	4141.82	173.17
2003	C26	5161.469	1677.96	265.12	2307.29	113.09
2003	C27	13952.99	2690.32	273.46	3192.52	149.04
2003	C28	1072.85	364.87	71.96	2799.51	275.57
2003	C29	420.04	244.96	103.22	7801.29	248.2
2003	C30	11.58	4.11	1.36	2377.25	132.57
2003	D1	5322.199	16013.09	238.41		
2003	D2	153.56	395.71	14.67	1334.26	79.86
2003	D3	246.4699	1244.14	46.27	906.91	33.58
2004	B1	3097.91	2878.27	388.19		
2004	B2	4175.62	3670.37	76.07	616.18	28.9
2004	B3	341.2	172.91	29.24	3293.45	117.05
2004	B4	447.17	262.4	39.64	1370.88	73.86
2004	B5	172.56	345.26	45.48	711.59	36.45

续表

年度	行业编号	工业总产值（亿元）	固定资产净值（亿元）	全部从业人员年平均数（万人）	资产总计（亿元）	利润总额（亿元）
2004	B6	0	0. 75	0. 2		
2004	C1	3516. 66	1597. 79	190. 87	3978. 98	123. 41
2004	C2	1732. 19	923. 37	106. 96	10704. 09	472. 63
2004	C3	1657. 76	1203. 45	89. 06	4316. 45	259. 64
2004	C4	2555. 16	618. 85	20. 17	1595. 13	58
2004	C5	5180. 09	3153. 38	519. 16	1423. 82	57. 92
2004	C6	1614. 32	740. 76	320. 26	2959. 67	130. 94
2004	C7	1255. 61	410. 61	181. 9	7583. 31	290. 31
2004	C8	406. 76	426. 22	69. 96	12021. 24	609. 55
2004	C9	548. 65	233. 09	52. 79	4042. 55	154. 72
2004	C10	1735. 04	1575. 49	118. 03	3256. 63	168. 41
2004	C11	457. 97	593. 76	61. 82	6604. 64	299. 63
2004	C12	586. 69	233. 61	93. 79	4816. 05	173. 46
2004	C13	7997. 46	2275. 46	62. 73	11916. 41	777. 04
2004	C14	7463. 27	4727. 41	315. 66	7373. 5	374. 48
2004	C15	2035. 28	1373. 15	118. 51	12086. 97	617. 19
2004	C16	1415. 91	879. 4	38. 67		
2004	C17	1225. 15	536. 16	64. 74	1524. 04	86. 83
2004	C18	1493. 7	1172. 95	152. 2		
2004	C19	3122. 85	3598. 2	407. 19	884. 52	48. 75
2004	C20	13716. 19	5430. 24	261. 39	26. 03	0. 84
2004	C21	3539. 56	1812. 7	115. 58	25651. 02	699. 26
2004	C22	1985. 54	1090. 35	191. 59	818. 72	6. 47
2004	C23	4381. 6	1904. 71	308. 36	2149. 02	1. 51
2004	C24	2854. 81	1374. 61	209. 13		
2004	C25	11090. 32	3319. 25	327. 48	6727. 36	306. 92

续表

年度	行业编号	工业总产值（亿元）	固定资产净值（亿元）	全部从业人员年平均数（万人）	资产总计（亿元）	利润总额（亿元）
2004	C26	6958.96	1924.03	298.57	5484.21	1777.25
2004	C27	19575.5	3500.68	333.4	586.96	86.75
2004	C28	1399.84	406.59	78.33	710.39	111.14
2004	C29	0	287.53	109.42	792.91	33.94
2004	C30	0	5.59	1.83	1.95	0.16
2004	D1	12462.39	17413.6	239.28	4843.17	233.95
2004	D2	210.2	432.78	14.49	2638.7	132.59
2004	D3	279.17	1343.53	46.49	3381.82	170.31
2005	B1	5722.771	3299.49	435.81	3014.6	371.28
2005	B2	6286.271	4235.32	85.58	8678.31	279.84
2005	B3	989.5901	316.41	40.59	2770.5	152.52
2005	B4	1140.41	306.32	41.87		
2005	B5	756.5101	261.45	42.96	1669.8	99.01
2005	B6	4.57	2.93	0.21	1053.72	52.83
2005	C1	10614.95	1935.52	222.55		
2005	C2	3779.391	1101.21	121.02	769.42	39.86
2005	C3	3089.27	1260.37	89	3728.01	141.05
2005	C4	2840.74	632.65	19.67	1535.76	80.69
2005	C5	12671.65	3705.94	590.96	853.04	42.78
2005	C6	4974.631	849.35	346.06		
2005	C7	3462.79	492.54	228.84	4774.74	267.42
2005	C8	1827.71	521.39	83.33	12118.6	856.26
2005	C9	1427.26	299.89	71.27	4798.03	279.55
2005	C10	4161.331	2058.98	130.14	1982.53	63.03
2005	C11	1442.96	689.49	66.9	1595.13	71.9
2005	C12	1482.5	289.44	109.8	3471.03	141.67

续表

年度	行业编号	工业总产值（亿元）	固定资产净值（亿元）	全部从业人员年平均数（万人）	资产总计（亿元）	利润总额（亿元）
2005	C13	12000.49	2745.08	74.4	8756.12	391.73
2005	C14	16359.66	5720.89	339.99	14798.02	1038.93
2005	C15	4250.451	1641.66	123.44	5009.09	277.69
2005	C16	2608.39	1068.89	42.63	4013.6	239.56
2005	C17	2196.74	683.79	79.64	8036.53	424.45
2005	C18	5067.891	1474.1	183.28	5420.05	216.85
2005	C19	9195.241	4285	418.18	13738.96	771.88
2005	C20	21470.98	6687.44	287.49	8840.24	486.95
2005	C21	7937.951	2317.09	130.74	15097.32	821.87
2005	C22	6556.761	1316.02	223.23		
2005	C23	10610.37	2286.91	355.12	1786.33	98.44
2005	C24	6085.431	1553.33	219.89		
2005	C25	15714.86	3882.57	352.4	1054.77	57.48
2005	C26	13901.29	2320.18	367.21	30.67	1.19
2005	C27	26994.38	4277.13	439.64	27300.73	708.17
2005	C28	2781.05	500.9	88.68	902.62	8.66
2005	C29	790.37	398.7	125.51	2495.96	5.09
2005	C30	292.95	24.1	4.24		
2005	D1	17785.93	21907.16	252.69	8693.48	561
2005	D2	514.7201	540.12	14.84	6751.78	2957.79
2005	D3	578.9801	1570.75	46.15	1167.2	137.31
2006	B1	7207.61	4174.42	463.66	968.64	209.53
2006	B2	7718.8	4959.28	93.33	682.49	58.93
2006	B3	1388.28	406.45	45.27	5.87	1.06
2006	B4	1671.73	387.68	45.31	5750.69	398.71
2006	B5	1029.44	329.39	44.2	3252.85	206.21

续表

年度	行业编号	工业总产值（亿元）	固定资产净值（亿元）	全部从业人员年平均数（万人）	资产总计（亿元）	利润总额（亿元）
2006	B6	0	0. 91	0. 08	3513. 79	221. 46
2006	C1	12973. 49	2299. 27	238. 6	3261. 78	406. 54
2006	C2	4714. 25	1273. 79	128. 13	10357. 97	437. 13
2006	C3	3899. 21	1393. 71	92. 26	3188. 77	206. 16
2006	C4	3214. 08	651. 65	18. 99		
2006	C5	15315. 5	4168. 75	615. 43	1955. 44	138. 5
2006	C6	6159. 4	998. 95	377. 57	1338. 73	82. 43
2006	C7	4150. 04	555	245. 63		
2006	C8	2429. 03	606. 2	91. 62	1032. 78	61. 89
2006	C9	1883. 09	394. 71	83. 8	4660	194. 04
2006	C10	5034. 92	2324. 91	134. 77	1772. 83	93. 19
2006	C11	1706. 58	748. 85	68. 97	1014. 56	52. 47
2006	C12	1759. 01	321. 9	114. 38		
2006	C13	15149. 04	3130. 59	76. 79	6490. 77	-119. 27
2006	C14	20448. 69	7022. 51	357. 78	15175. 85	991. 06
2006	C15	5018. 94	1838. 72	130. 28	5549. 83	338. 2
2006	C16	3205. 63	1149. 99	43. 4	2461. 41	46. 2
2006	C17	2731. 85	800. 27	82. 14	1956. 28	105. 19
2006	C18	6381. 01	1650. 04	201. 41	4432. 38	215. 79
2006	C19	11721. 52	4880. 22	426. 39	10370. 69	420. 35
2006	C20	25403. 79	8439. 61	296. 13	18950. 65	1067. 44
2006	C21	12936. 48	2754. 78	136. 82	6569. 49	426. 83
2006	C22	8529. 47	1563. 5	248. 26	4769. 27	314. 23
2006	C23	13734. 76	2730. 42	378. 74	9886. 06	625. 26
2006	C24	7953. 31	1836. 92	234. 65	6391. 13	324. 65
2006	C25	20382. 92	4699. 59	374. 58	16108. 05	664. 01

续表

年度	行业编号	工业总产值（亿元）	固定资产净值（亿元）	全部从业人员年平均数（万人）	资产总计（亿元）	利润总额（亿元）
2006	C26	18165.52	2686.8	403.98	11062.69	640.17
2006	C27	33077.58	4923.9	505.07	18063.24	891.69
2006	C28	3539.27	576.01	98.8		
2006	C29	1012.88	469.55	136.01	2226.09	154.35
2006	C30	420.07	46.65	5.51		
2006	D1	21549.32	26114.87	259.11	1365.98	90.82
2006	D2	732.09	639.91	14.54	126.37	8.13
2006	D3	714.82	1854.59	46.06	39375.46	1157.73
2007	B1	9201.831	4953.82	463.69	1186.15	16.82
2007	B2	8300.051	5399.83	90.67	2896.75	-1.46
2007	B3	2130.61	542.31	49.14		
2007	B4	2288.75	491.16	55.11	11069.95	690.54
2007	B5	1365.63	367.15	46.62	8155.63	3652.12
2007	B6	0	1.82	0.26	1456.06	172.46
2007	C1	17496.08	2741.29	264.8	1459.05	355.56
2007	C2	6070.961	1469.45	135.03	853.94	78.98
2007	C3	5082.34	1580.02	101.02	2.17	0.2
2007	C4	3776.23	635.43	18.61	6924.3	565.14
2007	C5	18733.31	4689.52	626.26	3688.96	273.15
2007	C6	7600.381	1201.19	414.19	4073.04	300.41
2007	C7	5153.49	643.13	256.98	3521.33	465.78
2007	C8	3520.54	732.25	106.18	11806.97	563.93
2007	C9	2424.94	493.81	91.3	3928.66	273.38
2007	C10	6325.451	2571.89	138.3		
2007	C11	2117.57	812.62	72.38	2247.26	178.58
2007	C12	2098.79	367.66	119.32	1615.99	117.37

续表

年度	行业编号	工业总产值（亿元）	固定资产净值（亿元）	全部从业人员年平均数（万人）	资产总计（亿元）	利润总额（亿元）
2007	C13	17850.88	3465.12	80.64		
2007	C14	26798.8	8148.41	380.28	1320.53	86.03
2007	C15	6361.901	2015.69	137.34	5325.5	262.56
2007	C16	4120.8	1275.82	45.3	1973.75	115.69
2007	C17	3462.41	1012.26	87.51	1172.64	57.43
2007	C18	8120.411	1797.98	224.05		
2007	C19	15559.44	5522.27	448.41	7584.78	-312.24
2007	C20	33703.01	10153.37	304.43	18485.86	1138.55
2007	C21	18031.88	3376.25	156.27	6136.43	372.55
2007	C22	11447.08	1893.71	273.48	2736.4	69.67
2007	C23	18415.52	3316.35	420.71	2250.42	114.63
2007	C24	10591.98	2215.26	256.51	5146.03	271.31
2007	C25	27147.4	5597.6	408.59	11937.18	618.59
2007	C26	24019.07	3235.78	449.15	23117.63	1367.2
2007	C27	39223.77	5958.78	587.92	8562.87	877.63
2007	C28	4307.99	653.27	106.97	5898.51	394.4
2007	C29	1337.55	542.45	136.94	11700.84	837.91
2007	C30	680.7101	52.84	6.64	7671.58	478.64
2007	D1	26462.65	30804.1	256.96	19606.81	1002.71
2007	D2	988.7201	745.41	15.88	13221.04	841.76
2007	D3	797.0801	1971.5	41.36	20500.94	1137.61
2008	B1	10186.11	5582.48	502.38		
2008	B2	10124.24	6551.73	112.76	2681.88	203.32
2008	B3	1583.11	438.22	61.52		
2008	B4	1308.77	385.84	53.53	1664.55	123.25
2008	B5	1869.49	500.63	54.23	195.88	14.23

续表

年度	行业编号	工业总产值（亿元）	固定资产净值（亿元）	全部从业人员年平均数（万人）	资产总计（亿元）	利润总额（亿元）
2008	B6	0	2. 19	0. 28	46456. 9	1689. 34
2008	C1	23917. 37	3663. 14	315. 07	1465. 71	29. 83
2008	C2	7716. 54	1855. 48	154. 57	3596. 52	24. 24
2008	C3	6250. 46	1897. 42	113. 04		
2008	C4	4488. 87	696. 58	19. 77	13864. 21	1022. 18
2008	C5	21393. 12	5403. 91	652. 06	9930. 78	3535. 41
2008	C6	9435. 76	1505. 9	458. 7	1986. 09	349. 03
2008	C7	5871. 43	775. 01	273. 3	1813. 33	428. 12
2008	C8	4803. 6	1021. 79	131. 3	969. 95	108. 97
2008	C9	3072. 8	557. 86	104. 41	3. 4	0. 42
2008	C10	7873. 87	3040. 97	151. 92	8798. 13	893. 58
2008	C11	2685. 01	952. 03	82. 03	4415. 77	394. 22
2008	C12	2498. 39	448. 11	132. 72	4902. 58	445. 43
2008	C13	22628. 68	3926. 03	86. 02	3767. 93	608. 35
2008	C14	33955. 07	9892. 96	429. 64	13734. 66	765. 87
2008	C15	7874. 98	2315. 12	150. 75	4559. 15	357. 13
2008	C16	3970. 16	1314. 82	45. 06		
2008	C17	4228. 61	1199. 79	97. 29	2648. 94	255. 56
2008	C18	9897. 17	2202. 43	255. 42	2048. 13	192. 96
2008	C19	20943. 45	7055. 58	498. 73		
2008	C20	44727. 96	12196. 05	313. 5	1655. 92	108. 96
2008	C21	20948. 74	4543. 24	185. 18	6115. 13	381. 23
2008	C22	15029. 61	2568. 23	327. 17	2257. 69	155. 88
2008	C23	24687. 56	4585. 13	493. 21	1366. 39	73. 32
2008	C24	14521. 3	3015. 12	308. 43		
2008	C25	33395. 28	7014. 84	473. 14	9398. 79	216. 25

续表

年度	行业编号	工业总产值（亿元）	固定资产净值（亿元）	全部从业人员年平均数（万人）	资产总计（亿元）	利润总额（亿元）
2008	C26	30428.84	4178.11	527.79	22420.71	1834.34
2008	C27	43902.82	7059.11	677.31	6916.55	581.28
2008	C28	4984.49	792.44	116.48	3462.37	161.02
2008	C29	1571.05	683.83	143.35	2749.66	177.9
2008	C30	1137.79	128.02	14.2	5966.67	402.39
2008	D1	30060.51	36745.57	259.41	13971.51	1037.19
2008	D2	1506.55	859.61	18.17	29097.44	2087.48
2008	D3	912.62	2214.18	43.78	11407.18	1177
2009	B1	16404.27	7976.22	505.54	7494.01	532.6
2009	B2	7517.539	8749.34	102.38	14868.07	1172.25
2009	B3	3802.45	980.16	57.48	9962.73	774.58
2009	B4	2814.67	843.44	50.04	25189.96	1685.08
2009	B5	2302.36	576.21	55.11	16411.68	1233.35
2009	B6	0	2.66	0.29	24376.2	1445.89
2009	C1	27961.03	4592.65	337.66		
2009	C2	9219.239	2139.75	162.7	3137.87	278.66
2009	C3	7465.029	2228.66	119.02		
2009	C4	4924.97	775.16	20.03	2129.01	168.22
2009	C5	22971.38	5639.27	617.04	272.27	24.44
2009	C6	10444.8	1570.2	449.31	53484.8	1982.22
2009	C7	6425.569	823.29	257.57	1632.61	75.52
2009	C8	5759.599	1128.22	130.67	3849.09	30.89
2009	C9	3431.12	613.09	98.56		
2009	C10	8264.359	3318.09	152.64	19457.74	2348.45
2009	C11	2972.9	1044.26	82.13	12806.58	4601.23
2009	C12	1113.35	477.36	122.36	3179.97	700.37

续表

年度	行业编号	工业总产值（亿元）	固定资产净值（亿元）	全部从业人员年平均数（万人）	资产总计（亿元）	利润总额（亿元）
2009	C13	21492.59	5391.93	84.95	2290.3	407.31
2009	C14	36908.63	12154.78	440.49	1330.02	168.92
2009	C15	9443.299	2683.5	160.48	4.07	0.57
2009	C16	3828.32	1283.46	41.45	10977.17	1213.88
2009	C17	4767.86	1344.09	97.97	5244.05	489.6
2009	C18	10969.42	2410.36	259.81	5946.24	558.85
2009	C19	24843.9	8464.44	508.91	4428.5	712.99
2009	C20	42636.15	15007.86	323.02	15336.57	927.42
2009	C21	20567.21	5362.2	177.64	5655.88	487.34
2009	C22	16082.95	3103.37	319.31		
2009	C23	27361.52	5515.78	486.52	3025.09	333.12
2009	C24	16784.4	3642.15	309.24	2744.61	294.64
2009	C25	41730.32	8782.94	498.33		
2009	C26	33757.99	5157.5	535	1941.24	139.88
2009	C27	44562.63	7603.49	663.64	7448.77	434.8
2009	C28	5083.31	904.4	112.61	2643.08	200.67
2009	C29	1773.39	748	136.82	1595.33	78.2
2009	C30	1443.86	189.95	13.65		
2009	D1	33435.1	42693.21	277.62	11698.91	-1003.14
2009	D2	1809.12	1071.23	18.09	27567.51	1919.12
2009	D3	1012.28	2554.41	45.14	7881.96	792.9
2010	B1	22109.27	14640.09	527.19	21907.33	1969.39
2010	B2	9917.84	16993.05	106.06	16125.41	2896.11
2010	B3	5999.33	2179.48	67.04	2884.45	133.34
2010	B4	3799.41	1493.59	55.4	1384.66	193.14
2010	B5	3093.54	1031.11	56.54	575.77	33.48

续表

年度	行业编号	工业总产值（亿元）	固定资产净值（亿元）	全部从业人员年平均数（万人）	资产总计（亿元）	利润总额（亿元）
2010	B6	31. 31	17. 02	0. 45	1. 09	0. 25
2010	C1	34928. 07	9180. 39	369. 01	1506. 52	96. 46
2010	C2	11350. 64	3854. 98	175. 88	880. 2	51. 64
2010	C3	9152. 62	4002. 53	130. 02	2135. 62	280. 17
2010	C4	5842. 51	1803. 75	21. 1	5438. 86	729. 32
2010	C5	28507. 92	9965. 48	647. 32	966. 51	26. 42
2010	C6	12331. 24	2793. 55	447	170. 96	8. 76
2010	C7	7897. 5	1506. 8	276. 37	34. 27	2. 45
2010	C8	7393. 18	2104. 78	142. 29	185. 28	8. 93
2010	C9	4414. 81	1132. 9	111. 73	72. 36	10. 64
2010	C10	10434. 06	5651. 88	157. 91	1544. 88	46. 38
2010	C11	3562. 91	1981. 26	85. 06	600. 87	52. 86
2010	C12	3135. 43	828. 45	128. 11	42. 89	2. 94
2010	C13	29238. 79	11197. 33	92. 15	9336. 42	733. 98
2010	C14	47920. 02	22996. 39	474. 14	12194. 97	449. 68
2010	C15	11741. 31	4873. 24	173. 17	2368. 89	219. 03
2010	C16	4953. 99	2235. 83	43. 93	610. 47	34. 52
2010	C17	5906. 67	2385. 6	102. 93	699. 88	26. 77
2010	C18	13872. 22	4671. 38	283. 3	493. 01	25. 29
2010	C19	32057. 26	15016. 33	544. 61	4861. 88	325. 57
2010	C20	51833. 58	28593. 4	345. 63	26143. 83	501. 49
2010	C21	28119. 02	10202. 1	191. 59	8762. 48	407. 32
2010	C22	20134. 61	5800. 66	344. 64	1191. 86	82. 33
2010	C23	35132. 74	11098. 92	539. 38	6075. 82	329. 84
2010	C24	21561. 83	6904. 16	334. 22	6599. 1	333. 72
2010	C25	55452. 63	16987. 86	573. 72	25950. 35	2261. 09

续表

年度	行业编号	工业总产值（亿元）	固定资产净值（亿元）	全部从业人员年平均数（万人）	资产总计（亿元）	利润总额（亿元）
2010	C26	43344.41	10314.13	604.3	4436.26	231.81
2010	C27	54970.67	17751.3	772.75	6211.11	326.33
2010	C28	6399.07	1856.17	124.86	940.26	71.9
2010	C29	5662.66	1275.34	140.43	456.95	19.96
2010	C30	2306.13	319.69	13.92	70.03	4.39
2010	D1	40550.83	73070.92	275.64	68024.78	1717.32
2010	D2	2393.42	1782.16	19.02	1593.35	81.45
2010	D3	1137.1	4345.42	45.92	4280.25	11.18
2011	B1	28919.81	10914.2	520.98	37936.27	4560.86
2011	B2	12888.76	12023.3	110.98	18785.2	4299.6
2011	B3	7904.3	1933.3	65.2	7155.16	1210.07
2011	B4	5034.68	1192.5	53.37	3557.85	815.07
2011	B5	3847.66	734.9	53.53	2120.85	358.14
2011	B6	16.74	7.5	0.19	12.69	1.41
2011	C1	44126.1	6071.5	360.71	19725.22	2795.22
2011	C2	14046.96	2766.9	176.86	8511.61	1232.25
2011	C3	11834.84	2853.2	136.76	9441.18	1315.37
2011	C4	14504.46	929.5	19.93	6169.25	840.52
2011	C5	14547.13	6506.4	588.83	19993.34	1956.81
2011	C6	14589.81	1812.1	382.41	7468.3	951.98
2011	C7	14632.48	1057.2	259.75	4260.1	714.7
2011	C8	14675.15	1443.7	128.68	3797.46	643.39
2011	C9	5089.84	812.1	106.42	2951.98	341.04
2011	C10	12079.53	4110.1	146.75	10933.74	760.41
2011	C11	3860.99	1027.2	70.98	3147.31	349.78
2011	C12	3212.38	496.5	110.32	1790.52	175.93

续表

年度	行业编号	工业总产值（亿元）	固定资产净值（亿元）	全部从业人员年平均数（万人）	资产总计（亿元）	利润总额（亿元）
2011	C13	36889.17	6931.1	96.12	18870.47	423.1
2011	C14	60825.06	16334.4	454.86	44919.06	4432.13
2011	C15	14941.99	3309.9	178.6	13220.51	1606.02
2011	C16	6673.67	1638	46.27	5236.96	368.07
2011	C17	7330.66	1735.6	93.53	4865.68	435.74
2011	C18	15579.54	2868.2	254.19	9640.09	1016.68
2011	C19	40180.26	11833.4	517.03	29888.96	3587.25
2011	C20	64066.98	17880.3	339.92	52025.12	2239.48
2011	C21	35906.82	7431	192.62	23710.49	2067.38
2011	C22	23350.81	3996.9	311.51	15191.47	1545.71
2011	C23	40992.55	7189.2	494.52	29853.77	3054.92
2011	C24	26149.13	4928.6	323.41	22778.01	2154.43
2011	C25	63251.3	11736.7	579.48	54340.84	5478.38
2011	C26	51426.42	7337	599.61	37583.86	3310.13
2011	C27	63795.65	9193.5	819.48	41510.83	2827.42
2011	C28	7633.01	1180.9	124.49	6076.74	612.83
2011	C29	7189.51	940.8	124.29	4087.01	445.46
2011	C30	2624.21	305.5	15.63	1311.79	160.57
2011	D1	47352.67	51188.2	252.6	83820.65	1921.58
2011	D2	3142.03	1397	19.86	3457.71	314.48
2011	D3	1178.11	2726.5	36.63	5648.83	72.03
2012	B1	30240.63	12547.08		44807.04	3808.10
2012	B2	11800.53	10960.46		17592.63	4048.94
2012	B3	8416.39	2138.48		8173.80	1132.74
2012	B4	5573.71	1329.06		4158.91	787.24
2012	B5	4173.30	886.67		2623.15	384.75

续表

年度	行业编号	工业总产值（亿元）	固定资产净值（亿元）	全部从业人员年平均数（万人）	资产总计（亿元）	利润总额（亿元）
2012	B6	1534. 66	858. 08		2556. 28	40. 04
2012	C1	51601. 59	7232. 53		23454. 12	3202. 68
2012	C2	15573. 50	3205. 8		10009. 68	1423. 10
2012	C3	4563. 53	1157. 55		3180. 94	389. 05
2012	C4	7940. 39	1021. 25		7084. 34	1071. 49
2012	C5	31776. 73	6765. 55		20479. 98	1894. 25
2012	C6	22933. 23	3220. 54		13045. 78	1569. 14
2012	C7	5412. 83	626. 4		2538. 2	396. 6
2012	C8	10283. 81	1677. 77		4441. 30	740. 15
2012	C9	5647. 49	1013. 31		3545. 86	387. 05
2012	C10	12559. 01	4391. 78		11862. 73	774. 21
2012	C11	4533. 55	1204. 3		3780. 74	397. 85
2012	C12	10076. 59	1209. 78		5086. 82	592. 65
2012	C13	39023. 35	7695. 31		20938. 78	300. 14
2012	C14	66432. 85	18791. 45		53382. 09	85. 65
2012	C15	16935. 68	1817. 89		5737. 44	271. 15
2012	C16	6613. 10	1943. 46		5336. 48	501. 29
2012	C17	7765. 28	3023. 12		10814. 76	1067. 46
2012	C18	16534. 67	13505. 96		35407. 84	3438. 24
2012	C19	44156. 17	20661. 47		58183. 48	1698. 44
2012	C20	68173. 89	8526. 34		28109. 66	1759. 89
2012	C21	37551. 56	5527. 17		19410. 90	1843. 79
2012	C22	28970. 62	7258. 2		31493. 59	2735. 49
2012	C23	37813. 12	181. 47		1005. 83	71. 91
2012	C24	28421. 16	5845. 06		26403. 52	2144. 44
2012	C25	66172. 62	12765. 81		59094. 15	5245. 2

续表

年度	行业编号	工业总产值（亿元）	固定资产净值（亿元）	全部从业人员年平均数（万人）	资产总计（亿元）	利润总额（亿元）
2012	C26	54195. 48	8731. 68		42317. 44	3419. 72
2012	C27	69480. 88	10905. 14		46427. 82	3194. 18
2012	C28	6620. 71	1163. 94		5844. 97	575. 54
2012	C29	9556. 09	2827		10886. 87	1387. 13
2012	C30	2870. 82	320. 05		1412. 02	162. 66
2012	D1	51273. 58	55283. 24		92072. 51	2745. 78
2012	D2	3277. 82	1748. 59		4471. 59	319. 45
2012	D3	1278. 01	2973. 34		6484. 49	72. 55
2013	B1	28886. 79	14491. 32	529. 68	49059. 47	2680. 19
2013	B2	11320. 41	11062. 79	77. 52	18971. 94	3644. 28
2013	B3	9521. 46	2453. 48	71. 04	9382. 60	1136. 64
2013	B4	6114. 82	1532. 03	55. 36	4727. 51	666. 30
2013	B5	4951. 26	1038. 22	54. 00	3167. 30	425. 78
2013	B6	1820. 74	977. 67	32. 62	2836. 65	1. 33
2013	C1	59643. 06	8590. 48	418. 15	27717. 15	3473. 53
2013	C2	18039. 24	3712. 83	200. 94	11609. 77	1646. 98
2013	C3	5321. 18	1386. 62	48. 86	3731. 22	470. 99
2013	C4	8722. 41	959. 26	19. 86	7979. 59	1222. 61
2013	C5	35446. 74	7207. 54	486. 34	22350. 05	2155. 63
2013	C6	19382. 34	3644. 70	658. 25	14546. 60	1707. 05
2013	C7	12526. 52	753. 26	93. 79	3487. 85	890. 04
2013	C8	12054. 22	1951. 08	138. 06	5246. 37	868. 48
2013	C9	6618. 17	1177. 51	115. 83	4176. 54	431. 97
2013	C10	12976. 59	4733. 36	140. 35	12847. 48	775. 94
2013	C11	6063. 27	1468. 34	92. 26	4606. 26	487. 14
2013	C12	12693. 76	1532. 62	222. 86	6410. 78	744. 12

续表

年度	行业编号	工业总产值（亿元）	固定资产净值（亿元）	全部从业人员年平均数（万人）	资产总计（亿元）	利润总额（亿元）
2013	C13	40168.42	8228.02	94.51	23169.70	636.16
2013	C14	75771.09	22613.26	494.91	61317.66	4522.41
2013	C15	20129.16	4717.97	208.55	18450.01	2132.71
2013	C16	6974.78	1895.04	48.51	6205.37	274.24
2013	C17	8783.06	2303.67	84.90	6236.20	628.61
2013	C18	18856.59	3552.71	250.00	12404.93	1271.97
2013	C19	52253.06	15572.06	568.55	41451.58	4040.14
2013	C20	72197.85	22961.81	415.99	64725.45	2060.63
2013	C21	42667.56	9772.79	204.91	32337.92	1789.98
2013	C22	33207.42	6400.48	371.97	22235.49	2096.40
2013	C23	43314.80	8368.20	476.14	36067.21	3071.03
2013	C24	32467.75	6939.35	352.10	30704.89	2333.98
2013	C25	75377.38	14691.55	613.56	66964.74	6158.60
2013	C26	61442.08	9798.13	623.21	47487.70	3822.89
2013	C27	78318.64	12366.19	880.50	52287.18	3826.33
2013	C28	7521.52	1343.52	104.56	6482.51	663.37
2013	C29	13088.93	3280.35	167.41	12667.76	1450.23
2013	C30	3384.61	340.78	17.72	1702.83	180.77
2013	D1	55938.99	61597.06	294.09	102468.39	3943.88
2013	D2	3965.28	1967.62	23.92	5008.06	375.75
2013	D3	1473.34	3320.33	39.67	7520.36	104.13
2014	B1	26025.16	15391.09	488.43	52319.40	1424.34
2014	B2	11663.82	14173.42	68.34	10216.54	851.14
2014	B3	9331.05	2770.89	53.86	5313.01	582.46
2014	B4	6348.32	1845.56	58.20	3716.12	413.42
2014	B5	5419.94	1193.31	31.24	2675.57	53.91

续表

年度	行业编号	工业总产值（亿元）	固定资产净值（亿元）	全部从业人员年平均数（万人）	资产总计（亿元）	利润总额（亿元）
2014	B6	1810.91	1298.06	439.49	31259.61	3263.56
2014	C1	63595.75	9950.89	206.47	13138.79	1744.68
2014	C2	19914.00	4285.11	51.37	4180.19	499.35
2014	C3	5830.39	1551.55	21.63	8484.66	1221.09
2014	C4	9116.64	1186.49	490.20	23908.39	2167.98
2014	C5	37704.25	7842.79	662.64	15965.32	1803.1
2014	C6	28108.31	3212.69	103.48	3330.66	482.33
2014	C7	6803.75	882.35	142.30	6000.77	875.08
2014	C8	13490.65	2292.74	120.05	4651.08	467.03
2014	C9	7348.16	1374.7	138.12	13413.75	726.99
2014	C10	13774.99	4896.02	95.91	5133.43	550.58
2014	C11	6893.98	1701.92	227.83	7681.91	845.51
2014	C12	14761.64	1852.7	96.84	24664.00	78.08
2014	C13	40802.63	9268.05	498.86	68462.38	4450.25
2014	C14	82352.92	25533.13	222.39	21739.42	2382.47
2014	C15	23200.28	5642.93	47.06	6455.37	292.57
2014	C16	7157.88	2080.03	86.86	6947.34	617.59
2014	C17	9221.73	2569.81	255.16	13340.57	1271.60
2014	C18	20909.31	3981.35	595.19	46575.62	4130.53
2014	C19	58239.63	17318.59	404.59	65248.18	1832.91
2014	C20	71026.51	24415.33	208.93	36187.30	1656.54
2014	C21	46154.64	11279.76	380.12	26013.06	2160.81
2014	C22	36612.45	8352.36	489.62	39798.84	3149.34
2014	C23	47150.91	9418.97	62.77	5057.45	343.55
2014	C24	35039.02	7995.19	355.02	33724.19	2261.53
2014	C25	84995.92	16980.51	670.58	73855.7	7237.69

续表

年度	行业编号	工业总产值（亿元）	固定资产净值（亿元）	全部从业人员年平均数（万人）	资产总计（亿元）	利润总额（亿元）
2014	C26	66921.57	10679.16	637.82	52333.16	4162.98
2014	C27	85274.75	13152.88	906.59	59973.73	4282.57
2014	C28	8286.27	1476.46	106.93	7309.82	720.76
2014	C29	14005.98	3589.53	169.91	13393.63	1364.29
2014	C30	3678.39	431.8	17.88	1917.57	198.71
2014	D1	56512.33	68509.67	284.00	112056.76	4235.81
2014	D2	5078.44	2654.43	25.82	6407.26	429.82
2014	D3	1634.70	3620.24	40.53	8717.14	151.22
2015	B1	20793.30	15482.38	443.21	53788.47	405.07
2015	B2	8042.76	13562.81	73.52	20570.46	692.37
2015	B3	7216.98	2836.14	57.80	10558.32	519.26
2015	B4	6344.87	1900.39	49.90	5829.68	450.82
2015	B5	5539.19	1279.91	57.06	4110.94	422.24
2015	B6	1561.41	936.93	29.44	2774.68	51.44
2015	C1	65835.97	10456.7	424.75	32888.25	3423.92
2015	C2	21871.59	4875.27	212.05	14677.48	1876.57
2015	C3	6227.91	1690.11	53.83	4676.19	567.91
2015	C4	9620.49	1232.58	20.89	9190.25	1199.60
2015	C5	39392.98	8022.38	464.45	24304.04	2224.26
2015	C6	22307.52	3525.39	643.6	16845.75	1841.16
2015	C7	14696.11	1893.89	99.83	3521.83	502.67
2015	C8	14124.94	2398.32	140.78	6416.39	874.09
2015	C9	7979.87	1500.71	120.08	5012.70	512.64
2015	C10	14215.55	5043.14	134.95	14024.04	792.82
2015	C11	7497.48	1809.39	98.07	5529.08	577.97
2015	C12	15836.08	2081.59	234.49	8361.22	927.82

续表

年度	行业编号	工业总产值（亿元）	固定资产净值（亿元）	全部从业人员年平均数（万人）	资产总计（亿元）	利润总额（亿元）
2015	C13	34304.56	9556.19	93.29	24795.95	732.49
2015	C14	83256.38	27751.2	492.03	72573.12	4669.98
2015	C15	25738.22	6477.2	230.48	25071.09	2717.35
2015	C16	7320.83	2149.85	46.65	6695.12	306.79
2015	C17	9514.53	2693.82	86.34	7449.25	593.56
2015	C18	21928.25	4243.91	253.34	14101.37	1368.82
2015	C19	59988.20	18276.64	589.86	49076.71	3789.36
2015	C20	61257.31	24318.38	364.90	64748.32	589.94
2015	C21	46480.99	11946.53	202.42	37996.29	1459.53
2015	C22	37671.69	7586.51	380.82	25889.81	2239.34
2015	C23	47172.70	10032.42	471.28	41842.85	3142.93
2015	C24	36185.03	8462.34	354.12	35455.17	2186.65
2015	C25	90161.26	18801.29	662.54	82357.27	7349.93
2015	C26	69558.22	11336.6	629.87	57153.76	4524.31
2015	C27	91378.86	13714.46	909.26	67231.29	4563.74
2015	C28	8749.31	1661.6	105.23	8024.43	743.75
2015	C29	15181.18	3909.98	172.42	14631.73	1463.92
2015	C30	3908.24	507.83	18.31	1980.71	210.86
2015	D1	57451.07	74494.94	280.15	124622.83	4976.28
2015	D2	5876.47	3220.77	27.17	7928.92	507.21
2015	D3	1838.43	4147.59	45.82	10691.94	187.69
2016	B1	19843.01	16022.91	397.11	53371.26	1159.53
2016	B2	6774.18	13535.07	70.5	19995.66	-567.05
2016	B3	6213.82	2671.38	47.14	9674.29	410.91
2016	B4	6322.35	2000.49	44.45	5884.61	458.75
2016	B5	5603.91	1235.5	53.12	3995.55	405.7

续表

年度	行业编号	工业总产值（亿元）	固定资产净值（亿元）	全部从业人员年平均数（万人）	资产总计（亿元）	利润总额（亿元）
2016	B6	1442. 73	1025. 33	29. 62	2847. 81	-66. 29
2016	C1	68857. 76	10873. 78	416. 94	33924. 5	3623. 58
2016	C2	23544. 40	5088. 21	211. 61	15496. 83	2083. 43
2016	C3	6593. 97	1752. 31	162. 61	16761. 53	1908. 52
2016	C4	8855. 80	1272. 87	21. 44	10210. 17	1038. 05
2016	C5	40287. 42	8313. 57	436. 22	24522. 83	2285. 63
2016	C6	23664. 77	3755. 41	430. 49	13748. 08	1428. 29
2016	C7	15189. 99	1975. 76	274. 64	7396. 26	988. 07
2016	C8	15119. 70	2438. 3	139. 33	6498. 02	905. 18
2016	C9	8826. 79	1614. 73	122. 1	5552. 82	574. 39
2016	C10	14832. 74	5162. 26	127. 11	14117. 32	866. 87
2016	C11	8178. 51	1951. 88	98. 71	5941. 04	575. 22
2016	C12	16897. 37	2336. 86	232. 22	8932. 02	1018. 76
2016	C13	34077. 50	9848. 89	87. 63	26508. 18	1884. 97
2016	C14	86789. 56	28671. 7	480. 59	76073. 78	5180. 3
2016	C15	28417. 72	6967. 73	235. 92	28789. 11	3114. 99
2016	C16	7879. 83	2422. 61	47. 38	7148. 68	388. 75
2016	C17	9664. 11	2838. 04	333. 66	22633. 58	2080. 81
2016	C18	23100. 50	4349. 69	577. 23	50865. 83	4243. 65
2016	C19	63057. 45	18971. 08	325. 68	63537. 39	1773. 76
2016	C20	60343. 78	24734. 74	195. 44	40157. 03	1991. 69
2016	C21	48879. 02	12611. 1	364. 6	26725. 62	2392. 88
2016	C22	39334. 97	7770. 88	449. 34	43335. 59	3178. 66
2016	C23	48337. 12	10057. 06	342. 44	36841. 47	2280. 04
2016	C24	37672. 91	8638. 14	483. 45	68536. 75	6853. 77
2016	C25	100733. 54	20464. 34	181. 82	23662. 54	1175. 7

续表

年度	行业编号	工业总产值（亿元）	固定资产净值（亿元）	全部从业人员年平均数（万人）	资产总计（亿元）	利润总额（亿元）
2016	C26	74163.80	12161.93	621.94	63139.09	5150.27
2016	C27	98457.24	15816.43	890.26	79055.49	5070.17
2016	C28	9441.41	1797.89	104.45	8832.94	820.7
2016	C29	16491.35	4218.3	58.73	4539.14	190.55
2016	C30	4133.12	608.68	18.28	2119.25	213.18
2016	D1	55760.64	80424.67	288.09	134531.39	4126.41
2016	D2	6097.73	3421.34	28.97	8287.77	504.39
2016	D3	2067.55	4546.9	44.31	11674.71	208.26
2017	B1			346.57	53417.86	2952.69
2017	B2			67.15	19086.89	326.41
2017	B3			35.77	8981.85	159.92
2017	B4			39.61	6110.93	533.21
2017	B5			38.56	3504.81	330.07
2017	B6			27.08	2556.06	-92.39
2017	C1			371.32	32310.57	3101.24
2017	C2			197.74	15510.33	1840.69
2017	C3			148.18	17053.27	2006.92
2017	C4			18.83	10520.73	971.45
2017	C5			391.16	22912.49	1913.95
2017	C6			387.15	12823.52	1213.41
2017	C7			250.99	6978.99	910.31
2017	C8			125.07	6059.18	758.87
2017	C9			124.64	5737.45	568.55
2017	C10			119.23	14636.83	1016.39
2017	C11			95.51	5890.54	542.23
2017	C12			216.43	8826.02	905.81

续表

年度	行业编号	工业总产值（亿元）	固定资产净值（亿元）	全部从业人员年平均数（万人）	资产总计（亿元）	利润总额（亿元）
2017	C13			82. 25	28254. 8	2205. 28
2017	C14			434. 21	76461. 87	5840. 59
2017	C15			220. 81	30779. 92	3324. 81
2017	C16			45. 45	7473. 53	436. 56
2017	C17			322. 28	23430. 04	1798. 06
2017	C18			536. 07	51694. 49	4383. 09
2017	C19			293. 34	64252. 12	3442. 9
2017	C20			217. 48	40798. 54	2011. 46
2017	C21			351. 72	26898. 52	1983. 66
2017	C22			428. 18	42431. 84	3121. 86
2017	C23			332. 49	39826. 82	2481. 57
2017	C24			487. 83	76132. 87	6890. 92
2017	C25			168. 34	23233. 84	948. 76
2017	C26			603. 67	66878. 24	4657. 49
2017	C27			911. 69	88837. 09	5741. 66
2017	C28			104. 45	9846. 22	887. 4
2017	C29			53. 84	4270. 19	235. 33
2017	C30			17. 36	2382. 06	227. 21
2017	D1			269. 72	142450. 44	3469. 87
2017	D2			30. 15	9551. 58	577. 78
2017	D3			45. 53	13083. 22	290. 27

附录4　**按行业分国有及国有控股工业企业工业总产值数据（当期）**

单位：亿元

年度	行业编号	工业总产值	年度	行业编号	工业总产值
1999	B1	1000. 13	1999	D3	282. 56
1999	B2	2081. 21	2000	B1	1045. 89
1999	B3	61. 08	2000	B2	2959. 5

续表

年度	行业编号	工业总产值	年度	行业编号	工业总产值
1999	B4	171.45	2000	B3	64.96
1999	B5	123.33	2000	B4	186.64
1999	B6	135.71	2000	B5	124.96
1999	C1	1477.14	2000	B6	120.3
1999	C2	405.27	2000	C1	1302.83
1999	C3	923.89	2000	C2	428.64
1999	C4	1360.99	2000	C3	863.93
1999	C5	1547.67	2000	C4	1426.66
1999	C6	142.39	2000	C5	1659.6
1999	C7	67.94	2000	C6	135.81
1999	C8	98.65	2000	C7	56.58
1999	C9	26.46	2000	C8	101.46
1999	C10	395.62	2000	C9	23.54
1999	C11	239.77	2000	C10	432.13
1999	C12	42.69	2000	C11	234.02
1999	C13	2397.87	2000	C12	35.61
1999	C14	2605.09	2000	C13	4029.58
1999	C15	820.23	2000	C14	2900.22
1999	C16	537.09	2000	C15	883.93
1999	C17	284.81	2000	C16	684.11
1999	C18	211.22	2000	C17	279.14
1999	C19	1157.54	2000	C18	217.85
1999	C20	3034.52	2000	C19	1125.45
1999	C21	929.81	2000	C20	3490.92
1999	C22	314.72	2000	C21	1153.62
1999	C23	1150.52	2000	C22	307.97
1999	C24	915.4	2000	C23	1168.83

续表

年度	行业编号	工业总产值	年度	行业编号	工业总产值
1999	C25	3164.63	2000	C24	903.43
1999	C26	917.77	2000	C25	3593.62
1999	C27	2513.21	2000	C26	935.54
1999	C28	181.52	2000	C27	2847.71
1999	C29		2000	C28	198.31
1999	C30		2000	C29	
1999	D1	3423.73	2000	C30	
1999	D2	103.99	2000	D1	3939.61
2000	D2	121.99	2001	D1	2392.64
2000	D3	285.97	2001	D2	39.25
2001	B1	602.65	2001	D3	143.86
2001	B2	1905.08	2002	B1	1628.12
2001	B3	32.65	2002	B2	2523.53
2001	B4	70.01	2002	B3	82.06
2001	B5	53.21	2002	B4	191.55
2001	B6	53.5	2002	B5	143.65
2001	C1	271.04	2002	B6	107.18
2001	C2	123.08	2002	C1	1093.67
2001	C3	340.77	2002	C2	458.87
2001	C4	1086.86	2002	C3	866.82
2001	C5	403.9	2002	C4	2012.35
2001	C6	42.51	2002	C5	1343.6
2001	C7	23.57	2002	C6	117.72
2001	C8	33.74	2002	C7	46.35
2001	C9	7.32	2002	C8	104.26
2001	C10	131.04	2002	C9	22.49
2001	C11	102.6	2002	C10	486.7

续表

年度	行业编号	工业总产值	年度	行业编号	工业总产值
2001	C12	12.85	2002	C11	268.63
2001	C13	771.57	2003	C18	210.97
2001	C14	734.76	2003	C19	1068.66
2001	C15	326.6	2003	C20	5947.73
2001	C16	96.24	2003	C21	1451.22
2001	C17	84.52	2003	C22	356.12
2001	C18	65.6	2003	C23	1761.72
2001	C19	334.22	2003	C24	1467.11
2001	C20	1179.94	2003	C25	6958.38
2001	C21	332.42	2003	C26	989.29
2001	C22	90.22	2003	C27	3464.25
2001	C23	361.5	2003	C28	2003
2001	C24	241.7	2003	C29	2003
2001	C25	1109.81	2003	C30	
2001	C26	251.19	2003	D1	5749.81
2001	C27	672.17	2003	D2	183.1
2001	C28	61.95	2003	D3	360.52
2001	C29		2004	B1	3013.75
2001	C30		2004	B2	4208.4
2004	B3	207.08	2005	B4	467.71
2004	B4	324.07	2005	B5	149.66
2004	B5	157.36	2005	B6	2.56
2004	B6	0.02	2005	C1	1089.84
2004	C1	970.7	2005	C2	476.5
2004	C2	328.3	2005	C3	843.68
2004	C3	626.27	2005	C4	2812.86
2004	C4	2567.69	2005	C5	923.87

续表

年度	行业编号	工业总产值	年度	行业编号	工业总产值
2004	C5	932.06	2005	C6	110.13
2004	C6	104.42	2005	C7	24.3
2004	C7	30.58	2005	C8	172.51
2004	C8	125.05	2005	C9	53.61
2004	C9	57.52	2005	C10	523.86
2004	C10	485.97	2005	C11	288.11
2004	C11	292.34	2005	C12	30.71
2004	C12	39.49	2005	C13	9557.83
2004	C13	6959.01	2005	C14	5022.5
2004	C14	4290.64	2005	C15	1017.76
2004	C15	890.71	2005	C16	581.23
2004	C16	500.76	2005	C17	402.69
2004	C17	310.06	2005	C18	273.9
2004	C18	308.95	2005	C19	1197.28
2004	C19	1156.01	2005	C20	10162.95
2004	C20	8586.07	2005	C21	2734.77
2004	C21	2133.26	2005	C22	486.49
2004	C22	440.39	2005	C23	2481.24
2004	C23	2114.28	2005	C24	1794.27
2004	C24	1521.42	2005	C25	8145.24
2004	C25	7676.67	2005	C26	1546.74
2004	C26	1260.91	2005	C27	3568.84
2004	C27	3382.78	2005	C28	285.26
2004	C28	259.69	2005	C29	127.02
2004	C29	136.43	2005	C30	8.87
2004	C30	6.83	2005	D1	15887.3
2004	D1	13145.75	2005	D2	290.39

续表

年度	行业编号	工业总产值	年度	行业编号	工业总产值
2004	D2	261. 6	2005	D3	438. 23
2004	D3	416. 15	2006	B1	4760. 19
2005	B1	3878. 5	2006	B2	7633. 85
2005	B2	5689. 39	2006	B3	254. 75
2005	B3	201. 34	2006	B4	648. 24
2006	B5	205	2007	B6	0. 14
2006	B6	0. 14	2007	C1	1293
2006	C1	1069. 79	2007	C2	595. 44
2006	C2	585. 31	2007	C3	1048. 56
2006	C3	893. 99	2007	C4	3756. 23
2006	C4	3192. 74	2007	C5	834. 32
2006	C5	900. 49	2007	C6	137. 65
2006	C6	111. 59	2007	C7	25. 47
2006	C7	27. 96	2007	C8	135. 76
2006	C8	183. 52	2007	C9	67. 29
2006	C9	68. 97	2007	C10	489. 45
2006	C10	508. 19	2007	C11	344. 3
2006	C11	298. 64	2007	C12	32. 73
2006	C12	34. 91	2007	C13	13484. 54
2006	C13	11450. 48	2007	C14	6934. 84
2006	C14	5955. 7	2007	C15	1143. 23
2006	C15	996. 39	2007	C16	744. 05
2006	C16	656. 82	2007	C17	474. 06
2006	C17	388. 33	2007	C18	294. 68
2006	C18	296. 01	2007	C19	1635. 79
2006	C19	1344. 9	2007	C20	14164. 7
2006	C20	10955. 82	2007	C21	5814. 64

续表

年度	行业编号	工业总产值	年度	行业编号	工业总产值
2006	C21	4325. 41	2007	C22	814. 41
2006	C22	603. 89	2007	C23	3528. 16
2006	C23	2954. 91	2007	C24	2680. 65
2006	C24	2094. 1	2007	C25	13510. 29
2006	C25	10226. 47	2007	C26	2223. 39
2006	C26	1964. 36	2007	C27	2549. 96
2006	C27	2540. 09	2007	C28	384. 41
2006	C28	330. 1	2007	C29	209. 37
2006	C29	145. 39	2007	C30	51. 16
2006	C30	12. 12	2007	D1	24025. 61
2006	D1	19393. 37	2007	D2	512. 18
2006	D2	400. 62	2007	D3	532. 73
2006	D3	496. 91	2008	B1	8645. 79
2007	B1	5826. 35	2008	B2	10202. 81
2007	B2	8041. 96	2008	B3	681. 42
2007	B3	382. 31	2008	B4	763. 45
2007	B4	754. 64	2008	B5	254. 83
2007	B5	207. 19	2008	B6	0. 11
2008	C1	1313. 64	2009	C2	670. 78
2008	C2	686. 59	2009	C3	1290. 95
2008	C3	1174. 75	2009	C4	4891. 81
2008	C4	4458. 92	2009	C5	584. 03
2008	C5	672. 26	2009	C6	141. 97
2008	C6	131. 09	2009	C7	25. 34
2008	C7	48. 35	2009	C8	138. 87
2008	C8	139. 98	2009	C9	79. 72
2008	C9	62. 98	2009	C10	637. 34

续表

年度	行业编号	工业总产值	年度	行业编号	工业总产值
2008	C10	687.1	2009	C11	387.81
2008	C11	376.47	2009	C12	31.67
2008	C12	38.85	2009	C13	15119.1
2008	C13	16379.98	2009	C14	7348.06
2008	C14	7818.55	2009	C15	1198.16
2008	C15	1215.8	2009	C16	392.99
2008	C16	485.41	2009	C17	590.34
2008	C17	555	2009	C18	355.99
2008	C18	396	2009	C19	2373.91
2008	C19	2199.14	2009	C20	16456.55
2008	C20	18581.09	2009	C21	5560.16
2008	C21	6203.69	2009	C22	927.52
2008	C22	981.99	2009	C23	4227.3
2008	C23	4114.8	2009	C24	4079.68
2008	C24	3544.64	2009	C25	19367.74
2008	C25	14968.99	2009	C26	3014.62
2008	C26	2569.2	2009	C27	3859.57
2008	C27	3860.19	2009	C28	517.79
2008	C28	494.95	2009	C29	267.07
2008	C29	229	2009	C30	222.95
2008	C30	113.77	2009	D1	30625.31
2008	D1	27540.24	2009	D2	795.66
2008	D2	735.33	2009	D3	648.33
2008	D3	622.88	2010	B1	12483.9
2009	B1	9705.32	2010	B2	9392.01
2009	B2	7110.64	2010	B3	842.39
2009	B3	512.79	2010	B4	1039.16

续表

年度	行业编号	工业总产值	年度	行业编号	工业总产值
2009	B4	694. 52	2010	B5	345. 12
2009	B5	268. 1	2010	B6	0. 52
2009	B6	0. 13	2010	C1	1970. 87
2009	C1	1509. 41	2010	C2	816. 95
2010	C3	1468. 57	2011	C5	769. 96
2010	C4	5804. 63	2011	C6	183. 59
2010	C5	687. 32	2011	C7	26. 6
2010	C6	167	2011	C8	206. 83
2010	C7	23. 91	2011	C9	88. 85
2010	C8	171. 11	2011	C10	838. 64
2010	C9	112. 43	2011	C11	444. 21
2010	C10	827. 21	2011	C12	37. 17
2010	C11	439. 76	2011	C13	25302. 84
2010	C12	36. 33	2011	C14	11348. 64
2010	C13	20737. 49	2011	C15	1767. 66
2010	C14	9246. 17	2011	C16	545. 33
2010	C15	1510. 44	2011	C17	889. 96
2010	C16	434. 48	2011	C18	413. 24
2010	C17	757. 74	2011	C19	4275. 25
2010	C18	371. 11	2011	C20	23652. 24
2010	C19	3182. 59	2011	C21	10353. 45
2010	C20	20193. 08	2011	C22	1346. 28
2010	C21	7962. 95	2011	C23	5137. 43
2010	C22	1105. 31	2011	C24	5355. 91
2010	C23	4634. 8	2011	C25	27818. 46
2010	C24	4734. 04	2011	C26	4588. 29
2010	C25	25793. 68	2011	C27	5317. 58

续表

年度	行业编号	工业总产值	年度	行业编号	工业总产值
2010	C26	3858. 92	2011	C28	788. 76
2010	C27	4338. 88	2011	C29	639. 44
2010	C28	644. 6	2011	C30	98. 58
2010	C29	397. 56	2011	D1	44058. 01
2010	C30	73. 22	2011	D2	1395. 08
2010	D1	37416. 75	2011	D3	817. 83
2010	D2	1056. 64	2012	B1	16481. 59
2010	D3	781. 39	2012	B2	10523. 73
2011	B1	15499. 82	2012	B3	1204. 22
2011	B2	11868. 97	2012	B4	1590. 22
2011	B3	1318. 22	2012	B5	424. 37
2011	B4	1445. 14	2012	B6	
2011	B5	474. 59	2012	C1	2778. 47
2011	B6		2012	C2	835. 93
2011	C1	2397. 24	2012	C3	84. 27
2011	C2	815. 56	2012	C4	7891. 48
2011	C3	1949. 39	2012	C5	678. 71
2011	C4	6761. 21	2012	C6	255. 62
2012	C7	9. 64	2013	C9	87. 56
2012	C8	191. 27	2013	C10	698. 82
2012	C9	88. 76	2013	C11	509. 73
2012	C10	915. 02	2013	C12	425. 58
2012	C11	464. 86	2013	C13	27227. 21
2012	C12	358. 04	2013	C14	12297. 40
2012	C13	27111. 47	2013	C15	1950. 74
2012	C14	11809. 20	2013	C16	451. 74
2012	C15	1848. 17	2013	C17	835. 49

续表

年度	行业编号	工业总产值	年度	行业编号	工业总产值
2012	C16	419.90	2013	C18	447.45
2012	C17	844.50	2013	C19	4841.86
2012	C18	410.76	2013	C20	21692.89
2012	C19	4232.18	2013	C21	11180.32
2012	C20	21627.84	2013	C22	2144.88
2012	C21	10509.61	2013	C23	4767.73
2012	C22	2100.64	2013	C24	5341.24
2012	C23	4657.73	2013	C25	30701.44
2012	C24	5253.99	2013	C26	4933.51
2012	C25	27645.15	2013	C27	6509.52
2012	C26	4342.90	2013	C28	801.65
2012	C27	5744.62	2013	C29	2940.85
2012	C28	762.15	2013	C30	208.76
2012	C29	2902.3	2013	D1	52038.25
2012	C30	167.81	2013	D2	1867.27
2012	D1	47775.49	2013	D3	1005.33
2012	D2	1667.11	2014	B1	13340.42
2012	D3	885.34	2014	B2	10230.50
2013	B1	15223.07	2014	B3	1262.52
2013	B2	9927.48	2014	B4	1857.71
2013	B3	1334.77	2014	B5	541.57
2013	B4	1737.91	2014	B6	1466.67
2013	B5	512.36	2014	C1	3402.59
2013	B6	1481.11	2014	C2	1068.96
2013	C1	3276.67	2014	C3	184.32
2013	C2	937.86	2014	C4	9051.35
2013	C3	140.12	2014	C5	698.83

续表

年度	行业编号	工业总产值	年度	行业编号	工业总产值
2013	C4	8663.72	2014	C6	251.1
2013	C5	696.15	2014	C7	4.99
2013	C6	260.54	2014	C8	218.79
2013	C7	5.15	2014	C9	89.63
2013	C8	208.53	2014	C10	719.76
2014	C11	493.76	2015	C13	20268.36
2014	C12	432.15	2015	C14	11609.58
2014	C13	27097.84	2015	C15	2057.52
2014	C14	12479.99	2015	C16	581.18
2014	C15	1942.38	2015	C17	484.23
2014	C16	453.58	2015	C18	414.31
2014	C17	766.73	2015	C19	4601.48
2014	C18	477.63	2015	C20	15944.28
2014	C19	5045.85	2015	C21	11474.71
2014	C20	20244.46	2015	C22	2115.66
2014	C21	11696.55	2015	C23	4473.14
2014	C22	2131.61	2015	C24	4369.80
2014	C23	4779.22	2015	C25	35801.47
2014	C24	4835.32	2015	C26	5147.92
2014	C25	34690.95	2015	C27	7957.72
2014	C26	5168.69	2015	C28	839.07
2014	C27	7245.80	2015	C29	3095.65
2014	C28	796.27	2015	C30	236.40
2014	C29	2878.61	2015	D1	53385.20
2014	C30	220.21	2015	D2	2844.87
2014	D1	52654.34	2015	D3	1243.96
2014	D2	2418.24	2016	B1	10349.32

续表

年度	行业编号	工业总产值	年度	行业编号	工业总产值
2014	D3	1113.27	2016	B2	5578.76
2015	B1	10788.72	2016	B3	942.27
2015	B2	6756.65	2016	B4	2178.91
2015	B3	952.78	2016	B5	565.24
2015	B4	2100.56	2016	B6	1166.78
2015	B5	553.69	2016	C1	3473.23
2015	B6	1237.24	2016	C2	1110.86
2015	C1	3291.54	2016	C3	204.90
2015	C2	1063.59	2016	C4	8795.89
2015	C3	195.61	2016	C5	652.21
2015	C4	9557.75	2016	C6	259.27
2015	C5	677.34	2016	C7	7.81
2015	C6	253.24	2016	C8	223.22
2015	C7	6.51	2016	C9	118.28
2015	C8	214.28	2016	C10	713.07
2015	C9	97.14	2016	C11	472.04
2015	C10	712.65	2016	C12	467.24
2015	C11	503.28	2016	C13	18518.03
2015	C12	443.19	2016	C14	12170.85
2016	C15	2237.75	2016	C25	39002.36
2016	C16	770.49	2016	C26	5481.29
2016	C17	473.92	2016	C27	8677.94
2016	C18	382.98	2016	C28	873.65
2016	C19	4950.91	2016	C29	3396.68
2016	C20	15783.68	2016	C30	239.33
2016	C21	11383.54	2016	D1	51376.45
2016	C22	1941.30	2016	D2	2825.41
2016	C23	4434.99	2016	D3	1399.47
2016	C24	3927.68			